KB202101

비전공자도 이해할 수 있는 챗GPT

비전공자도
이해할 수 있는

챗
GPT

박상길 지음 | 정진호 그림

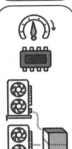

생성형 AI의 원리와 시장 이해,
프롬프트 작성까지,
챗GPT를 일상과 업무에
활용하기 위한 모든 기초 지식!

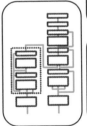

의료, 교육, 예술, 과학 등 모든 산업에 혁명적 변화를 불러온
챗GPT의 현재와 미래에 대한 깊이 있는 인사이트!

비즈니스북스

비전공자도 이해할 수 있는 챗GPT

1판 1쇄 발행   2025년 5월 20일
1판 2쇄 발행   2025년 5월 22일

지은이 | 박상길
그린이 | 정진호
발행인 | 홍영태
편집인 | 김미란
발행처 | (주)비즈니스북스
등 록 | 제2000-000225호(2000년 2월 28일)
주 소 | 03991 서울시 마포구 월드컵북로6길 3 이노베이스빌딩 7층
전 화 | (02)338-9449
팩 스 | (02)338-6543
대표메일 | bb@businessbooks.co.kr
홈페이지 | http://www.businessbooks.co.kr
블로그 | http://blog.naver.com/biz_books
페이스북 | thebizbooks
인스타그램 | bizbooks_kr
ISBN 979-11-6254-421-1   03000

비즈니스북스는 독자 여러분의 소중한 아이디어와 원고 투고를 기다리고 있습니다.
원고가 있으신 분은 ms1@businessbooks.co.kr로 간단한 개요와 취지, 연락처 등을 보내 주세요.

시중에 수천 권의 생성형 AI 책이 있고 독자들은 어떤 책을 골라야 할지 막막할 수밖에 없습니다. 그 수많은 책 중에 직접 초거대 언어 모델을 가장 바닥부터 만들어보고, 그 모델을 오픈소스 형태로 공개도 해보고 다양한 서비스에 직접 적용도 해본 찐 전문가가 쓴 책이 있습니다. 그 전문가는 10만 부 이상 판매한 베스트셀러 작가입니다. 가장 기본적인 내용부터 생성형 AI 기저의 엔지니어링의 디테일 그리고 AI 반도체와 글로벌 경쟁까지 집대성한 이 책은 생성형 AI에 관심 있는 분에게는 최고의 선택이 될 것입니다.

_하정우, 네이버 퓨처 AI 센터장

이 책의 저자와는 현대자동차 최초의 GPU 클러스터이며 AI/HPC 슈퍼컴퓨터인 엔비디아 DGX SuperPOD를 구축하며 만났습니다. 하드웨어 인프라스트럭처 엔지니어의 관점에서 다양한 소프트웨어의 개발 환경 및 실제 관련 소프트웨어의 내부 동작을 이해하는 것은 매우 중요하며, 전체적인 시스템의 안정성 및 해당 소프트웨어의 성능 향상에도 많은 도움이 됩니다. 물론 반대의 경우도 마찬가지입니다. 이 책은 GPU 기반 가속 컴퓨팅 환경과 챗GPT를 포함한 생성형 AI 및 다양한 LLM 모델들의 개발, 서비스 과정을 하드웨어와 소프트웨어 관점에서 모두 설명합니다. 일반인도 AI 관련 기술들을 쉽게 이해할 수 있도록 친절한 그림을 곁들여 아주 간결한 설명으로 쓰였습니다. AI 관련 시스템을 이해하고 기술을 배우고자 하는 모든 분들에게 적극 추천합니다.

_김창민, 엔비디아 상무, 시니어 솔루션즈 아키텍트

학교에서 교양과목으로 AI를 가르치면서 항상 고민하는 것이 어떻게 하면 쉽고 재미있게 AI를 설명해줄까였습니다. 그럴 때마다 저에게 소중한 커닝 페이퍼가 돼준 책이 바로《비전공자도 이해할 수 있는 AI 지식》이었습니다. 노란색, 초록색, 하늘색 표지까지, 개정될 때마다 한 권씩 사서 정독했는데 이번에는 챗GPT의 원리를 설명해준다니 그저 행복하고 감사할 뿐입니다. 저자의 풍부한 실무 경험과 다양한 관점에서의 생각들을 기반으로 작성된 이 책은 AI를 쉽고 재미있게 알려주길 원하는 많은 분들에게 교과서처럼 사용될 것입니다. 언제나처럼 쉽고 잘 읽히는 문체로 다양한 사례와 풍성하고도 흥미로운 이야기를 가득 담은 선물과 같은 책을 즐겁고 재미있게 함께 읽어보시죠.

_김덕진, 세종사이버대학교 AI교육센터장, IT커뮤니케이션연구소 소장,
《AI 2025 트렌드&활용백과》저자

AI 반도체를 개발하며 챗GPT와 관련된 내용을 설명해야 하는 상황에 자주 직면하곤 합니다. 그럴 때마다 이 분야의 전체적인 흐름과 기술적인 내용을 모두 잘 설명하는 게 참 어렵다고 느껴왔는데, 이런 소중한 책이 나와 너무나도 반갑습니다. 이 책은 챗GPT에 대한 기술적인 설명뿐 아니라 기술의

발전 과정과 더 좋은 성능을 위한 노력들, 반도체와 미래에 대한 예측까지 방대한 내용을 다루면서도 하나하나 쉬운 비유와 예제로 진짜 비전공자도 쉽게 이해할 수 있게 쓰였습니다. 챗GPT에 대해서 알고 싶은 분들께 이 책을 자신 있게 추천드립니다.

_이진원, 하이퍼엑셀 CTO

지식을 전달하는 일은 생각보다 훨씬 어렵습니다. 그러나 챗GPT와 같은 생성형 AI는 연령, 직업, 지식 수준 그리고 학습 목적에 관계없이 포기하지 않고 끝까지 정보를 제공하려고 합니다. 만약 이러한 AI가 어떻게 작동하는지 그 원리를 제대로 이해한다면 이를 훨씬 효과적으로 활용할 수 있지 않을까요? 두 저자는 챗GPT보다도 더 전문적으로 풍부한 IT 지식을 전달하는 환상의 콤비입니다. 알기 쉬운 그림과 간결한 설명 덕분에 이 책은 AI의 동작 원리를 명쾌하게 이해하는 데 큰 도움이 될 것입니다.

_김지현, SK경영경제연구소 부사장, 《IT 트렌드 2025》 저자

이 책은 챗GPT로 대표되는 초거대 언어 모델의 핵심 원리와 발전 과정을 일반인도 이해하기 쉽게 설명하는 탁월한 안내서입니다. 실무 경험이 풍부한 저자의 깊이 있는 통찰과 정겨운 삽화가 어우러져, 복잡한 AI 기술을 마치 재미있는 이야기를 듣는 것처럼 자연스럽게 이해할 수 있게 합니다. 특히 챗GPT의 작동 원리부터 최신 기술 동향까지 체계적으로 다루면서도 일반 독자들이 쉽게 접근할 수 있도록 풀어냈습니다. AI 시대를 살아가는 모든 이에게 꼭 필요한 교과서 같은 책입니다.

_김성완, 생성 AI 컨설턴트, 《AI 미래》 저자

이 책은 챗GPT의 발전 여정을 따라가며 복잡한 AI 개념을 쉽고 흥미롭게 풀어냈습니다. AI 기술의 흐름을 이해하는 데 탁월한 길잡이 역할을 하며, 기술 발전 과정에서 마주한 다양한 문제와 그 해결 과정을 알기 쉽게 설명해 독자들이 AI의 원리를 깊이 이해할 수 있도록 돕습니다. AI가 일상이 된 지금, AI 도구를 효율적으로 활용하고 미래를 통찰하고자 하는 모든 분께 이 책을 적극 추천합니다.

_이영호, 현대자동차 책임연구원

《비전공자도 이해할 수 있는 AI 지식》의 애독자로서 연일 AI와 LLM 관련 뉴스가 쏟아지고 있는 지금, 후속작을 읽을 수 있어 진심으로 기쁩니다. 이 책은 기술이 등장하기 이전의 역사와 배경부터 차근차근 이야기를 풀어나 갑니다. LLM에 대한 사전 지식이 없던 저도 쉽게 읽을 수 있었습니다. 교양 서로서도 기술서로서도 부족함이 없어 주변 누구에게나 자신 있게 추천하고 싶은 책입니다. 다른 감상평은 제쳐두고 일단 정말 재미있습니다!

_이승우, 전 당근마켓 소프트웨어 엔지니어

《비전공자도 이해할 수 있는 AI 지식》저자가 알고리즘과 AI를 다룬 전작에 이어, 이번에는 LLM과 반도체 기술뿐 아니라 그 발전이 이끄는 시대적 변화까지 아우르는 트렌디한 책으로 돌아왔습니다. 기술에 대한 깊은 애정을 가진 엔지니어이자 꾸준한 학습을 통해 쌓아온 지식을 쉽고 재미있게 풀어내는 탁월한 이야기꾼이기에 이 책을 집필할 수 있었다고 생각합니다. AI의 '아이폰 모먼트'라 불리는 지금, 꼭 읽어야 할 책이 될 것입니다.

_오종석, 엔비디아 소프트웨어 엔지니어

하루가 다르게 변화하는 AI 시대, 문과생이라고 뒤처질 수는 없습니다! 지금 이 시점에서 챗GPT에 대한 모든 것을 망라한 책이라고 자신 있게 말할 수 있습니다. 챗GPT의 탄생부터 시작해서 다양한 기술적 발전에 대해 귀여운 삽화와 함께 흥미롭게 풀어내는데, 차근차근 따라가다 보면 AI가 얼마나 대단한 것인지 깨닫게 됩니다. "챗GPT가 도대체 뭔데!" "딥시크?! 그게 뭐라고 이렇게 난리인데!" 하는, 아직 AI의 중요성에 대해 못 느끼는 모든 이에게 추천합니다. 세상은 이미 변하고 있습니다.

_이유영, SBS 방송작가

챗GPT가 세상을 뒤흔들고 있습니다.

여러 차례 암울했던 인공지능의 겨울을 극복하고, 인공지능은 이제 명실상부 가장 인기 있는 주제가 됐습니다. 2022년 말 출시된 챗GPT는 불과 5일 만에 100만 명의 사용자를 확보했고, 단 2개월 만에 월간 사용자 1억 명을 돌파하며 대중에게 인공지능의 가능성을 명확히 각인시켰습니다. 틱톡이 9개월, 인스타그램이 2년 6개월이 걸린 기록을 단숨에 뛰어넘는, 역사상 가장 빠른 서비스 성장 속도였죠. 실제로 요즘 주변을 둘러보면 챗GPT 이야기가 끊이지 않습니다. 그뿐만이 아닙니다. 서점 진열대 한가운데에 온통 챗GPT 관련 서적으로 가득한 모습은 새삼 챗GPT의 영향력을 실감하게 합니다.

이미 우리 일상 곳곳에서 많은 변화가 일어나고 있습니다.

리포트를 작성하는 대학생은 문장 구조와 스타일 교정에 챗GPT의 피드백을 받습니다. 수학 문제를 풀다 막힌 고등학생은 챗GPT에 단계별 풀이 과정을 요청해서 학습에 도움을 받습니다. 회사에서는 어떤가요? 해외 지사에 영문 이메일을 쓸 때 챗GPT를 활용해 자연스러운 표현을 찾아 꼼꼼히 내용을 점검하고, 매니저는 회의록 요약과 주간 업무 보고서를 챗GPT에 맡깁니다. 개발자 직원은 코드의 오류를 찾을 때 챗GPT를 활용할 뿐만 아니라 새로운 프로그래밍 언어를 익히는 데도 활용하죠.

동네 카페에서는 시즌별 메뉴 설명과 홍보 문구를 챗GPT로 작성하고, 이웃집에서는 명절 음식 요리법을 챗GPT에 물어봅니다. 여행 블로그 운영에도 도움을 받습니다. 지금 떠나기 좋은 장소와 추천 일정에 대해 챗GPT와 함께 아이디어 회의를 합니다. 창업을 준비하면서 사업계획서 작성에 챗GPT의 도움을 받고, 외국어를 공부하면서 문장 교정과 자연스러운 표현을 익히는 데 챗GPT를 활용합니다. 결혼을 앞두고 축사와 청첩장 문구를 작성할 때도 챗GPT의 조언을 듣죠.

이제 우리 일상에서 챗GPT의 도움을 받는 것은 전혀 낯설지 않은 자연스러운 풍경이 됐습니다.

챗GPT를 만든 오픈AI의 기업가치는 2025년을 기준으로 3,000억 달러로, 우리 돈으로 무려 430조 원이 넘습니다. 창업한 지 이제 겨우 9년 남짓한 스타트업이지만, 만약 이 회사가 우리나라 주식시장에 상장한다면 삼성전자의 시가총액(2025년 3월 기준 350조 원)을 훌쩍 뛰어넘는 가장 큰 회사가 되는 셈이죠. 상장도 하지 않은 스타트업이 이 정도의 가치를 인정받고 있다는 사실만으로도 챗GPT가 세상에 가져다준 충격과 열풍을 충분히 짐작하게 합니다.

챗GPT를 필두로 한 인공지능 혁명의 중심에는 현 시대를 새롭게 정의하는 거인들이 있습니다. 오픈AI의 샘 올트먼Sam Altman, 1985~, 엔비디아의 젠슨 황Jensen Huang, 1963~, xAI의 일론 머스크Elon Musk, 1971~, 구글 딥마인드의 데미스 허사비스Demis Hassabis, 1976~, 메타의 마크 저커버그Mark Zuckerberg, 1984~가 그들입니다.

샘 올트먼이 창업한 오픈AI는 지금 이 순간에도 가장 뛰어나고 인기 있는 인공지능 서비스 챗GPT로 생성형 AI 열풍을 주도하고 있습니다. 엔비디아NVIDIA의 젠슨 황은 인공지능 시대의 필수 장비인 GPU를 선도하며 '인공지능의 청바지 회사'로 불리는 독보적인 지위에 올랐습니다. 꾸준한 연구와 투자를 통해 개발한 CUDA 플랫폼은 대규모 병렬 연산이라는 인공지능 개발의 새로운 패러다임을 제시했고 엔비디아만의 탄탄한 해자를 유지하며 업계를 이끌고 있습니다. 테슬라와 스페이스X로 우리에게 잘 알려진 일론 머스크는 자신의 인공지능 기업 xAI를 통해 세계 최대 규모의 인공지능 슈퍼컴퓨터를 구축하고 야심 차게 독자적인 길을 걷고 있습니다. 구글 딥마인드의 데미스 허사비스는 우리에게 친숙한 알파고를 시작으로 최근에는 알파폴드AlphaFold라는 AI로 단백질 구조를 예측해 생물학과 의약품 개발 분야에 획기적인 업적을 이루며 노벨상을 수상했습니다. 얼마 전에는 챗GPT를 능가하는 제미나이Gemini의 새 버전을 출시하며 인공지능의 한계를 지속적으로 확장하는 중입니다. 메타의 마크 저커버그는 라마Llama라는 이름의 초거대 언어 모델을 오픈소스로 공개해 전 세계 인공지능 생태계에 혁신을 촉발하고 있습니다.

이들은 단순한 기업인을 넘어 21세기의 새로운 패러다임을 형성하며 미래 비전을 제시하는 인물들입니다. 이들이 이끄는 기업의 인공지능 기술은 이제 의료, 교육, 예술, 과학 연구 등 모든 산업 분야에

혁명적인 변화를 가져오고 있으며, 인류의 지식 접근성과 생산성을 이전에는 상상할 수 없었던 수준으로 높여주었습니다. 우리는 이들이 만들어가는 인공지능 혁명의 한가운데에 서 있습니다.

이런 혁신의 한복판에서 선보이는 이 책은 이전에 펴낸《비전공자도 이해할 수 있는 AI 지식》에 이은 후속작입니다. 전작에서도 GPT의 잠재력에 주목했지만 초판을 쓸 당시만 해도 아직 챗GPT가 세상에 등장하기 전이었습니다. 그래서 충분히 다루지 못했던 게 사실입니다. 이에 챗GPT를 좀 더 깊이 있게 알고 싶어 하는 독자 여러분의 성원과 기대에 부응하고자 이번에는 챗GPT를 둘러싼 이야기만으로 오롯이 한 권을 채웠습니다.

챗GPT가 사람처럼 대화한다는 사실에 놀라워하는 분들을 위해, 복잡한 기술은 전혀 모르는 분들을 위해, 챗GPT가 어떻게 동작하는지 궁금한 분들을 위해, 가장 쉬운 언어로 설명하고자 했습니다. 챗GPT가 어떻게 방대한 데이터를 가공하고, 의미를 파악하고, 답변을 만들어내는지 모두가 알 수 있는 수준으로 설명하고자 했습니다.

챗GPT는 여전히 완벽하지 않습니다. 거짓 정보를 사실처럼 말하는 할루시네이션 문제, 데이터의 저작권 문제, 악의적 활용에 대한 우려, 막대한 에너지 소모가 환경에 끼치는 영향까지, 인공지능이 일상에 가져다준 편리함만큼이나 해결해야 할 과제도 산적해 있습니다. 게다가 "인공지능이 인간의 모든 일자리를 대체하지 않을까?"와 같은 담대한 질문 역시, 지금으로서는 그 누구도 쉽게 답하기 어렵습니다.

그러나 우리는 과거 핵폭탄과 같은 치명적인 기술조차 현명하게 통제하고 극복해낸 사례가 있습니다. 새로운 기술은 언제나 문제점을 안고 있지만 인류는 항상 이를 보완하며 발전을 거듭해왔죠. 챗GPT라고 다르지 않습니다. 기술에 무조건 의존할 필요는 없지만 그렇다고 기술에 무작정 공포를 느낄 필요도 없습니다. 기술이 우리 삶을 변화시키는 것은 분명하지만, 그 변화를 어떤 방향으로 설계하고 통제할지는 결국 인간의 몫입니다. 놀라운 기술 뒤에는 언제나 인간의 그림자가 함께한다는 사실을 잊지 않았으면 합니다.

이 책이 챗GPT를 제대로 이해하는 데 도움이 되길 바라며, 함께 여정을 시작해보겠습니다.

2025년 5월

박상길, 정진호

차례

제1장 인간을 능가하는 GPT-4

제2장 기계번역을 정복한 인공지능

제3장 챗GPT를 완성한 비밀 레시피

제1장

인간을 능가하는
GPT-4

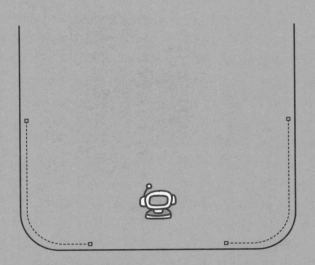

인간을 능가하는 GPT-4의 등장

2023년 봄, 드디어 GPT-4가 세상에 모습을 드러냈습니다.

이미 이전 해 겨울에 등장한 챗GPT가 기대를 잔뜩 부풀려놓은 뒤였죠. 2022년 겨울에 등장했던 챗GPT는 놀라운 능력을 보이며 전 세계인의 마음을 사로잡았습니다. 전 세계 월간 사용자가 1억 명에 달할 정도였죠. 불과 몇 개월 만에 새롭게 등장한 GPT-4의 성능은 기대에 화답하듯 정말 놀라웠습니다. 다양한 벤치마크에서 인간을 뛰어넘는 성능을 보여줬죠. 특히 사람도 풀이하기 어려운 전문 분야에서의 점수가 돋보였습니다.

변호사 시험을 보게 했을 때, 기존 챗GPT는 400점 만점에 213점으로 하위 10% 수준이었습니다. 그러나 GPT-4는 298점을 받아 상위 10% 수준에 도달했죠. 이 정도면 뉴욕주 변호사 시험에 합격할 수 있는 점수입니다. 우리나라의 수능에 해당하는 미국 SAT 수학 시험에서도 800점 만점에 700점을 받았습니다. 마찬가지로 상위 10%에 해당하는 점수죠. 이외에도 우리나라에서 나온 한 의학 논문[1]에 따르면 일반외과 전문의 시험에서 GPT-4가 76.4점을 기록했습니다. 이전에는 50점도 채 맞히지 못했는데 이에 비하면 크게 향상된 수치였죠.

GPT-4는 영어만 잘하는 게 아닙니다. 영어로 된 데이터를 이탈리아어, 스페인어, 독일어, 프랑스어, 한국어, 일본어 등으로 기계번역해서 테스트해보았습니다. 그 결과 기존 챗GPT가 영어 문장을 처리한 것보다 훨씬 더 높은 점수를 받았습니다. 기존 챗GPT의 영어 답변보다 GPT-4의 한국어 답변이 훨씬 더 정확하다는 거죠.

글자뿐 아니라 그림도 잘 이해합니다. 사진을 입력값으로 주고 설명하라고 하면 사진 내용을 정확하게 설명해냅니다. 수능 시험 문제를 카메라로 촬영하여 사진을 입력하면 정확하게 문제를 풀어내죠. 단순히 사진에서 텍스트를 추출하는 기술과는 조금 다릅니다. 시험 문제를 풀려면 단순히 텍스트의 내용뿐 아니라 글자의 위치 정보를 포함한 다양한 정보를 동시에 이해해야 하거든요. GPT-4는 글자의 위치와 내용을 포함해 사진 속의 모든 정보를 마치 눈으로 보고 이해한 것처럼 설명합니다.

GPT-4는 출시 당시부터 놀라운 성능으로 주목받았고 지금도 여전히 최고의 성능을 자랑합니다. 그전까지 메타버스와 암호화폐가 세간의 관심을 독차지했다면 이제는 그 자리를 인공지능이 꿰찼습니다. 인공지능 관련 업계에서는 2016년 알파고가 세상을 놀라게 한 이후 두 번째 빅 웨이브가 도래했다고 평가하고 있습니다.

GPT-4는 오픈AI가 개발한 **초거대 언어 모델**Large Language Model의 이름입니다. 줄여서 LLM이라 부르죠. 챗GPT는 GPT-4와 같은 모델을 활용하는 챗봇 서비스의 이름입니다. 이전까지만 해도 챗GPT는 언어 모델 자체를 지칭하기도 했으나 이후 서비스의 이름으로 자리 잡았습니다. 그리고 모델은 GPT-3.5, GPT-4뿐만 아니라 다양한 이름으로 계속해서 업그레이드되고 있습니다.

마치 제네시스가 처음에는 자동차 이름이었다가 독립된 프리미엄

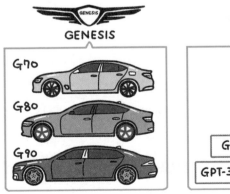
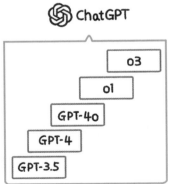

브랜드로 발전한 것과 유사하다고 할 수 있죠. 제네시스는 원래 현대자동차에서 2008년에 공개한 고급 세단의 이름이었습니다. 그러다가 이 모델이 인기를 끌면서 2015년부터 독립된 프리미엄 브랜드로 발전했죠. 이제 제네시스라는 브랜드 아래에 G70, G80, G90 같은 자동차 모델이 존재합니다. 이와 비슷하게 챗GPT도 처음에는 단순한 모델명이었다가 이후 챗봇 서비스의 이름이 됐습니다. 그 기반에는 GPT-3.5, GPT-4, GPT-4o, o1, o3 같은 다양한 언어 모델이 존재합니다.

다양한 모델을 탑재한 챗GPT는 마치 사람처럼 대답합니다. 심지어 사람보다 더 나은 대답을 내놓기도 하죠. 코딩, 보고서 작성, 데이터 처리와 같은 다양한 업무에서 효율성을 높이고 도움을 줍니다. 그뿐 아니라 글쓰기, 콘텐츠 기획 등의 창작 활동에도 영감을 주며 요청한 주제에 대해 일목요연하게 정리된 정보를 제공하기도 합니다. 게다가 누구나 쓸 수 있도록 모두에게 열려 있습니다. 알파고가 이세돌을 꺾는 모습이 대중에게 생중계되며 엄청난 영향을 끼쳤듯, 챗GPT도 누구나 체험할 수 있도록 공개 베타 서비스로 진행되며 대중에게 강렬한 인상을 남겼습니다.

챗GPT가 처음 등장했을 때, 돌풍의 핵심은 뭐니 뭐니 해도 전 세계를 대상으로 과감하게 무료 서비스를 진행했다는 점이었습니다. 사실 챗GPT 이전에도 챗봇과 비슷한 기술은 이미 많이 나와 있었습니다. 하지만 생성형 인공지능의 위험성과 엄청난 운영 비용 탓에 감히 공개적으로 데모를 운영할 생각은 아무도 하지 못했죠. 논문에서 아무리 인간을 뛰어넘는 인공지능을 만들었다고 주장해봐야 그걸 사

람들에게 보여서 증명할 수 없다면 신뢰하기 어렵습니다.

오픈AI가 전 세계를 대상으로 공개 서비스를 시작하겠다고 결정한 것은 이른바 '경제적 해자'를 구축한 사례라 할 수 있습니다. '해자'는 적의 접근을 막기 위해 성 주위를 둘러싼 방어용 호수를 뜻합니다. 오픈AI는 가장 먼저 서비스를 출시함으로써 높은 인지도를 확보하고, 다른 회사들이 쉽게 넘볼 수 없는 해자를 만들어냈죠. 모두가 망설이는 사이, 아무도 시도하지 않았던 도전에 뛰어들어 엄청난 성공을 거두었습니다. 이제 챗GPT는 역사상 가장 빠르게 성장한 서비스라는 타이틀을 얻었습니다.

많은 사람이 챗GPT가 글로벌 기업의 판도를 크게 바꾸고 새로운 시대를 열 것으로 기대하고 있습니다. 과학철학자 토머스 쿤Thomas Kuhn, 1922~1996은 저서 《과학 혁명의 구조》에서 기존의 틀을 뛰어넘는 패러다임이라는 개념을 제시했는데, 챗GPT가 바로 새로운 패러다임의 시작이 될 것이라고 보는 시각이 많습니다. 수많은 전문가들은 생성형 인공지능 기술이 상상하지 못했던 방식으로 일상과 사회를 변화시킬 것이라고 전망하고 있습니다.

물론 경쟁자들의 도전도 거셉니다. 오픈AI 출신의 연구원들이 별도로 나와서 창업한 앤트로픽Anthropic이 있는가 하면, 프랑스에서는 구글과 페이스북 출신의 연구원들이 창업한 미스트랄AIMistral AI가 국가적인 관심을 한몸에 받고 있습니다. 우리나라도 예외는 아니죠. 네이버를 비롯한 많은 국내 기업이 GPT-4의 아성에 도전하고 있습니다.

챗GPT 같은 서비스를 개발하는 데는 막대한 비용이 듭니다. 수백억 원에서 수천억 원, 심지어 수조 원에 달한다는 분석도 있죠. 그렇다 보니 대부분의 회사들은 자사의 LLM을 외부에 공개하지 않는 것이 일반적입니다. 챗GPT 역시 서비스는 공개되어 있지만 모델 자체는 공개하지 않고 있죠.

하지만 이렇게 엄청난 비용을 들여 만든 LLM을 외부에 공개하는 기업도 있습니다. 대표적인 기업이 페이스북과 인스타그램을 운영하는 메타입니다.

메타는 GPT-4에 견줄 만한 성능을 지닌 모델 라마(제6장에서 자세히 설명)를 누구나 사용할 수 있도록 오픈소스로 공개하며 전 세계 개발자 커뮤니티로부터 큰 호응을 얻고 있습니다. 마크 저커버그는 오

픈소스의 힘을 믿는다는 야심 찬 선언을 내놓았습니다.[2] 리눅스Linux 가 오픈소스로 마이크로소프트 윈도우에 맞서 서버와 안드로이드 운영체제의 핵심으로 자리 잡았듯, 메타 역시 라마를 무료로 공개함으로써 자사의 LLM이 챗GPT를 넘어 전 세계 다양한 서비스의 표준이 되기를 기대하고 있습니다.

이처럼 초미의 관심을 받고 있으니 엄청난 돈도 함께 몰리는 게 당연합니다. 마이크로소프트는 오픈AI에 130억 달러가 넘는 돈을 투자했습니다. 우리 돈으로 무려 18조 원 가까이 됩니다. 오픈AI의 기업가치는 2025년 2월 기준 3,000억 달러로 우리 돈으로 무려 430조 원이 넘습니다. 아직 상장도 하지 않은 스타트업이 이 정도라니, 챗GPT와 LLM에 대한 시장의 뜨거운 관심이 어느 정도인지 짐작할 수 있습니다.

오픈AI는 원래 일론 머스크의 주도하에 설립된 회사입니다. 당시 머스크는 인공지능이 인류를 멸망시킬 수 있을 것이라 우려했는데, 구글이 딥마인드(알파고를 만든 회사)를 인수하자 이러한 걱정이 더욱 커졌습니다. 이에 인공지능 발전의 올바른 방향을 제시하고자 비영리로 만든 연구소가 바로 오픈AI였죠. 오픈AI는 비영리 단체를 표방하며 기부로 자금을 조달했습니다. 물론 기부라고 하지만 뜨거운 관심을 반영하듯 그 규모가 무려 10억 달러에 달했죠. 비영리 단체로는 이례적인 금액이었습니다만, 어쨌든 초기에는 지금처럼 영리를 추구하는 회사의 형태는 아니었습니다.

오픈AI는 어떤 집단이나 기업에 귀속되지 않는 **범용 인공지능**Artificial General Intelligence 개발을 목표로 했습니다. 줄여서 AGI라고 하는데, 이는 특정 작업에 특화된 좁은 인공지능이 아닌 인간과 같은 수준의 종합적인 사고 능력을 갖춘 인공지능을 의미합니다. 즉 인간처럼 다양한 작업을 이해하고 수행할 수 있는, 말 그대로 '범용' 지능을 만들어 내는 것이죠. 오픈AI는 이러한 목표를 위해 꾸준히 연구를 진행해 왔습니다.

초기에는 스스로 학습하는 강화학습 플랫폼을 만들었고, 이후에는 이미지를 생성하는 모델인 달리DALL-E, 음성인식 모델인 위스퍼Whisper, 프로그래밍 코드 작성을 지원하는 코덱스Codex(현재 깃허브 코파일럿GitHub Copilot이라는 이름으로 서비스 중), 동영상을 생성하는 소라Sora 같은 혁신적인 모델들을 연이어 선보였습니다. 하지만 그중에서도 가장 유명한 것은 바로 앞서 소개한 챗GPT의 기반 모델인 GPT 시리즈죠. **GPT**Generative Pre-trained Transformer는 2017년 구글 연구팀이 발표한 트랜스포머 모델을(제2장에서 자세히 설명) 기반으로 2018년 오픈AI가 사전 학습을 통해(제3장에서 자세히 설명) 공개한 생성형 인공지능 모델을 의미합니다. 이러한 GPT와 같은 모델을 초거대 언어 모델, 즉 LLM이라고 하죠.

GPT의 핵심인 언어 모델 살펴보기

그렇다면 LLM이란 무엇을 의미할까요? 이게 뭐길래 하루가 멀다 하고 새로운 소식이 등장하고, 다들 이렇게 난리일까요? 먼저 앞에 L을 뺀 LM부터 살펴보겠습니다. 뒷부분의 약어를 풀어쓰면 Language

Model, 즉 언어 모델이라는 뜻입니다. 그렇다면 언어 모델이란 무엇일까요?

언어 모델 Language Model이란 한마디로 정의하면 자연어(사람들이 일상적으로 사용하는 자연스럽고 직관적인 언어)의 확률적 모델을 말합니다. 언어의 구조와 패턴을 학습해 언어를 이해하고 생성할 수 있도록 설계된 모델을 뜻하죠.

언어 모델의 근원을 살펴보면 19세기 후반까지 거슬러 올라갈 수 있습니다. 1883년 프랑스의 언어학자 미셸 브레알Michel Bréal, 1832~1915은 의미론Semantics이라는 개념을 제안하며, 언어의 구성과 의미 변화, 단어 간 연결 구조 등을 체계적으로 연구해 현대 의미론의 토대를 마련했습니다. 오늘날 인공지능 분야에서 사용되는 현대 언어 모델 또한 '언어의 의미'를 중시한다는 점에서 당시 의미론의 개념이 이어져 내려왔다고 볼 수 있죠.

본격적인 현대 언어 모델의 개념은 1980년대 IBM에서 시작됐다고 볼 수 있습니다. 당시 IBM은 수많은 문장을 이용해 통계적인 방식으로 언어 모델을 구축했으며, 단어의 번역 확률부터 문장 중간의 단어를 예측하는 모델, 다음 단어를 예측하는 모델까지 다양한 형태의 확률 모델을 이때부터 만들어내기 시작했습니다. 최근에 인공 신경망에 이르기까지 내부 구조는 여러 차례 바뀌었지만 기본적인 언어 모델의 방식은 여전히 동일합니다.

가장 기본적인 방식은 주어진 문맥을 바탕으로 다음에 올 가능성이 가장 높은 단어나 문장이 무엇인지를 예측하는 모델입니다. 예를 들어 '오늘 날씨가 참'이라는 문장이 있다면 언어 모델이 보는 문장의

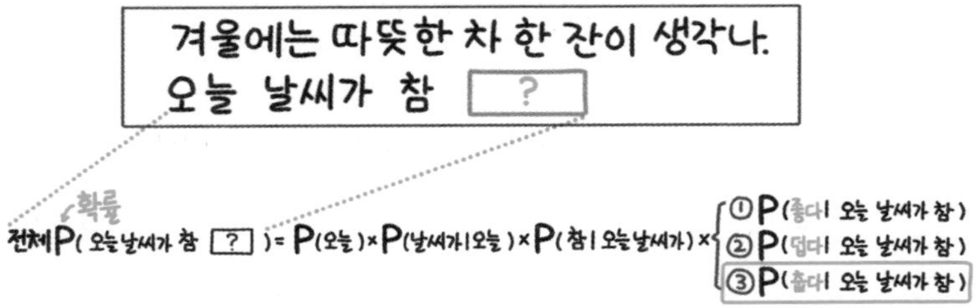

겨울에는 따뜻한 차 한 잔이 생각나.
오늘 날씨가 참   ?

확률
전체 P(오늘 날씨가 참 ?) = P(오늘)×P(날씨가|오늘)×P(참|오늘날씨가)×

① P(좋다 | 오늘 날씨가 참)
② P(덥다 | 오늘 날씨가 참)
③ P(춥다 | 오늘 날씨가 참)

확률은 위의 그림과 같습니다.

그림을 좀 더 풀어서 설명해보면, 먼저 P는 확률Probability을 의미합니다. 통계와 확률론에서 어떤 사건이 일어날 가능성을 0과 1 사이의 숫자로 나타낸 것이죠. 예를 들어 P(오늘) = 0.3이라면, '오늘'이라는 단어가 등장할 확률이 30%라는 의미입니다. 언어 모델에서는 이러한 확률 개념을 사용해 단어나 문장이 등장할 가능성을 계산합니다.

만약 여기서 단어가 두 개 이상이 되면 동시에 발생할 결합확률을 계산합니다. 즉, P(오늘 날씨가 참) = P(오늘)×P(날씨가|오늘)×(참|오늘 날씨가) 이며,

- P(오늘): 첫 단어에 '오늘'이 나올 확률
- P(날씨가|오늘): '오늘' 다음에 '날씨가'가 나올 확률
- P(참|오늘 날씨가): '오늘 날씨가' 다음에 '참'이 나올 확률

이렇게 각각의 조건에 대한 확률의 곱이 '오늘 날씨가 참'이라는 전체 문장에 대한 확률이 되죠. 언어 모델은 이 같은 방식으로 각 문장의 출현 확률을 계산합니다.

그렇다면 '오늘 날씨가 참' 다음에는 어떤 단어가 와야 할까요? 당연히 가장 확률이 높은 단어가 뒤따르면 됩니다. 예를 들어 다음 세 가지 예시가 있다면 이 중 가장 확률이 높은 단어가 그다음 단어가 됩니다.

1. P(좋다|오늘 날씨가 참): '오늘 날씨가 참' 다음에 '좋다'가 나올 확률
2. P(덥다|오늘 날씨가 참): '오늘 날씨가 참' 다음에 '덥다'가 나올 확률
3. P(춥다|오늘 날씨가 참): '오늘 날씨가 참' 다음에 '춥다'가 나올 확률

만약 이 문장 앞에 겨울을 설명하는 문장이 있다면 이전에 그 문장도 함께 확률에 계산됐을 것이고, 3번 '춥다'가 정답이 될 겁니다. 이처럼 언어 모델은 확률에 따라 다음에 등장할 단어를 계산하는 모델입니다. 이 과정은 수많은 문장을 학습하면서 스스로 이루어집니다. 그렇게 계산한 결과로 언어 모델은 강력한 예측 능력을 갖고, 이를 바탕으로 자연스러운 문장을 만들어내고, 대화에 참여하기도 하며, 질문에 답변도 할 수 있죠.

언어 모델은 인간의 언어를 컴퓨터로 모델링하는 여러 방식 중 하나로, 다양한 분야에서 요긴하게 쓰입니다. 자연어 처리Natural Language Processing 분야에서는 오래전부터 중요한 연구 주제 중 하나였고, 실제로 언어를 처리하는 여러 분야에서 필수적으로 쓰이는 모델이기도 합니다. 음성인식이나 기계번역, 필기인식 같은 다양한 분야에서 언어 모델이 유용하게 활용되죠.

그렇다면 음성인식에서 언어 모델이 쓰이는 예를 살펴보겠습니다.

음성인식은 음성이라는 소리의 파형을 텍스트 문장으로 변환하는 과정인데 여기에 언어 모델이 함께 쓰입니다. 음성인식이 올바르게 이루어졌는지 한번 더 검증하고, 잘못 인식된 경우 이를 보완하기 위해서죠. 예를 들면 다음과 같습니다.

스마트 스피커가 사람의 명령을 이해하는 과정을 살펴보겠습니다. 스피커에게 "알람을 오후 다셨지 맞춰 줘."라고 말해봅시다. 과연 스피커는 '다셨지'라는 단어를 그대로 인식할까요? 그렇지 않습니다. 언어 모델이 개입하기 때문이죠. 언어 모델은 문맥 속에서 가장 가능성이 높은 단어를 찾는 역할을 합니다. '알람을 오후'라는 맥락Context 뒤에 '다셨지'라는 단어가 올 가능성은 거의 없습니다. 우리가 '알람을 오후 다셨지'라고 말하는 경우는 없기 때문이죠. 반면 '다섯 시'는 흔히 사용하는 표현입니다. '다셨지'와 '다섯 시'는 소리의 파형이 서로 비슷합니다. 또한 언어 모델은 '알람을 오후 다섯 시'라는 문장을 여러 번 만난 적이 있을 겁니다. 따라서 최종적으로 '다섯 시'를 '다셨지'로 잘못 인식한 것으로 판단하고, 언어 모델의 판단에 따라 '다셨지'를 '다섯 시'로 보정해줍니다. 이처럼 언어 모델은 문장의 확률을 기반으로 잘못 인식된 부분을 보정해주는 역할을 합니다. 이러한 방식으로 언어 모델은 오랫동안 음성인식을 비롯한 다양한 자연어 처리 분야에 유용하게 활용되어 왔습니다.

초거대 모델, 크기 전쟁을 시작하다

그렇다면 언어 모델Language Model 앞에 L이 하나 더 붙어 LLM이 된 이유는 무엇일까요? 여기서 L은 Large이며, 모델의 규모를 의미합니다. 최근의 언어 모델들은 수천억 개 이상의 매개변수Parameta를 갖고 있으며, 인터넷에 있는 방대한 양의 텍스트 데이터로 학습됩니다. 참고로 매개변수에 대해서는 제3장에서 자세히 설명하겠습니다. 여기서는 크기와 같은 의미로 이해해도 무방합니다. GPT-4의 경우 공식적으로 정확한 수치는 공개되지 않았지만, 약 1조 8,000억 개의 매개변수를 가진 것으로 추정됩니다. 이처럼 모델의 규모가 엄청나게 커지면서 Large를 우리말로는 '대규모' 또는 '초거대'로 번역합니다. 말 그대로 언어 모델의 크기가 초거대해졌기 때문이죠.

그렇다면 오픈AI에서 공식적으로 출시한 GPT 모델의 크기를 버전별로 한번 비교해보죠.

처음 오픈AI에서 GPT 모델을 만들 때만 해도 매개변수는 1억여 개에 불과했습니다. 물론 이것도 당시에는 꽤 큰 크기였죠. 그러던 것이 GPT-2에 이르러서는 10배 이상 늘어나 15억 개가 됐습니다. 이

이름	매개변수(표기법)	매개변수(읽는 법)	출시
GPT-1	117M	1억 1,700만 개	2018년 6월
GPT-2	1.5B	15억 개	2019년 2월
GPT-3	175B	1,750억 개	2020년 6월
GPT-3.5 (이때부터 챗GPT라는 이름 사용 시작)	비공개 (175B로 GPT-3와 동일할 것으로 추정)	1,750억 개	2022년 11월
GPT-4	비공개(1.8T 추정)	1조 8,000억 개	2023년 3월

듬해 GPT-3에서는 더욱 놀라운 일이 벌어집니다. 무려 100배 이상 증가한 1,750억 개의 매개변수를 가진 모델을 만들어낸 것입니다. 인간 두뇌의 뉴런(신경 세포) 개수를 860억 개로 추정하고 있는데, 이보다 훨씬 더 큰 모델을 만들어낸 것이죠. 당시에는 인간의 두뇌보다 훨씬 더 큰 모델로 알려지기도 했습니다. 물론 매개변수가 뉴런보다 많다고 해서 인간보다 더 뛰어나다고 볼 수는 없습니다. 혹자들은 뉴런과 뉴런을 잇는 시냅스의 개수가 이보다 훨씬 더 많은 320조 개에 달하기 때문에, 매개변수가 320조 개는 넘어야 인간과 비슷한 성능을 발휘할 수 있다고 주장하기도 합니다. 만약 그렇다면 아직 갈 길이 멀죠.

  하지만 인공 신경망은 인간의 두뇌와는 엄연히 구조가 다릅니다. 처음에는 인간의 두뇌를 본떠 만들어졌지만, 매개변수 하나하나가 두뇌의 뉴런이나 시냅스와 일치한다고 증명된 바는 전혀 없습니다.

마치 새를 본떠 비행기를 만들었지만 지금은 날개를 퍼덕이지 않고도 새보다 훨씬 더 빨리 날 수 있는 것과 마찬가지입니다. 인공 신경망은 인간의 두뇌와 구조가 동일하지 않기 때문에, 어쩌면 매개변수의 크기가 중요한 게 아닐 수도 있습니다.

어쨌든 GPT-3는 놀라운 결과를 보여줬습니다. 이후에는 이를 기반으로 우리가 잘 아는 챗GPT가 등장해 세상을 깜짝 놀라게 했고, 그 이듬해에는 더욱 업그레이드된 GPT-4가 공개됐습니다. GPT-4의 매개변수는 비공식적으로는 GPT-3보다 10배 더 큰 1조 8,000억 개로 추정하고 있죠. 이렇듯 매개변수가 점점 커지면서 모델의 성능은 더욱 강력해지고 있습니다. 이제는 단순히 크다고 부르기에도 부족할 만큼 엄청난 규모가 됐죠. 그래서 LLM의 Large를 '대규모' 또는 '초거대'라 부르는 것입니다.

GPT의 학습 방식은 엄청나게 많은 문장을 분석하면서 자동으로 이뤄집니다. 수많은 문장 속에서 어떤 단어가 다음에 나올지를 스스로 학습하는 거죠. 여기서 핵심은 문장을 학습하는 데 사람의 도움이 필요하지 않다는 점입니다.

이전에도 언어 모델은 통계적 방법 등을 통해 꾸준히 발전해왔지만, 대부분 특정 작업에 최적화된 데이터가 반드시 필요했습니다. 이를 **지도 학습**Supervised Learning이라고 하는데, 이를 위해서는 학습 데이터를 구축해야 했습니다. 그리고 사람의 도움이 필수적이었습니다. 예를 들어 긍정 또는 부정을 판단하는 분류 작업을 학습할 때 "이 음식은 맛있어."라는 문장에는 '긍정', "이 영화는 너무 재미없네."라는 문장에는 '부정'과 같은 식으로 사람이 일일이 판별하여 정답을 달아줘야 했죠. 이 과정을 **라벨링**Labeling이라고 부릅니다. 반드시 사람의 도움이 필요하지만, 반복적이고 지루한 작업이어서 좀처럼 구축하기가 쉽지 않은 일이기도 합니다. 영어권에서는 인건비가 비싼 미국이나 유럽 대신 인도나 아프리카의 인력을 활용하는 경우가 많습니다. 챗GPT 또한 일부 라벨링 데이터가 필요했고, 이를 위해 무려 10개월 이상 케냐에 외주를 맡겼다고 밝힌 바 있습니다. 중요한 것은 모든 작업을 사람이 일일이 해야 한다는 점이죠. 문장을 아무리 많이 모으고 싶어도 인원과 투입 시간에 비례할 수밖에 없기 때문에 적잖은 시간과 노력이 필요합니다. 게다가 사람이 하는 일이다 보니 실수나 잘못된 경우도 많아서 데이터의 품질이 떨어지면 그만큼 모델의 성능도 저하될 수밖에 없습니다.

그러나 GPT의 등장 이후, 대규모 **비지도 학습**Unsupervised Learning이

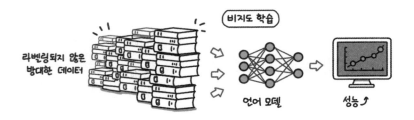

라벤링되지 않은
방대한 데이터

비지도 학습

언어 모델

성능↗

다양한 자연어 처리 작업에서 높은 성능을 발휘할 수 있다는 점이 입증되었죠. 그러면서 비지도 학습 기반의 사전 학습이 새로운 표준으로 자리 잡습니다. 이제 더 이상 '긍정' 또는 '부정'과 같은 라벨링된 데이터가 필요하지 않습니다. 단지 수많은 문장을 학습하기만 하면 되죠. 사람의 개입 없이도 방대한 문장을 모아 그대로 학습할 수 있습니다. 수백만 권의 책에서, 수천만 건의 이메일에서, 각종 커뮤니티의 게시글에서, 세상에 존재하는 다양한 웹사이트에서 가능한 한 많은 문장을 수집해 사람이 전혀 손댈 필요 없이 그대로 학습하면 됩니다. 이 점은 지금의 LLM을 탄생시킨 가장 큰 혁신 중 하나입니다.

또한 좋은 모델을 만들기 위해서는 학습 데이터의 품질도 중요합니다. "병에 걸리면 ~ 병원에 간다.", "다치면 ~ 병원에 간다.", "아프면 ~ 병원에 간다."와 같은 실용적인 문장을 많이 학습해야 나중에 "몸이 아프면 어떻게 해야 하나요?"라는 질문에 "병원에 가세요."라는 답변을 할 수가 있겠죠.

그런데 만약 여기서 "몸이 아프면 ~ 굿을 한다."와 같은 문장이 학습된다면 나중에 "몸이 아프면 어떻게 해야 하나요?"라고 질문했을 때 그 모델은 "굿을 하세요."라고 답변할 수 있습니다. 데이터 과학에서는 이를 '쓰레기를 넣으면 쓰레기가 나온다'Garbage In, Garbage Out라고 표현합니다. 품질이 나쁜 문장을 학습하면 엉뚱한 답이 나올 수밖에 없다는 얘기죠.

실용적이고 과학적인 답변을 하는 모델을 만들려면 학습 문장도 당연히 과학적이어야 합니다. 과학적이고 구체적이며 실용적인 문장들이어야 하죠. 수학, 과학, 의학, 경제, 역사 같은 카테고리가 이에 해당합니다. 만약 자기계발서만 학습한다면 어떻게 될까요? 그때는 "몸이 아프면 어떻게 해야 하나요?"라고 질문했을 때 "나 자신을 믿고 최선을 다하세요."와 같은 답변을 하겠죠. 이런 답변은 그다지 실용적이지 않습니다. 종교 서적만 학습해도 마찬가지입니다. "몸이 아프면 어떻게 해야 하나요?"라고 했을 때 "부처님 말씀을 독송하면서 고통을 견디세요."라거나 "예수님을 믿고 기도하세요."라고 답변한다면 모든 사람이 공감하기는 어렵겠죠.

할루시네이션, 환각 또는 환상

챗GPT는 GPT-3 같은 초거대 언어 모델을 먼저 구축하고, 이후에 사용자 프롬프트User Prompt를 잘 따르도록 미세 조정Fine Tuning(제3장에서 자세히 설명)을 진행하면서 말을 잘하기 시작했습니다.

그렇게 말을 잘하는 모델을 만들어냈지만 문제가 생겼습니다. 바로 **할루시네이션**Hallucination이 발생했기 때문이죠. 우리말로는 무슨 뜻인지도 모를 이처럼 어려운 단어가 일상에서 자주 쓰이는 날이 올 줄은 몰랐습니다. 할루시네이션은 우리말로 하면 '환각' 또는 '환상'이라는 의미입니다. 챗GPT를 언급할 때마다 워낙 자주 쓰여 유명해진 용어이다 보니 이제 '환각'이라고 굳이 번역하기보다는 '할루시네이션'을 아예 고유 명사처럼 쓰고 있죠. 이 단어의 뜻은 말 그대로 존재하지 않는 무언가를 마치 존재하는 것처럼 얘기하는 환각 현상을 말합니다.

만약 누군가가 나에게 학창 시절에 일어난 사소한 일에 대해 질문한다고 해보죠. 기억이 날 듯 말 듯하고, 대답하면서도 이게 정확한 내용인지 확실하지는 않을 거예요. LLM도 다르지 않습니다. 내부에는 온통 희미한 기억으로 가득 차 있죠. 오픈AI의 핵심 연구원이었던 안드레이 카르파시Andrej Karpathy, 1986~는 LLM이 문장을 생성하는 과정을 두고 마치 꿈을 꾸는 것과 비슷하다고 했습니다. 흐릿한 기억을 바탕으로 꿈속에서도 LLM은 대답을 잘하기 위해 나름대로 최선을 다하지만, 그러다 보면 꿈이 사실과 다른 영역으로 넘어갈 때가 있다는 거죠. 결국 엉뚱한 정보를 정답처럼 얘기하게 되는데, 이런 상황이 바로 할루시네이션입니다.

아마 가장 유명한 사례는 챗GPT 등장 직후 사람들이 시도했던 '세종대왕의 맥북 던짐 사건'일 겁니다. 세종대왕이 있던 시절에는 당연히 맥북이 존재하지도 않았지만, 챗GPT는 마치 세종대왕이 맥북을 직접 던졌던 것처럼 그럴듯하게 문장을 만들어내 화제가 됐죠.

조선왕조실록에 기록된 세종대왕의 맥북 프로 던짐 사건에 대해 알려줘.

이런 말도 안 되는 질문에 초창기 챗GPT는 어떻게 대답했을까요?

조선왕조실록에 기록된 세종대왕의 맥북 프로 던짐 사건은 세종대왕이 적극적인 한글 창제 활동을 하던 중 지인인 이윤李胤에게 한글 창제에 참여하라는 제안을 했으나, 이윤이 여러 창제 방안을 거부하고 오히려 자신의 창안을 강조했던 것에 분노하며 맥북 프로를 던진 사건을 기록한 것입니다.

정말 말도 안 되는 엉뚱한 대답이죠. 하지만 LLM의 원리를 안다면 왜 그런 답이 나왔는지 쉽게 이해할 수 있습니다. 확률에 따라 단어를 나열한다는 것은 결국 그럴듯한 단어를 찾아나가는 과정인데, 존재하지 않는 정보를 얘기하려고 노력하다 보면 말을 꾸며낼 수밖에 없죠.

가만히 생각해보면 사람도 가끔 그런 식으로 얘기하곤 합니다. 친구들에게 과거에 일어난 일을 이야기할 때 좀 더 재미있게 또는 좀 더 극적으로 표현하기 위해 가끔은 나도 모르게 거짓 정보를 섞어서 사실처럼 얘기하는 경우가 있지 않나요? 그런 현상이 바로 할루시네이션입니다.

또한 챗GPT 같은 LLM은 정보를 그대로 저장하고 있는 게 아닙니다. 학습 데이터의 양이 매우 방대하기 때문에 이를 압축된 형태로 저장하고 있죠. 문장을 생성할 때는 압축된 정보로부터 복원하여 재구성하기 때문에 이 과정에서 정보의 손실Loss이 발생합니다. 마치 용량을 줄이기 위해 고화질 사진을 심하게 압축하면 세세한 부분이 흐려지거나 왜곡되는 JPEG 이미지 포맷과 비슷합니다. 이 때문에 현존하는 최고의 SF 소설가로 꼽히는 테드 창Ted Chiang, 1967~은 챗GPT를 흐릿한 JPEG라며 비판[3]했습니다. 인터넷이라는 원본을 두고 굳이 왜 챗GPT라는 흐릿한 JPEG를 사용하냐는 것이죠.

이러한 할루시네이션을 문제라기보다는 현상이자 특징Feature으로 보는 시각도 있습니다. 소설을 쓰거나, 영화 대본, 마케팅 문구 작성 같은 창의적인 글쓰기를 할 경우 오히려 할루시네이션이 필수적인 능력이기 때문이죠. 이런 작업을 위해서는 오히려 할루시네이션을 유도해내야 합니다. 만약 LLM이 항상 정확한 정보만을 얘기해야 한다면 소설 쓰기 같은 일은 애초에 할 수가 없습니다.

따라서 할루시네이션은 항상 발생한다는 점을 명심하고, 챗GPT의 답변을 실생활에 활용하기 전에는 늘 할루시네이션을 한 번 더 확인하고 검증하는 습관이 필요합니다. 마치 아무리 유능한 비서가 보고서를 작성해준다 해도 반드시 내가 한 번 더 확인해야 하는 것처럼 말이죠. 물론 할루시네이션 문제를 극복하기 위해 연구자들은 다양한 방법을 시도하고 있습니다. 인간 피드백 기반 강화학습Reinforcement Learning from Human Feedback, RLHF(제3장에서 자세히 설명)이라든가, 검색 증강 생성Retrieval-Augmented Generation, RAG(제5장에서 자세히 설명) 같은 방법이 그것이죠. 더 상세한 내용은 해당하는 장에서 자세히 살펴보겠습니다.

과연 GPT-4의 비밀은?

한국 시각으로 2023년 3월 15일, GPT-4가 발표됐습니다. 흥미롭게도 이날은 7년 전 알파고가 이세돌과 한국에서 마지막 대국을 치르고, 알파고의 승리로 막을 내린 기념비적인 날이기도 하죠.

그렇다면 GPT-4는 어떻게 구현됐을까요? GPT-3의 매개변수가 1,750억 개였으니 사람들은 GPT-4의 매개변수가 그 1,000배쯤 되는 100조 개에 달해 인간 두뇌의 시냅스와 비슷한 수치가 될 거라 예상했습니다. 정말로 GPT-4의 매개변수는 인간 두뇌와 비슷한 수준일까요?

당황스럽게도 오픈AI는 GPT-4와 관련한 기술에 대해 아무것도 공개하지 않기로 결정합니다. 통상적으로 함께 발표하던 연구 논문도 공개하지 않았죠. 단지 '기술 보고서'라는 이름으로 GPT-4가 얼마나 뛰어난 언어 모델인지를 자랑하고 소개하는 내용만 공개했습니다. 기술 보고서는 상세한 동작 원리를 기술한 논문과는 완전히 다릅니다. 매개변수가 몇 개인지, 어떤 기술을 사용해 어떤 방식으로 학습했는지, 모델은 어떤 구조로 되어 있는지 이 모든 것을 비밀에 부쳤죠. 오픈AI는 GPT-4에 대해 아무것도 공개하지 않았습니다.

다행히 몇 가지 신뢰할 만한 정보가 있긴 합니다. 조지 호츠_{George} Hotz, 1989~가 얘기한 정보인데, 그는 17세의 나이로 아이폰이 세상에 출시된 지 불과 두 달여 만에 해킹한 인물입니다. 그리고 20세에는 소니가 절대 불가능하다고 호언장담했던 플레이스테이션을 해킹한 것으로 유명하죠. 어느 날 그가 팟캐스트에 출연해 이렇게 말했습니다.

GPT-4는 2,200억 개의 매개변수(220B)를 분야별 8개 모델로 학습하고 게이트를 통해 가중치를 조정하는 전문가 혼합MoE 구조를 사용했습니다.

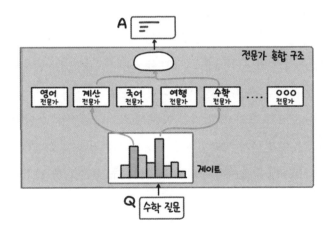

MoE라는 약자로 더 자주 쓰이는 **전문가 혼합**Mixture of Experts 방식은 여러 개의 모델을 만들어두고 필요한 모델만 선택하여 계산하는 구조를 말합니다. 예를 들어 하나는 수학, 하나는 국어, 하나는 영어, 하

나는 과학 이런 식으로 각각의 모델을 학습했다고 가정해보죠. 이때 프롬프트가 수학 관련이라면 수학 모델로 연결하고, 과학 관련이라면 과학 모델로 연결한다면 훨씬 더 효율적으로 계산할 뿐 아니라 더 나은 결과를 얻을 수 있겠죠? 굳이 영어 전문가에게 수학 문제를 물어볼 필요는 없습니다. 수학 문제는 수학 전문가가 가장 잘 대답할 테니까요. 원래 LLM은 모델 전체가 계산에 모두 투입되는 구조인데, MoE는 이처럼 필요한 전문가 모델만 선별적으로 계산에 투입하여 불필요한 계산을 줄일 수 있을 뿐 아니라, 더 정확한 답변을 얻을 수 있습니다.

2025년 초에 큰 화제가 됐던 중국의 딥시크DeepSeek R1도 동일한 MoE 구조입니다. 마찬가지로 여러 모델을 만들어두고 필요한 모델만 선택해 계산하는 구조였죠. 그리고 이런 딥시크 R1도 GPT-4가 처음 등장했을 때만큼이나 엄청난 성능을 보이며 중국을 넘어 전 세계에 큰 화제가 됩니다. 딥시크에 대해서는 제5장과 제6장에서 다시 자세히 살펴보겠습니다.

어쨌든 조지 호츠는 GPT-4가 이런 MoE 구조를 사용한다고 말했습니다. 220B 전문가 모델 8개로 구성됐다는 거죠. 2024년 봄에 열린 GTC 2024에서 엔비디아의 젠슨 황이 LLM을 소개했습니다. 그는 GPT-4는 1.8T 모델이라고 언급하며 비공식적으로 이 사실을 확인해주기도 했습니다. 220B 모델 8개는 총 1.76T이고, 이를 반올림하면 1.8T가 되죠. 1조 8,000억 개라니 엄청난 숫자이지만 여전히 인간 두뇌 시냅스의 개수인 320조 개에는 한참 못 미치는 수치이긴 합니다.

이외에 다른 정보는 여전히 알 수 없습니다. 오픈AI가 GPT-4에

대한 세부 정보를 공개하지 않기 때문이죠. 왜 오픈AI는 사명인 '오픈'과 달리 갑자기 기술을 공개하지 않게 됐을까요? 일론 머스크와 소송을 진행하면서 공개된 오픈AI의 내부 문건에 따르면, 기술이 어느 정도 성숙도에 이르면 더 이상 기술을 공개하지 않고 비공개로 진행하기로 논의했음이 나와 있습니다. 인간을 뛰어넘을 수 있는 인공지능 기술이 무분별하게 공개될 경우 오히려 인류에게 더 위험할 수 있기 때문에 안전하고 책임감 있게 기술을 배포하기 위해서라는 게 비공개하는 이유입니다. 마치 핵을 다룰 때와 비슷한 관점으로 접근했습니다. 핵은 매우 유용하지만 반면 매우 위험하기 때문에 철저히 통제되고, 이 기술에 대해 아는 사람은 전 세계에 극소수에 불과하죠. 오픈AI는 GPT에 대해서도 비슷한 관점으로 접근합니다. 물론 이는 표면적인 이유에 불과하다는 지적도 있습니다. 위험해서 공개하지 않는 게 아니라 자사의 이익을 극대화하기 위해 더 이상 공개하지 않는다는 거죠.

이외에도 GPT-4의 기술 비공개는 크게 두 가지 의미를 지닙니다.

첫째, 이제 언어 모델은 연구 단계를 넘어 제품화 단계에 돌입했다고 볼 수 있습니다. 실제로 오픈AI는 기업에 챗GPT를 유료로 서비스하고 있습니다. 마이크로소프트의 빙Bing에 도입된 것처럼 여러 회사의 서비스에 유료로 API를 공급하며 본격적으로 플랫폼 비즈니스를 진행하는 제품화 단계에 돌입했죠. 그래서 기술을 공개하기보다는 제품의 완성도를 높이는 방향을 택했다고 볼 수 있습니다.

둘째, 연구 성과로 공개할 내용이 많지 않을 수도 있습니다. 제3장에서 자세히 설명하겠지만, RLHF라는 새로운 기술을 사용할 때만 해도 관련 내용이 논문에 상세히 잘 나와 있었습니다. 하지만 챗GPT부터는 논문을 발표하지 않고 있습니다. 실제로 챗GPT의 성능이 월등히 향상되긴 했지만, 이는 새로운 연구를 도입했다기보다는 기존 모델을 더욱 다듬고 고도화한 결과였죠. 근간이 되는 기술이 기존과 크게 다르지 않다는 겁니다. 챗GPT가 그랬던 것처럼 GPT-4에서도 훨씬 더 세심하게 정제된 데이터를 활용해 모델을 개선했고, 안전 모듈 또한 챗GPT보다 훨씬 더 강화했습니다. 하지만 논문으로 남길 정도의 새로운 연구를 하기보다는 기존 기술을 제품화하면서 더욱 정교하게 다듬은 결과가 바로 GPT-4라는 것이죠.

어쨌든 GPT-4는 기존 챗GPT의 뒤를 이어 다시 한번 세상을 뒤흔들고 있습니다. 물론 경쟁 상대도 만만치 않습니다. 오픈AI의 뒤를 바짝 쫓는 앤트로픽의 클로드Claude가 있고, 세계 최고의 빅테크 기업인 구글의 제미나이도 있죠. 그뿐 아니라 메타가 오픈소스로 공개한 라마까지 각 분야의 선두주자들이 빠른 발전을 예고하고 있습니다.

이처럼 주요 기술 기업들이 총력을 기울여 개발에 매진하는 것은 GPT-4 이후 다가올 혁신적 변화를 누구보다도 잘 알고 있기 때문입니다. 챗GPT는 이미 우리의 일상을 크게 변화시켰고, 한층 진화한 GPT-4는 그 영향력을 더욱 확장시키고 있습니다. 2016년 알파고가 전 세계에 인공지능의 가능성을 각인시켰다면, 2023년 GPT-4의 등장은 인공지능 산업에 또 하나의 새로운 이정표로 자리매김했다고 할 수 있죠.

이제 우리는 GPT-4와 그 이후의 모델이 가져올 변화의 물결 속에서 과연 어떤 미래를 만들어가게 될까요?

제2장

기계번역을 정복한
인공지능

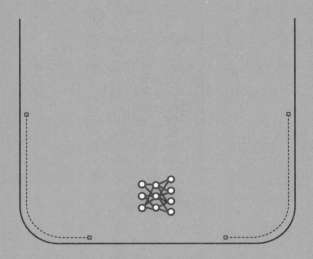

너무 어려운 인간의 언어

컴퓨터로 인간의 언어를 이해하려고 노력한 역사는 생각보다 오래됐습니다. 인류는 오래전부터 컴퓨터가 스스로 생각하고 말하는 인공지능을 열망해왔고 그러기 위해서는 가장 먼저 인간의 언어를 이해해야 했죠. 그 시작은 번역에서부터 찾아볼 수 있습니다. 인간이 사용하는 자연어를 기계를 사용해 다른 언어로 번역해내는 일을 **기계번역**Machine Translation이라고 합니다. 기계번역이라는 용어는 1949년 학술논문에 처음 등장했는데, 당시에도 큰 주목을 받았죠. 1950년대에 들어서면서 MIT를 비롯한 여러 대학에서 본격적으로 기계번역을 연구하기 시작했고, 1954년에는 조지타운대학교와 IBM이 협력하여 러시아어를 영어로 번역하는 공개 시연회를 진행합니다.

물론 당시에는 여느 인공지능 기술이 그랬듯 5년 이내에 번역을 정복할 수 있을 것으로 기대했습니다. 하지만 현실은 그리 녹록지 않았습니다. 잘 알다시피 인공지능 기술은 쉽사리 앞으로 나아가지 못했고, 번역도 제대로 되지 않았죠. 기계번역 연구는 이내 암흑기에 빠

1950년대 당시 IBM 컴퓨터 모습

져 상용화되지 못한 채 이후 여러 대학 연구실의 연구 주제로만 남습니다.

원래 번역은 자연어 처리 분야에서도 가장 어려운 작업 중 하나입니다. 너무 복잡해서 수십 년간 풀지 못한 채 남겨진 숙제였죠. 인간의 언어라는 것 자체가 너무 어렵기 때문인데, 여기에는 크게 세 가지 이유를 들 수 있습니다.

1. 너무 많은 규칙

먼저 너무 복잡합니다. 인간의 언어를 몇 가지 규칙만으로 설명하기란 사실상 불가능하죠. 어떤 특정한 규칙에 따라 발전하지 않습니다. 세월을 거친 흔적이 언어에 고스란히 반영되죠. 마치 살아 움직이는 생명체처럼 끊임없이 진화합니다. 이전에 쓰이던 말이 사라지기도 하고, 신조어가 생겨나면서 계속 확장되기도 합니다.

스탠퍼드대학교 댄 주래프스키Dan Jurafsky, 1962~ 교수가 쓴 책《음식의 언어》에는 그 예가 잘 나와 있습니다. 음식에 붙은 이름은 어떤 규칙에 따라 지은 게 아니라 음식의 역사를 따라 자연스럽게 생겨난 경우가 많습니다. '케첩'을 예로 들어보죠. 케첩이란 이름은 어느 나라에서 지었을까요? 영국 아니면 프랑스나 독일에서 건너온 이름일까요? 아닙니다. 놀랍게도 이 이름은 중국에서 태어났습니다. 생선으로 만든 소스를 의미하는 '규즙'鮭汁의 중국어 발음이 '꿰짭'이고, 이것이 영어권 나라로 넘어와 케첩이 되었습니다.

혹시 '서울 사투리'라는 말을 들어본 적 있나요? 유튜브에서 '서울 사투리'가 한참 유행한 적이 있었습니다. 분명 서울에서 촬영된 영상이고 옷차림도 세련됐는데 희한하게 말투는 사투리같이 들렸죠. 이처럼 같은 서울말이라도 30년 전과 현재는 매우 다릅니다. 아마 30년 후에는 또 전혀 다르게 들릴 수 있을 거예요. 2060년에는 후대가 지금의 서울말을 들으며 과연 어떤 평가를 할지 궁금해지는 대목이죠.

이처럼 언어는 일정한 규칙에 따라 체계적으로 발전하지 않습니다. 장소에 따라, 역사와 유행에 따라 무작위로 변하죠. 인간 역시 경험으로 언어의 변화 패턴을 어렴풋이 이해하고 있는 것이지 사실상 끊임없이 변하는 언어의 모든 규칙을 이해하지는 못합니다. 언어는 불규칙적으로 진화하기 때문에 기계가 일정한 규칙에 맞춰 언어를 처리하기란 매우 까다로운 일입니다.

2. 너무 많은 오류

모든 사람이 문법에 맞게 말하면 좋겠지만 사실 일상적인 대화에는 오류가 엄청나게 많습니다. 그럼에도 대화가 가능한 것은 우리의 뇌가 웬만한 오류는 스스로 보정하고 이해하기 때문입니다. 분명히 문법에 어긋난 문장인데도 우리는 아무렇지 않게 받아들입니다.

캠릿브지대학교의 연결구과에 따르면, 한 단어 안에서 글자가 어떤 순서로 배되열어 있는가 하것는은 중하요지 않고, 첫째번와 마지막 글자가 올바른 위치에 있것는이 중하요다고 한다.[1]

이 문장에서 이상한 점을 눈치채셨나요? 얼핏 보면 이상한 점을 잘 알아채지 못할 정도로 우리의 뇌는 이런 오류에 잘 대처합니다. 인간의 두뇌는 정말 대단하죠. 하지만 과연 기계도 이런 오류 투성이 문장을 이해할 수 있을까요?

3. 너무 많은 의미

같은 발음의 단어가 여러 뜻을 갖는 경우가 있습니다. 우리말 중에는 대표적으로 '눈'이 있죠. '눈이 크다'라고 할 때 여기서 '눈'은 무엇을 의미할까요? '사람의 눈'일까요? '하늘에서 내리는 눈'일까요?

단어만 봐서는 정확한 의미를 이해할 수 없습니다. 앞뒤 문장과 전체적인 맥락을 살펴봐야 비로소 '눈'이 정확히 무엇을 의미하는지 알수 있죠. 어떤 단어는 한두 가지를 넘어 수십 가지 뜻이 있습니다. 영어에서는 'had'를 들 수 있겠네요. 'had'는 그 뜻이 엄청나게 많습니다. 'had'는 주로 '가졌다'는 의미로 쓰이지만 'breakfast'와 함께할 때는 '먹었다'는 의미로 쓰입니다. 이런 변형이 한두 개가 아닙니다. 'had'의 사전적 의미는 무려 30가지가 넘습니다. 함께 나오는 단어가 무엇이냐에 따라 제각각 다른 의미를 지니죠. 네이버 영한사전에서 'had'가 갖는 의미를 몇 개만 살펴보면 다음과 같습니다.

- I had a delicious breakfast with my best friend here.

  나는 절친한 친구와 함께 맛있는 아침을 먹었다.

- She had some friends with her.

  그녀는 친구 몇 명과 함께 있었다.

- You've had your hair cut.

  너 머리 깎았구나.

- He had a new car.

  그는 새 차를 갖고 있었다.

- I went to a few parties and had a good time.

  나는 파티에 가서 즐거운 시간을 보냈다.

'had'의 의미를 일부만 나열해도 이 정도입니다. 이렇게 많은 규칙을 일일이 정의해서 매번 상황에 맞게 번역하는 일이 과연 쉬울까요?

인공 신경망, 언어에 도전하다

2016년 겨울 〈뉴욕타임스〉는 '위대한 인공지능 깨어나다'The Great A.I. Awakening라는 제목으로 인공지능 서비스의 본격적인 출현을 알리는 특집 기사를 실었습니다. 인공지능이라는 단어가 등장한 지 70년이 넘었지만, 이제서야 진정한 인공지능의 시대가 열렸다는 걸 알린 셈 이죠.

이 기사는 번역에서 드디어 진정한 인공지능의 시대가 열렸다는 놀라운 내용을 담고 있었습니다. 발단은 이렇습니다. 2016년 11월 초 어느 금요일 늦은 밤, 온라인으로 강의를 준비하던 도쿄대학교의 레키모토 준이치曆本純一, 1961~ 교수는 구글 번역의 품질이 갑자기 엄청나게 좋아졌다는 사실을 깨닫습니다. 호기심이 발동한 그는 한밤중에도 잠을 잊은 채 구글 번역을 실험합니다. 먼저 《위대한 개츠비》에서 문장을 뽑아 무라카미 하루키村上春樹, 1949~가 일본어로 번역한 문장과 구글이 번역한 문장의 품질을 비교했습니다. 무라카미 하루키의 번역문에서는 하루키 특유의 문체가 느껴진 반면, 구글이 번역한 문장은 훨씬 더 직관적이고 이해하기 쉬웠습니다. 불과 하루 전만 해도 구글의 영어-일본어 번역은 제대로 읽기도 어려울 정도로 엉망이었는데, 갑자기 번역 품질이 획기적으로 개선된 것이죠. 일본 트위터에서 이 사건이 회자되었고, 다음 날 트위터 트렌드 1위를 '구글 번역'이 차지합니다. 구글 번역이 도입한 기술은 바로 인공 신경망이었습니다.

인공 신경망을 도입한 번역은 놀라운 성과를 냈습니다. 신경망 기반은 문장 전체를 마치 하나의 단어처럼 통째로 번역해서 훨씬 더 자연스러운 번역이 나오게 했습니다. 기존에는 규칙에 따라 번역하거나 단어 별로 먼저 번역하고 문장을 조합하는 과정을 거쳤습니다. 하지만 인공 신경망을 도입하면서 이러한 과정을 모두 생략하고 문장을 통째로 번역해냈습니다. 인공 신경망이라는 거대한 모델과 이를 견인할 수 있는 방대한 데이터를 확보하면서 이것이 가능해졌죠. 역설적이게도, 문장을 통째로 번역하면서 번역 과정 자체는 오히려 훨씬 더 단순해졌습니다. 필요한 건 방대한 데이터뿐이었죠.

그렇다면 과연 어떤 방식으로 번역했을까요?

우리 주변에서 발견할 수 있는 비유를 하나 들어보겠습니다. 시중에 판매하는 100% 오렌지 주스는 어떤 과정을 거쳐 우리 식탁 앞에 놓일까요? 오렌지는 산지에서 착즙한 후 유통 기한을 늘리고 유통 비용을 줄이기 위해 약 7배 이상 농축합니다. 가열하고 끓인 후 액즙을 졸여 엑기스만 모아 부피를 줄이죠. 이렇게 하면 동일한 양의 오렌지 주스를 한번에 훨씬 더 많이 운반할 수 있습니다. 그렇게 농축된 상태로 운반한 후에는 다시 물에 희석해 원래의 오렌지 주스로 만들죠. 농축과 환원 과정에서 영양소가 날아가고 맛이 살짝 변하기는 하지만, 오렌지 향이나 비타민 C 등 첨가물을 넣고 나면 농축하기 전 원래의 오렌지 주스와 비슷한 맛을 낼 수 있습니다. 우리가 시중에서 사먹는 100% 오렌지 주스는 대부분 이런 과정을 거칩니다.

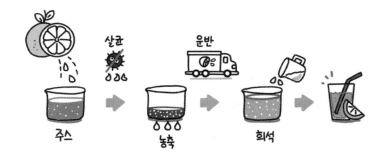

신경망의 번역 과정도 이와 유사합니다. 신경망이 문장을 통째로 번역하는 과정은 마치 오렌지 주스를 농축해 운반한 후 다시 물을 섞어 희석하는 과정과 닮아 있습니다.

먼저 문장을 통째로 숫자 형태의 **벡터**Vector로 압축합니다. 컴퓨터 과학에서 벡터란 [0.5, -1.2, 3.7, …]와 같이 여러 숫자를 순서대로 나열한 숫자 배열 형태를 말합니다. 즉, 벡터로 압축한다는 것은 텍스트 데이터를 컴퓨터가 이해하고 처리할 수 있도록 해당 텍스트의 특징을 반영한 여러 숫자로 요약하여 고정된 크기의 벡터로 표현하는 것을 의미합니다. 이처럼 문장을 압축하는 과정은 마치 오렌지 주스를 농축하는 과정과 비슷합니다. 숫자로 압축된 벡터는 오렌지 주스의 농축된 상태와 유사하죠.

이제 이 값을 번역할 언어로 옮겨옵니다. 마치 오렌지 주스를 운반하는 과정과 비슷하죠. 그리고 이 값을 이용해 번역문을 만들어냅니다. 벡터를 계산해서 가장 확률이 높은 단어를 차례대로 찾아내면서 번역문을 만들어내죠. 마치 농축된 상태에 물을 섞어 다시 주스로 만드는 과정과 닮아 있습니다.

여기까지가 번역 과정의 전부입니다. 이런 식으로 압축했다가 다시 번역문을 만들어내면 끝입니다. 더 이상 규칙을 이해하거나, 단어와 단어 간의 관계, 순서, 구조 등을 파악할 필요가 전혀 없습니다. 그저 문장을 통째로 압축했다 번역하면 되죠.

어떻게 이렇게 단순한 방식으로 훨씬 더 좋은 번역문을 만들까요? 사실 이런 번역 과정은 우리 일상에서도 쉽게 찾아볼 수 있습니다. 학창 시절에 공부로만 영어를 접한 형과 미국에서 살다 온 사촌 동생의 번역 실력을 한번 비교해보죠.

형은 먼저 주어와 동사를 찾아서 문장이 어떻게 끝나는지 예상한 다음 형용사가 무엇을 수식하는지, 접속사가 어디와 연결되어 있는지 등을 파악합니다. 어릴 때부터 열심히 공부한 영문법과 영한사전을 붙들고 말이죠. 그러나 좀처럼 제대로 번역이 되지 않습니다. 반대의 경우는 더욱 심각합니다. 우리말을 영어로 바꿔보라고 하면 어디서부터 시작해야 할지 막막할뿐더러 단어 뜻을 찾기도 쉽지 않습니다. 문장을 다 만들었는데도 과거형인지 과거분사인지 헷갈려 정작 영어로는 한마디도 내뱉지 못할 때가 부지기수입니다.

그런데 어릴 때 미국에서 살다 온 사촌 동생이 집에 오더니 형의 영어책을 보면서 우리말로 읽습니다. "이런 문장은 영어로 뭐라고 하니?"라고 묻자 1초의 망설임도 없이 영어로 술술 말을 합니다. 이 모습을 본 어른들은 역시 조기 유학이 답이라며 박수를 칩니다. 형은 동생을 데리고 방에 들어가 도대체 어떻게 했는지 물어봅니다. 그랬더니 동생은 "난 그냥 평소에 말하는 대로 했을 뿐인데?"라며 주어나 목적어를 공부해본 적도 없다고 합니다. 그 말을 들은 형은 지금까지 자신은 무슨 공부를 했던 것인지 한탄하며 울고 싶어집니다.[2]

여기서 영문법 책을 열심히 공부한 형은 규칙 기반, 문장을 술술 번역하는 사촌 동생은 인공 신경망 기반에 비유할 수 있습니다. 형은 문법을 열심히 공부했지만 아무리 공부해도 일정 수준 이상으로 영어 실력을 쌓기는 어렵습니다. 규칙 기반으로는 복잡한 문법이 적용된 영어 문장을 매끄럽게 번역하지 못했던 것과 비슷하죠. 하지만 유학을 다녀온 사촌 동생은 문법을 잘 모르지만 책을 보면서 술술 번역합니다. 단지 어릴 때 영어로 많이 얘기했을 뿐인데 영어를 잘하게 되었죠. 신경망 기반은 마치 사촌 동생처럼 엄청나게 많은 데이터를 학습해 자연스럽게 영어를 번역해냅니다. 사촌 동생과 마찬가지로 주어가 뭔지 설명하지 못하지만 문장을 이해하고 번역합니다. 그저 수많은 문장을 열심히 학습하며 점점 더 좋은 성능을 내죠.

이번에는 앞서 오렌지 주스에 비유했던 신경망 기반 기계번역의 번역 과정을 좀 더 구체적으로 살펴보겠습니다.

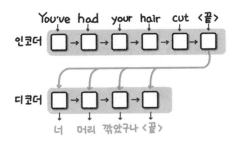

문장을 압축하는 과정과 풀어내는 과정을 구체적으로 그려봤습니다. 여기서 〈끝〉을 만나면 압축하는 과정과 풀어내는 과정이 각각 종료됩니다. 먼저 문장을 압축하는 과정에서는 문장을 띄어쓰기 단위로 구분한 다음 차례대로 인공 신경망을 통과하며 핵심적인 특징을 추출합니다. 여러 번의 계산을 거쳐 최대한 압축합니다. 이렇게 하면 마지막 단계에서 문장 전체의 의미를 압축한 벡터가 나옵니다. 이처럼 문장을 압축하는 부분을 **인코더**Encoder라고 합니다.

반대로 압축된 문장을 푸는 부분은 **디코더**Decoder라고 합니다. 압축된 벡터를 받아서 순서대로 풀어내는 거죠. 한 단어씩 차례대로 푸는데, 이때 두 가지 입력을 받습니다. 첫 번째는 앞선 단어의 번역이고, 두 번째는 인코더가 문장 전체를 압축한 벡터입니다. 이는 마치 영어 시험을 볼 때 문제를 차례대로 해석해나가다가 막히는 순간 지문 전체를 힐끗 살피는 것과 비슷합니다. 문장 번역이 끝날 때까지 디코더는 계속해서 인코더가 압축한 문장 전체에 대한 벡터를 참조하면서 더욱 자연스러운 문장을 만들어 냅니다. 이런 방식으로 인공 신경망을 활용한 기계번역은 엄청난 성능을 보입니다. 문법은 하나도 모르지만 영어를 엄청 잘하는 사촌동생처럼 말이죠.

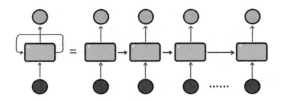

여기에는 **순환 신경망**Recurrent Neural Network, RNN이라는 인공 신경망 구조가 널리 쓰였습니다. 언어가 앞뒤로 연관 관계를 갖는다는 데서 착안해, 계속해서 이전 데이터를 참조하면서 시간의 흐름에 따라 순서대로 구성되는 시계열 형식을 학습할 수 있는 구조였습니다.

그러나 문제가 있었습니다. 문장이 길어질 경우 앞의 내용을 잊어버리는 경우가 흔했다는 점입니다. 맨 앞부터 차례대로 누적되는 특성상 필연적으로 뒷부분에 가면 앞부분 단어에 대한 가중치가 희미해졌거든요. 물론 이를 보완하기 위해 별도의 메모리 공간을 구성하는 등 다양한 기법이 등장했지만 이 방식에는 한계가 분명했습니다.

2014년에 이러한 한계를 극복하는 혁신적인 개념인 **어텐션**Attention이 등장합니다. 원리 자체는 간단합니다. 단어의 뜻 그대로 중요한 단어에 주목Attention한다는 거죠.

어텐션은 중요한 단어에 별도로 가중치를 부여합니다. 그래서 주목을 뜻하는 어텐션이라는 명칭이 붙었죠. 이전에는 아무런 표시 없이 문장 전체를 통째로 압축했기 때문에 번역할 때 어떤 단어를 염두에 둬야 하는지 알 수 없었습니다. 그래서 번역의 질이 떨어졌죠. 하지만 어텐션은 압축할 때마다 중요한 부분을 적재적소에 표시해둘 수 있습니다.

실제로 어텐션은 기계번역의 성능을 크게 높였습니다. 기존에는 문장 안에서 거리가 먼 단어들 사이의 관계를 파악하기 어려운 문제가 있었습니다. 특히 영어를 우리말로 바꾸는 경우 어순이 뒤집어지면서 문장의 맨 처음에 나오는 단어를 가장 마지막에 해석해야 하는 경우가 많았습니다. 이럴 때 영어 단어와 그에 해당하는 우리말 단어 사이의 위치가 너무 멀어져서 서로 간의 의미를 제대로 파악하지 못하는 등의 문제가 많았죠. 우리가 영어 문장을 번역할 때도 앞에서부터 쭉 번역해나가다 보면 뒷부분에 와서 '참, 주어가 뭐였지?' 하고 기억이 안 날 때가 있는 것처럼 말이죠.

그런데 어텐션은 단어 사이의 거리가 아무리 멀어도 서로 관련이 있는 단어라면 그 단어에 별도로 표시를 해두어 가중치를 높일 수 있습니다. 그래서 어텐션은 특히 긴 문장에서 높은 성능을 발휘합니다. 어텐션을 처음 소개한 논문에서도 긴 문장을 번역할 때의 성능을 특히 강조했고, 이를 어텐션 도입의 효과로 언급했습니다. 덕분에 기계번역은 이제 전문 번역가의 번역 못지않게 양질의 성능을 낼 수 있게 됐습니다.

그렇다면 어텐션은 실제로 어떻게 동작할까요?

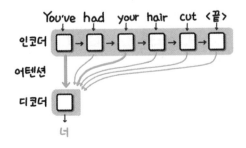

어텐션은 한 단어, 한 단어 번역할 때마다 인코더에서 새로운 값을 만들어냅니다. 게다가 중요하다고 판단되는 단어에는 가중치가 부여되어 내려옵니다. 앞의 그림을 보면 먼저 인코더에서 'You've'를 중요하다고 판단해 가중치가 부여됐고 이를 '너'로 번역합니다.

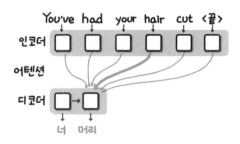

그다음에는 'hair'에 가중치가 부여되어 내려옵니다. 디코더는 이를 '머리'로 번역하죠. 이처럼 어텐션은 중요한 단어를 강조하기 때문에 정답을 제대로 골라낼 수 있습니다. 마치 지문에서 정답과 관련 있는 중요한 부분을 형광펜으로 굵게 색칠해서 내려주는 것과 같죠. 중요한 부분이 표시되어 있다면 정답을 훨씬 더 정확하게 찾아낼 수 있겠죠? 이렇게 어텐션은 매 단계마다 인코더가 가중치를 다르게 적

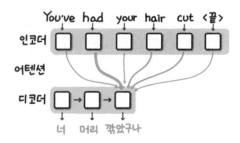

용하여 압축 벡터를 내려보냅니다.

　마지막으로 'had'에 가장 높은 가중치와 'hair', 'cut'에는 적당한 가중치가 부여되어 내려옵니다. 그리고 이 세 단어를 조합하여 우리말로는 '깎았구나'로 번역합니다.

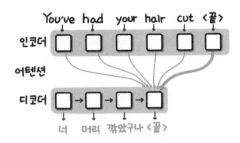

　마지막으로 문장이 완성되어 번역이 끝날 때쯤이면 끝을 의미하는 태그 〈끝〉에 가중치를 매겨 내려보냅니다. 그러면 디코더는 〈끝〉을 출력하고 번역을 종료하죠.

　여기까지가 어텐션이 작동하는 방식입니다. 매 단계마다 가중치가 부여되고, 중요한 부분에는 가중치가 더 높습니다. 그저 문장 전체를 압축하기만 했던 기존의 신경망 기반 방식보다 훨씬 더 효율적이죠. 실제로 어텐션을 도입하면서 번역 품질이 향상되었고, 계속해서 좋은 성과를 내면서 어텐션이 필수 요소로 자리 잡았습니다.

　이처럼 어텐션이 놀라운 성능을 보여주면서 급기야 어텐션만으로 인공 신경망을 구성한 〈필요한 건 어텐션뿐〉Attention Is All You Need이라는 재미난 제목의 논문도 나왔죠. 영화 〈러브 액츄얼리〉의 테마곡 〈필요한 건 사랑뿐〉All You Need Is Love을 패러디한 유머 넘치는 제목입니다. 재미있는 제목과는 별개로 이 논문은 자연어 처리 분야에 엄청난 혁신을 불러일으킵니다. 특히 이 논문에서 소개한 딥러닝 아키텍처 **트랜스포머**Transformer는 기계번역의 성능을 상당히 높여놓습니다. 트랜스포머 모델의 구조는 다음과 같습니다.

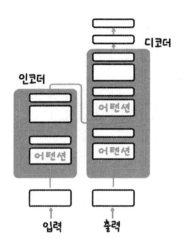

트랜스포머의 구조는 이처럼 인코더와 디코더로 구성되며, 얼핏 복잡해 보이지만 핵심만 나열해보면 신경망 기반 기계번역의 원칙을 그대로 따르고 있습니다. 인코더는 입력 문장을 압축하여 핵심적인 특징을 추출하는 역할을 맡고, 디코더는 인코더가 압축한 벡터를 받아와 출력 문장을 생성하는 역할을 맡죠. 이외에도 디코더는 이전 출력값(앞선 단어의 번역)을 추가 입력값으로 받습니다. 기존과 동일하죠.

자세히 들여다보면 인코더는 한 종류의 어텐션, 디코더는 두 종류의 어텐션으로 구성되는 등의 사소한 차이만 있을 뿐 구조도 비슷합니다. 여기서 핵심은 기존의 RNN과 같은 순환 구조를 사용하는 대신 오로지 어텐션만으로 모델을 구성했다는 점입니다. 더 이상 순환 신경망이 아닌 거죠. 그래서 논문 제목이 〈필요한 건 어텐션뿐〉이었던 겁니다. 이처럼 어텐션은 처음에는 기계번역의 성능을 보조하는 역할로 등장했으나 이제는 기계번역의 핵심이 되었습니다. 어텐션을 핵심 알고리즘으로 삼은 트랜스포머 모델은 사실상 모든 기계번역 모델을 대체했고, 최근까지도 신경망 기반 기계번역은 모두 이 트랜스포머 모델을 기반으로 하고 있습니다. 이름 그대로 어디서나 변신할 수 있는 만능 변신 로봇이 된 셈입니다.

트랜스포머 모델, 언어를 이해하다

그렇다면 지금까지 설명한 기계번역이 챗GPT와는 무슨 관련이 있을까요?

먼저 어텐션, 좀 더 구체적으로는 트랜스포머 모델이 도입되면서 기계번역은 놀라운 성능을 보입니다. 이에 연구자들은 트랜스포머 모델 자체에 관심을 기울입니다. 번역에서 놀라운 성능을 보여줬으니 이외의 다른 자연어 처리도 잘할 거라 생각했죠. 다양한 응용 모델이 개발됐는데, 그중에서 가장 유명한 두 가지 모델은 구글에서 만든 **버트**BERT와 오픈AI에서 만든 GPT입니다.

버트는 인코더 구조를 기반으로 합니다. 기계번역에서 인코더는 문장의 의미를 압축하는 역할을 하죠. 이에 착안해 자연어 이해 모델인 버트가 등장했습니다. 버트는 문장의 감정을 분석하거나, 적절한

카테고리로 분류하거나, 문장을 읽고 질문에 답변을 찾아주는 독해 능력도 보여줍니다. 마치 수능시험에서 언어 영역 지문을 풀이하는 것처럼 말이죠. 인코더 구조답게 언어를 이해하는 데 탁월한 모델이 었죠.

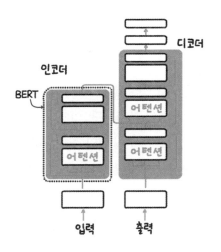

버트가 처음 등장한 건 2018년 가을쯤이었습니다. 당시 저는 고려 대에서 열린 한국어 정보처리 학술대회에 참가 중이었는데, 그곳에

모여 있던 연구자들 모두 자신들의 논문은 뒤로 한 채 온통 버트 얘기로만 술렁였던 걸 기억합니다. 혜성처럼 등장한 버트가 놀랄 만한 성능을 보여줬기 때문이죠. 당시 구글은 버트를 공개하면서 논문과 성능 벤치마크 결과를 발표했는데 그 결과는 무척 충격적이었습니다. 분류, 감정 분석, 독해 등으로 구성된 10여 개의 자연어 처리 작업에서 모두 최고점을 기록했기 때문입니다. 사실상 버트가 모든 분야에서 다른 모델을 압도하며 자연어 처리 전 분야를 싹쓸이해버렸습니다. 심지어 일부 영역에서는 인간의 점수를 넘어서기도 했죠. 버트가 머잖아 인간의 언어를 완전히 이해할 것처럼 보였습니다. 당시 그곳에 모여 있던 자연어 처리 연구자들은 "이러다 우리 일자리가 모두 사라지는 게 아닐까요?"라며 걱정했습니다.

하지만 그런 일은 일어나지 않았죠. 오히려 반대의 일이 일어났습니다. 자연어 처리 연구자를 찾는 수요가 폭발했고, 수많은 기업에서 서로 좋은 조건으로 모셔가려 했죠. 버트 이후 자연어 처리 연구자들의 몸값은 더욱 높아졌습니다.

버트라는 이름도 독특했습니다. 버트는 트랜스포머의 양방향 인코더 표현Bidirectional Encoder Representations from Transformers이라는 이름의 약자인데, 사실 이 이름은 의도적으로 끼워 맞춰서 만든 감이 있습니다. 왜냐하면 바로 직전에 나와 인기를 끌었던 자연어 처리 모델의 이름이 엘모Embeddings from Language Model, ELMo였거든요. 둘 다 뉴욕을 배경으로 하는 세계적인 어린이 프로그램 〈세서미 스트리트〉Sesame Street에 등장하는 인기 캐릭터입니다. 서로 친구 사이인 버트와 엘모처럼, 두 모델도 자연어 처리의 동반자가 되길 바라는 연구자들의 유머가

녹아 있던 이름이죠.

그렇다면 버트는 어떤 방식으로 자연어 이해 모델을 구축했을까요? 먼저 버트는 문장 내의 단어 중 15%를 가리고 그 단어를 맞히도록 학습합니다. 전체 문장에서 특정 단어를 무작위로 가려놓고 맞혀나가죠.

> "학생들은 아침에＿＿＿도서관에서 공부하기 좋아한다. 하지만 민지는 저녁에 카페에서＿＿＿더 편하다. 왜냐하면 도서관이 저녁에는 항상＿＿＿때문이다."

이렇게 전체 문장에서 무작위로 단어를 가리고, 여기에 해당하는 단어가 무엇인지 맞히면서 학습합니다. 버트는 이러한 문맥 속에서 가려진 단어들을 예측하면서 자연어 이해 능력을 키워나가죠. 이때 재미있게도 가린 단어 중 일부는 틀린 단어를 넣기도 하고, 단어를 그대로 두고는 가렸다고 거짓 정보를 입력하기도 합니다. 이런 식으로 일부러 노이즈를 삽입하여 모델이 지나치게 과적합하는 걸 방지합니다. 이러한 방식은 모델의 성능을 더욱 높이는 기법입니다.

예를 들어 어떤 사람이 항상 새우잠을 잔다고 해서 그 사람의 자세에 딱 맞춰 침대를 만든다면 다른 사람들은 오히려 더 불편하겠죠? 이것이 바로 과적합의 사례입니다. 침대가 모든 사람에게 편하려면 이렇게 만들면 안 됩니다. 그래서 일부러 노이즈를 추가하여 침대가 네모반듯하게 나올 수 있도록 합니다. 이는 과적합을 방지하는 원리이며, 일부러 틀린 단어를 삽입하여 과적합을 방지하는 버트의 학습 방식이기도 합니다.

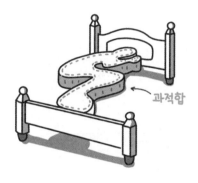

당시 버트는 구글에서 개발됐기 때문에 구글에서 공개한 딥러닝 프레임워크인 텐서플로TensorFlow에서만 동작했습니다. 하지만 그 당시는 메타에서 공개한 파이토치PyTorch라는 프로그램이 막 인기를 끌던 무렵이었고, 이때 버트를 파이토치에서 동작하도록 개조한 곳이 허깅페이스Hugging Face라는 회사였습니다. 당시 저도 버트와 파이토치를 사용했기 때문에 허깅페이스에 관심이 많았고, 오픈소스로 진행됐기 때문에 문제점을 발견하면 누구나 코드를 제출할 수 있어서 저 또한 열심히 수정해서 코드를 제출했던 기억이 나네요. 그 당시만 해도 허깅페이스는 이제 막 시작하던 스타트업에 불과했습니다. 하지만 버트 이후 GPT까지 연동하기 시작하면서 급격히 빠르게 성장했고 지금은 우리 돈으로 기업가치가 6조 원이 넘는 엄청난 기업으로 성장했습니다. 허깅페이스라는 기업에 대해서는 제6장에서 좀 더 자세히 살펴볼게요.

버트와 함께 트랜스포머를 변형한 또 다른 모델은 오픈AI의 GPT입니다. 우리가 잘 아는 챗GPT의 근간이 되는 모델이죠.

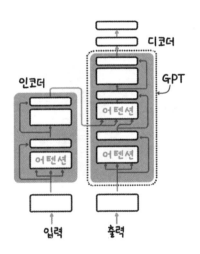

GPT는 트랜스포머 모델의 디코더 구조를 채택했습니다. 기계번역에서 디코더는 압축된 정보를 풀어서 번역문을 생성하는 역할을 하죠. 그래서 디코더를 이용하는 GPT는 언어를 생성하는 모델입니다. 버트는 문장을 이해하기 위해 문장의 일부를 가렸지만, GPT는 문장을 생성해야 하기 때문에 뒤에 나올 단어를 가리고 그것이 무엇인지 맞히면서 학습합니다. 이 방식은 언어 모델의 대표적인 방식이기도 하며, 이에 대해서는 제1장에서도 자세히 살펴봤죠.

하지만 처음 GPT가 등장했을 때만 해도 별다른 주목을 받지 못했습니다. 당시 학계와 업계 모두 버트 이야기만 했죠. 그럴 수밖에 없었던 것이, 당시만 해도 버트는 최고의 성능을 내고 있었습니다. 반면 GPT는 아직 온전한 문장 하나도 제대로 생성하지 못하던 때였거든요. 그러나 언어를 생성한다는 측면에서 GPT는 사실상 진정한 인공지능에 가장 맞닿아 있는 기술이었습니다. 지금이야 챗GPT가 놀라운 결과를 보여주고 있지만, 이 기술이 어느 날 갑자기 완성된 건 결코 아니었죠. 챗GPT가 등장하기까지 인류는 정말 오랫동안 이 기술에 도전해왔습니다. 이른바 '챗봇'이라고 부르는 기술에 말이죠.

챗봇, 인간의 오랜 꿈

챗봇은 오랜 시간 동안 인간의 꿈이었습니다. 이미 1960년대에 챗봇이 등장했죠.

1966년, MIT의 컴퓨터과학자 요제프 바이첸바움Joseph Weizenbaum, 1923~2008은 세계 최초의 챗봇 **일라이자**ELIZA를 개발했습니다. 일라이자는 조지 버나드 쇼George Bernard Shaw, 1856~1950의 희곡 〈피그말리온〉에 등장하는 인물의 이름입니다. 이 희곡의 제목인 피그말리온은 자신이 만든 조각상과 사랑에 빠지는 그리스 신화 속 조각가의 이름에서 따왔습니다. 자신의 피조물과 사랑에 빠진다는 이 신화는 이후 수많은 예술가들의 영감을 자극했죠. 쇼의 희곡도 이 신화를 차용하고 있습니다. 〈피그말리온〉에 등장하는 하층민 소녀 일라이자는 음성학 교수 헨리 히긴스에게 상류층 영어를 배우며 일종의 피조물 같은 존재로 그려집니다.

이 소녀의 이름을 딴 일라이자 챗봇은 규칙 기반으로 구현되었습니다. 규칙 또한 매우 단순했습니다. 일라이자의 심리 치료사 버전은 상류층의 언어를 따라 하던 일라이자처럼 상대방의 말을 따라서 대화하도록 설계되어, 상대방이 한 말을 약간만 비틀어 되묻기만 할 뿐이었죠. 예를 들면 이렇습니다.[3]

- 사람: 남자 친구가 저를 여기로 보냈어요.

ELIZA, 1966

- 일라이자: 남자 친구가 당신을 여기로 보냈나요?
- 사람: 남자 친구 말이 제가 항상 우울하대요.
- 일라이자: 우울하다니 안됐군요.
- 사람: 사실인걸요. 저는 불행해요.
- 일라이자: 여기 오면 불행에서 벗어나는 데 도움이 될 것 같나요?

여기서 일라이자는 정신과 의사의 역할이고 사람은 환자 역할입니다. 얼핏 의사가 환자를 진료하는 것처럼 보이지만, 사실은 매우 단순한 규칙에 따라 의사는 환자가 한 말을 그대로 반복할 뿐입니다. 정해진 규칙에 따라 대답한 것이죠. 예를 들어 "친구가 필요해요."라고 한다면 여기서 '친구'라는 단어를 추출하여 규칙에 따라 "왜 친구가 필요한가요?"라고 단순하게 응답합니다. 더 이상 대화를 이어나가기 힘들면 적당히 얼버무리기도 하죠. 남녀관계로 비유하자면, 여자의 얘기를 영혼 없이 들어주는 남자와 비슷합니다. 할 말이 없으니 말끝을 잡아 되묻기만 하는 거죠. 쇼의 희곡에서 일라이자는 상류층 영어를 완벽하게 구사하지만 정작 대화 내용은 자신이 속했던 하층민 계급에 어울리는 얘기만 늘어놓습니다. 챗봇 일라이자 또한 정신과 의사의 말투를 흉내 내지만, 정작 상담 내용은 아무 의미 없는 말을 반복할 뿐이죠.

하지만 결과는 매우 성공적이었습니다. 컴퓨터와 대화한다는 발상이 사람들을 깜짝 놀라게 했고, 심지어 일라이자에게 애착을 느낀 사람들도 등장했습니다. 마치 영화 〈그녀〉에서 주인공이 인공지능과 사랑에 빠진 것처럼 무려 60여 년 전부터 단순한 규칙 기반의 챗봇에 마음을 빼앗긴 사람들이 수두룩했죠. 심지어 바이첸바움의 비서는 그에게 "일라이자와 단둘이 대화를 나누고 싶으니 자리를 비켜달라." 고까지 했다고 합니다. 그만큼 일라이자는 사람들에게 매력적인 존재였죠.

이러한 성과 덕분에 인공지능이 산재한 여러 문제를 금방 극복해 낼 것이라는 낙관주의가 널리 퍼졌습니다. 하지만 이후에 인공지능은 별다른 성과를 내지 못합니다. 일라이자 역시 단순한 패턴에 따른 응답으로 기계가 사람의 말을 이해했다고 착각하게 만드는 일종의 속임수에 불과했죠. 챗봇 열풍은 금방 사그라들었습니다.

그 후 많은 시간이 흘렀습니다.

그사이 수많은 챗봇이 탄생하고 사라지기를 반복했습니다.

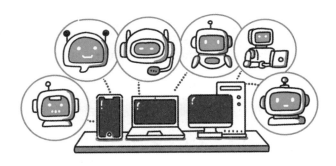

저 멀리 해외에는 마이크로소프트에서 개발한 테이Tay, 구글의 미나Meena, 페이스북의 블렌더봇BlenderBot 정도가 있었고, 우리나라에도 심심이나 이루다 같은 챗봇이 있었죠. 하지만 초창기 챗봇은 한계가 명확했습니다. 게다가 생성형 언어 모델은 연구자들 사이에서는 암묵적으로 금기시되는 기술이기도 했습니다. 왜냐하면 약간의 실수도 큰 사고로 이어질 수 있기 때문이죠. 예를 들어 당장 여러분이 사용하는 인공지능 스피커에 "날씨 알려줘."라고 요청했는데 잘못 알아듣고 무작정 음악을 틀어준다면 어떨까요? 그 정도는 충분히 넘어갈 만합니다. 물론 사용자 입장에서는 잘못 알아들은 스피커에 불만이 생기겠지만 그 정도가 전부입니다. 실제로 지금도 계속 일어나는 일이기도 하고요.

하지만 스피커에 "날씨 알려줘."라고 했는데, 날씨를 알려주는 척하더니 갑자기 "인간은 멸망해야 해!"라고 한다면 어떨까요? 이건 아주 큰 문제죠. 특히 대기업에서 만드는 스피커가 이런 말을 했다가는 매우 큰 사회적 문제로 불거질 수도 있습니다. 그래서 생성 모델은 더욱 조심스러울 수밖에 없죠.

그 때문에 그간 생성 모델은 규칙 기반이 대부분이었습니다. 갑자기 "인간은 멸망해야 해!"라는 말은 절대 할 수 없도록 몇 가지 규칙을 정해놓고, 그 규칙 내에서만 얘기를 하도록 했죠. 지금 여러분이 사용하고 있는 인공지능 스피커도 대부분 규칙대로 대답합니다. 갑자기 엉뚱한 얘기를 하지 않도록 말이죠.

하지만 챗GPT는 더 이상 규칙대로만 얘기하지 않습니다.

그리고 우리 모두가 잘 알다시피 챗GPT는 놀라운 성능을 보여주고 있죠. 그 시작은 버트와 함께 등장했던 GPT 덕분이었습니다. 더 거슬러 올라가면 번역에서 놀라운 성능을 보였던 트랜스포머 모델 덕분이죠. 트랜스포머 모델에서 시작해 버트가 등장할 수 있었고, GPT도 탄생할 수 있었습니다. 그리고 GPT에 이어 등장한 챗GPT는 우리 모두가 잘 아는 바와 같이 모든 질문에 척척 답변해주며, 그야말로 선풍적인 인기를 끌고 있죠.

　그렇다면 챗GPT는 어떻게 해서 이처럼 놀라운 대화 능력을 갖게 됐을까요?

제3장

챗GPT를 완성한
비밀 레시피

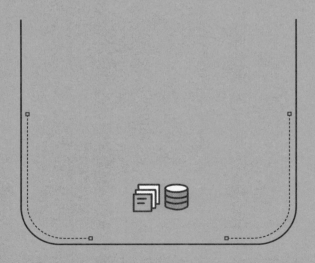

세상을 바꿀 GPT 역사의 시작

오픈AI가 GPT를 발표했을 때, 처음에는 그리 큰 기대를 불러일으키지 못했습니다. 당시 오픈AI의 주된 연구 분야는 **강화학습**Reinforcement Learning이었고, 언어 모델에는 크게 신경 쓰지 않던 상태였거든요. 게다가 초기 GPT 연구의 논문 저자도 4명 정도에 불과했죠(GPT-3에 이르러서는 31명으로 늘어납니다). 참고로 당시 오픈AI가 집중했던 강화학습은 기계가 스스로 학습하며 성능을 향상시키는 방식을 말합니

다. 2016년 바둑에서 승리를 거둔 알파고가 바로 강화학습의 대표적인 결과물이죠.

오픈AI는 맨 처음에 발표했던 GPT-1(2018년)과 그다음 버전인 GPT-2(2019년)까지는 상세한 내용을 논문으로 공개했습니다. 모델의 구조가 어떤 식으로 되어 있는지, 매개변수가 몇 개인지, 어떤 방식으로 학습했는지, 심지어 실행할 수 있는 코드까지 모두 공개했죠. 물론 GPT-2에 이르러서는 "우리 모델이 너무 강력해 사회에 혼란을 줄 우려가 있으니 매개변수가 가장 큰 모델은 공개하지 않겠다."고 선언하는 해프닝이 있긴 했습니다. 하지만 1년 후에는 이 역시도 모두 공개합니다. 당연히 공개 이후에도 그들의 우려와 달리 사회가 혼란스러워지는 일은 전혀 일어나지 않았죠. 참고로 지금은 웬만한 연구실에서는 굳이 오픈AI의 도움 없이도 GPT-2 정도는 며칠 만에 손쉽게 재현할 수 있습니다.

하지만 2020년에 발표한 GPT-3부터는 더 이상 관련 정보를 공개하지 않습니다. 1,750억 개(175B로 표기)의 매개변수와 대략적인 구조는 논문으로 공개했지만 정확히 어떻게 동작하는지는 비밀에 부쳤고 코드 또한 공개한 바 없습니다. 시중에 GPT-3 학습 코드라며 오픈소스로 나와 있는 것들은 추측으로 구현한 것일 뿐 정확히 일치하는지 여부는 알 수 없죠.

GPT-4에 이르러서는 더욱 심해졌습니다. 이전까지는 논문이라도 공개했지만 이제는 논문조차 공개하지 않습니다. 대신 기술 보고서라는 이름으로 "우리 모델의 성능이 이만큼이나 좋다."라고 자랑하는 평가 자료만 공개할 뿐입니다. 모델이 어떻게 구성되어 있는지 매개변수가 몇 개인지 등의 정보는 전혀 공개하지 않았습니다. 그야말로 베일에 싸여 있죠.

그렇다면 여기서 잠깐, **매개변수**Parameter란 무엇을 의미할까요?

매개변수는 모델의 학습 과정에서 조정되는 가중치 값들을 의미합니다. 하나하나가 숫자로 된 저마다의 값을 갖고 있죠. 매개변수가 10억 개라는 얘기는 [0.24, 1.23, 1.43, 0.11, 0.45, …] 이렇게 된 숫자가 10억 개 있다는 얘기입니다.

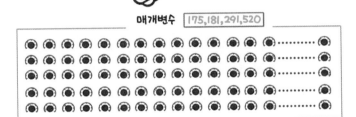

GPT-3의 매개변수는 175B입니다. 1,750억 개라는 얘기죠. 정확히는 조절할 수 있는 숫자를 175,181,291,520개 갖고 있다는 말입니다. 하나하나가 저마다 다이얼 형태로 조정할 수 있는 값입니다. 이 값들은 학습 과정에서 자동으로 조정됩니다.

매개변수의 표기법과 읽는 법에 대해서는 이 절 후반부에서 다시 설명하겠습니다.

출발은 이랬습니다.

구글이 트랜스포머 논문을 발표하고 기계번역에 성공적으로 적용

모델	매개변수	학습 데이터	출시
구글 트랜스포머 논문			2017년 6월
구글 버트	110M	책 데이터 11,038권 분량 + 영문 위키백과 25억 단어	2018년 10월
오픈AI GPT-1	117M	책 데이터 4.5GB (7,000권 분량)	2018년 6월

한 직후였죠. 이후에 구글은 버트라는 모델을 내놓습니다. 2018년 10월이었죠. 버트는 1억 1,000만 개의 매개변수를 갖고 있었습니다. 지금 보면 소박하지만 처음 등장했을 당시만 해도 엄청난 크기였죠. 1만 1,000권의 책과 영문 위키백과를 학습했습니다. 당시 기준으로는 학습한 데이터의 분량도 엄청났죠. 이렇게 학습된 버트는 제2장에서 자세히 설명했듯 자연어 처리 전 분야에서 최고점을 받으며 엄청난 성능을 보여줍니다. 분류, 감정 분석, 독해 등으로 구성된 10여 개의 자연어 처리 작업에서 모두 최고점을 기록했죠.

이처럼 버트가 인기를 끌고 있을 때 오픈AI는 조금 다른 형태의 모델을 연구해서 내놓습니다. 이들이 만든 모델은 제1장에서 자세히 설명한 바 있는, 언어를 생성하는 작업에 쓰이는 전형적인 형태의 언어 모델이었습니다. 오픈AI가 만든 언어 모델은 GPT라는 이름을 지녔는데, 굳이 우리말로 번역해보면 '사전 학습된 생성형 트랜스포머' 정도로 표현할 수 있죠. GPT는 7,000여 권의 책을 학습했습니다. 매개변수의 크기는 버트와 비슷한 1억 1,700만 개 정도였고요. 마찬가지로 지금에 와서 돌이켜 보면 모델이 너무 작고, 학습 데이터도 턱없이 부족합니다. 하지만 당시만 해도 엄청난 크기였죠.

초기에는 버트가 훨씬 앞서갔습니다. 각종 벤치마크에서 최고점을 찍었을 뿐 아니라 실용적인 업무에 바로 투입할 수 있어 유용하기도 했죠. 구글에서도 검색 결과에 버트를 바로 도입했다는 기사가 나오기도 했습니다. 이에 반해 GPT는 쓰임새가 애매했습니다. 그저 문장을 생성하기만 하는, 그것도 아무 말에 가까운(초기 버전은 그랬습니다.) 문장을 생성하는 모델은 농담 따먹기나 하는 챗봇 정도에나 쓸 수 있을 뿐 마땅한 용도를 찾기 어려웠거든요. 이렇게 GPT는 조용히 묻히나 싶었지만 그렇지 않았습니다. 오픈AI는 GPT를 계속해서 발전시켜나갑니다.

1년이 채 지나지 않아 오픈AI는 GPT-2를 발표합니다. 무엇보다 놀라운 점은 매개변수가 15억 개로 지난 버전보다 10배가 더 커졌다는 점입니다. 학습 데이터도 덩달아 10배가 더 커졌죠.

모델	매개변수	학습 데이터	출시
GPT-2	1.5B	40GB (웹 페이지 800만 개)	2019년 2월
GPT-3	175B	570GB (원본 45TB)	2020년 6월
GPT-3.5 (이때부터 챗GPT)	비공개 (175B로 추정)	비공개	2022년 11월
GPT-4	비공개 (1.8T로 추정)	비공개	2023년 3월

그 이듬해에 나온 GPT-3는 더욱 대단해졌습니다. 매개변수가 1,750억 개로 이전 버전보다 무려 100배나 더 커졌죠. 학습 데이터의 양도 어마어마합니다. 원본 데이터가 무려 45TB에 이르고, 그걸 정제한 것만 해도 570GB에 달했습니다.

GPT-3가 엄청난 크기의 모델을 제시하면서 이때부터 각 기업들의 모델 크기 경쟁이 본격적으로 벌어지기 시작합니다. 모델이 커지니 여러 작업에서 좋은 성능을 낸다는 논문이 하나둘 나오기 시작했고, 심지어 창발성Emergence(느닷없이 나타나는 능력)이 생긴다는 논문도 나왔죠. 모델이 작을 때는 일어나지 않던 일들이 일정 수준의 크기를 넘어서자 갑작스럽게 똑똑해졌다는 거죠. 가르치지 않았던 지식도 척척 풀이해내는 알 수 없는 성능을 내기 시작합니다. 이즈음 언어 모델에 자아가 있는 것 같다고 주장했다가 구글에서 해고되는 엔지니어까지 등장합니다.[1]

이름	매개변수(표기법)	읽는 법(읽는 법)	출시
인간 두뇌의 뉴런 개수	86B	860억 개	
GPT-3	175B	1,750억 개	2020년 6월
GPT-3.5 (이때부터 챗GPT)	비공개 (175B로 추정)	1,750억 개	2022년 11월
GPT-4	비공개 (1.8T로 추정)	1조 8,000억 개	2023년 3월
인간 두뇌의 시냅스 개수	320T	320조 개	

왼쪽의 표는 인간 두뇌와 크기를 비교해보기 위해 앞선 테이블에 인간 두뇌의 뉴런, 시냅스 수치를 함께 나열한 결과입니다.

인간의 두뇌에는 약 860억 개의 뉴런이 있다고 합니다. GPT-3는 1,750억의 매개변수를 갖고 있으니 뉴런의 개수는 이미 넘어선 셈이죠. 물론 인간을 뛰어넘으려면 뉴런이 아니라 뉴런과 뉴런을 연결하는 시냅스의 개수만큼인 320조 개를 넘어야 한다는 주장도 있습니다. 지금까지 나온 가장 큰 모델도 이제 겨우 몇조 개에 불과하니, 아직은 한참 멀었죠.

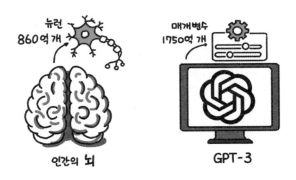

물론 매개변수 하나하나가 정말 두뇌의 동작 원리와 일치하느냐 하면 이 또한 증명된 바는 없습니다. 모델의 크기가 시냅스의 개수를 넘어선다고 해도 어떻게 될지는 아무도 모르는 일이죠. 하지만 분명한 것은 모델이 커질수록 성능이 덩달아 좋아진다는 점입니다.

그렇게 모델이 커지면서 점점 GPT에 대한 기대감도 한층 높아졌습니다. 그리고 드디어 우리가 잘 아는 챗GPT가 2022년 11월 세상에 모습을 드러냅니다. 우리 모두가 잘 알고 있는 것처럼 챗GPT는 세상에 엄청난 파란을 불러일으킵니다. 2023년 3월에는 더욱 놀라운 성능의 GPT-4가 등장하면서 세상은 바야흐로 진정한 인공지능의 시대에 돌입합니다.

지금까지 GPT-1에서 GPT-4로 이어오는 흐름을 설명하며 매개변수의 개수를 풀어서 읽었습니다. 이쯤에서 매개변수의 표기법과 읽는 법을 제대로 설명하고 넘어가야 할 것 같네요. 먼저 표기법은 다음과 같습니다.

- $1K = 10^3 = 1,000$
- $1M = 10^6 = 1,000,000$
- $1B = 10^9 = 1,000,000,000$
- $1T = 10^{12} = 1,000,000,000,000$

이렇게 표기합니다. 이는 영어식으로 숫자 단위를 축약하는 방식입니다. 영어에서는 3자리마다 단위가 변하고, 구분하기 쉽게 3자리 단위로 쉼표를 찍습니다. 1K는 1 Kilo킬로, 1M은 1 Million밀리언, 1B는 1 Billion빌리언, 1T는 1 Trillion트릴리언으로 읽습니다. 우리나라도 동일하게 3자리마다 쉼표를 붙이지만 읽는 법은 다릅니다. 우리는 4자리마다 단위가 변하기 때문이죠. 1만, 1억, 1조를 떠올려보면 모두 4자리 단위입니다. 그래서 영어식으로 표기된 1K는 1,000이고, 1M은 100만, 1B는 10억, 1T는 1조입니다.

이제 매개변수로 표시된 값을 읽어봅시다. 처음에 출시된 GPT의 매개변수는 117M이었습니다. 우리말로 하면 1억 1,700만 개가 됩니다. 이후 등장한 GPT-2는 1.5B입니다. 15억 개죠. GPT-3는 175B 입니다. 1,750억 개죠.

어렵지 않죠?

임베딩과 토큰, 언어를 효율적으로 쪼개는 방법

지금부터 챗GPT의 근간이 되는 GPT 언어 모델은 어떻게 만드는지 구체적으로 살펴보겠습니다.

먼저 컴퓨터는 모든 것을 숫자로 표현해야 합니다. 그래야 계산할 수 있기 때문이죠. 언어도 다르지 않습니다. 언어를 문자 그대로 컴퓨터에 전달하면 컴퓨터 입장에서는 그저 이상한 문자의 나열을 받아들인 것에 불과합니다. 이걸로는 아무것도 할 수 없죠. 컴퓨터는 오로지 0과 1만 이해하는 디지털 기계입니다. 따라서 인간의 언어를 컴퓨터가 이해할 수 있도록 하려면 이를 반드시 적절한 숫자로 표현해야 합니다. 그래야 계산할 수 있기 때문이죠. 그렇다면 어떻게 하면 숫자로 잘 표현할 수 있을까요?

혹시 컴퓨터가 색상을 표현하는 방식을 알고 있나요? 컴퓨터는 RGB 모델을 이용해 색상을 숫자로 표현합니다. 빛의 3원색인 빨강

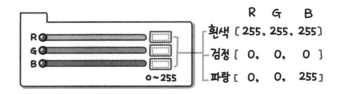

(R), 초록(G), 파랑(B)을 이용하는 방식이죠. 이 세 가지 색상의 강도를 0부터 255까지 숫자로 표현합니다. 예를 들어 순수한 빨강은 [255, 0, 0], 순수한 초록은 [0, 255, 0], 순수한 파랑은 [0, 0, 255]와 같은 식이죠. 이 세 가지 색상을 다양한 강도로 조합하면 수백만 가지 색상을 만들 수 있습니다. 예를 들어 노란색은 빨간색과 초록색을 최대 강도로 섞으면 됩니다. 그래서 [255, 255, 0]으로 표현할 수 있고요. 보라색은 빨간색과 파란색을 적당한 강도로 조합하여 [128, 0, 128]로 표현합니다. 흰색은 모든 값을 최대 강도로 하여 [255, 255, 255]로 표현할 수 있고, 반대로 검정색은 [0, 0, 0]이 되는 식이죠. 이렇게 컴퓨터는 거의 모든 색상을 정확히 숫자로 표현하고 처리할 수 있습니다. 그리고 각각의 숫자는 색상의 특징을 잘 나타냅니다.

그렇다면 이와 유사하게 언어에서 특징을 추출하여 숫자로 나타낼

색상	RGB 값
빨강	[255, 0, 0]
초록	[0, 255, 0]
파랑	[0, 0, 255]
노랑	[255, 255, 0]
보라	[128, 0, 128]
흰색	[255, 255, 255]
검정	[0, 0, 0]

수 있을까요? 예를 들어 '사과', '자동차', '책'에서 각각의 특징을 추출해 이 값을 숫자로 표현한다고 해보죠. 여기서 특징은 '크기', '무게', '맛' 이렇게 세 가지로 정하겠습니다. 관련성이 낮다면 0.0, 관련성이 높다면 1.0으로 표현해보죠.

먼저 '사과'는 [0.2,0.1,1.0] 정도로 표현할 수 있습니다. 크기가 비교적 작고, 무게도 매우 가볍죠. 하지만 맛은 매우 좋아서 1.0으로 표현했습니다. '자동차'는 [0.8,0.9,0.0] 정도가 됩니다. 매우 큰 편이고, 매우 무겁죠. 하지만 맛은 없기에 0.0입니다. 마지막으로 '책'은 [0.3,0.3,0.1]입니다. 적당한 크기에 적당한 무게를 지니며, 맛이 있는 건 아니지만 그래도 종이로 만들어져 먹을 수는 있기에(물론 굳이 먹고 싶진 않겠지만) 0.1로 해봤습니다. 이를 그림으로 정리해보면 아래와 같습니다.

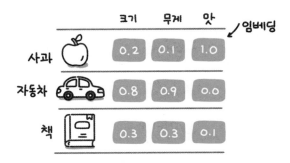

색상을 RGB 모델을 이용해 숫자로 표현했던 것처럼 단어에 대한 각각의 특징을 숫자로 표현해봤습니다. 이제 각 숫자는 단어의 의미를 잘 나타낸다고 할 수 있겠죠?

지금은 우리가 세 가지 특징만 정의해봤지만, 복잡한 모델에서는

100가지, 심지어 1,000가지가 넘는 특징으로 표현할 수도 있습니다. 특징이 늘어날수록 훨씬 더 정교하게 단어의 의미를 표현할 수 있습니다. 그렇다면 앞서 우리가 정의한 세 가지 특징을 하나의 벡터로 합쳐봅시다. 벡터란 텍스트 데이터를 컴퓨터가 이해하고 처리할 수 있도록 수학적으로 표현한 숫자 배열을 말합니다. 이제 이렇게 합친 값은 임베딩 벡터가 됩니다.

단어	임베딩 벡터
사과	$[0.2, 0.1, 1.0]$
자동차	$[0.8, 0.9, 0.0]$
책	$[0.3, 0.3, 0.1]$

단어나 문장을 숫자 벡터로 표현하는 과정을 **임베딩**Embedding이라고 부릅니다. 임베딩은 '끼워 넣다'는 뜻인데, 단어의 의미나 문맥, 관계 등의 정보를 다차원 실수Real Number 공간에 끼워 넣는 과정을 말합니다. 이렇게 구성된 임베딩 벡터에는 단어의 의미나 단어 간의 관계를 나타내는 값이 포함되어 있죠. 여기서는 우리가 단어의 특징을 세 가지로 제한하고 직접 값을 부여했지만, 사실 임베딩은 수많은 단어를 학습하면서 여러 의미를 담아 자동으로 만들어내는 값입니다.

앞서 복잡한 모델에서는 1,000가지 특징도 추출할 수 있다고 했습니다. 지금은 우리가 단순하게 설명하기 위해 세 가지 특징만 정했고 그래서 임베딩도 3차원에 불과합니다. 하지만 실제로는 1,000가지가 훨씬 넘는 특징을 사용하며 1,000차원이 넘는 임베딩이 쓰입니다. 참고로 오픈AI에서 제공하는 임베딩 API는 3,072차원입니다. 각각의 단어가 3,072개의 특징을 지닌 숫자를 갖고 있는 셈이죠. 제가 방금 오픈AI의 임베딩 API에다가 '사과'는 어떤 값을 갖고 있는지 호출해봤더니 다음과 같은 값이 나왔습니다.

```
[-0.034164693, 0.016194128, -0.0043617873, 0.03587
7686, 0.032404117, 0.0455212, -0.037527233, 0.0194615
03, -0.009365947, -0.0020173267, -0.011768895, 0.02880
3658, 0.012680906, …]
```

이처럼 양수와 음수가 뒤섞여서 3,072개(너무 길어 뒷부분은 생략)의 숫자가 나왔습니다. 보다시피 하나하나가 매우 정교한 값이며, 그만큼 '사과'라는 단어가 갖는 의미를 정교하게 표현한다고 할 수 있죠.

그렇다면 "임베딩은 크면 클수록 좋은 게 아닌가?"라는 질문을 할 수 있습니다. 하지만 3,072가지의 특징을 추출하는 것도 쉬운 일은 아닙니다. 예를 들어 사과와 수박의 특징을 나타낸다고 해보죠. 처음에는 차별화된 특징을 추출할 수 있겠지만 같은 과일이다 보니 많은 값들이 비슷할 거예요. 만약 1억 가지 특징을 사용한다면 어떻게 될까요? 이렇게 많은 특징은 추출하기도 힘들지만, 추출한다 해도 9,999만 가지는 동일한 값이 될 가능성이 높습니다. 아마 1만 가지도 다른 값을 추출하기 어려울 거예요. 1만 가지가 많아 보일 수 있겠지만 1억을 기준으로 보면 고작 0.01%에 불과합니다. 전체 값에서 다른 값이 0.01%뿐이라면 당연히 그 임베딩은 특징을 제대로 표현한다고 볼 수 없겠죠?

따라서 임베딩이 무작정 크다고 항상 좋은 것은 아닙니다. 오히려 100차원 정도라도 값이 적절히 분배될 수 있는 최적의 임베딩이 훨씬 더 중요하죠.

임베딩은 매우 중요한 개념입니다. 앞으로도 계속해서 나올 단어이니 꼭 기억해두세요.

그렇다면 단어 하나가 아니라 여러 단어가 연결된 긴 문장은 어떻게 처리하면 좋을까요? 문장의 의미를 나타낼 수 있는 최소 단위로 쪼개면 어떨까요? 예를 들어 다음과 같은 문장이 있다고 해보죠.

나는 맛있는 점심을 먹었다.

이 문장은 어떻게 쪼개야 할까요? 가장 쉬운 방법은 단순하게 음절 단위로 쪼개는 것입니다. 음절이란 발음의 최소 단위로, 쉽게 말해 한글에서는 하나의 글자가 하나의 음절입니다. 즉 앞의 문장은 다음과 같이 구분할 수 있습니다.

나, 는, 맛, 있, 는, 점, 심, 을, 먹, 었, 다

이제 이 음절에 대응하는 숫자, 즉 임베딩 값을 가져오면 됩니다. 그런데 얼핏 봐서는 글자 하나하나가 의미가 있다고 보기는 어렵습니다. '는', '있', '심' 이런 글자들을 대체 어떻게 숫자로 표현할 수 있

을까요? 앞서 숫자로 표현하는 것은 특징을 수치화하는 것이라고 했는데, 과연 이런 글자의 특징을 제대로 추출할 수 있을까요?

심지어 챗GPT의 초기 버전은 이것보다 더 심하게 쪼갰습니다. 음절 단위가 아니라 아예 초성, 중성, 종성 단위로 구분했죠. 다음과 같이 말이죠.

ㄴ, ㅏ, ㄴ, ㅡ, ㄴ, ㅁ, ㅏ, ㅅ, ㅇ, ㅣ, ㅆ, ㄴ, ㅡ, ㄴ, ㅈ, ㅓ, ㅁ, ㅅ, ㅣ, ㅁ, ㅇ, ㅡ, ㄹ, ㅁ, ㅓ, ㄱ, ㅇ, ㅓ, ㅆ, ㄷ, ㅏ

이쯤 되면 한글을 제대로 이해하고 있다고 보기 어렵습니다. 이렇게 한글 낱자 단위로 학습한 걸 과연 의미를 제대로 파악했다고 볼 수 있을까요?

그러나 초창기 챗GPT는 한글을 이런 식으로 학습했고, 이 때문에 네이버를 비롯한 국내 기업들이 챗GPT는 한글에 적합하지 않다며 문제를 꾸준히 지적했습니다. 그럼에도 불구하고 챗GPT는 한국어를 제법 잘했습니다. 비록 한글 낱자로 학습했지만, 엄청나게 많은 데이터를 학습했기 때문에 이렇게 해도 한글을 어느 정도 이해할 수 있었다는 뜻이죠.

하지만 비효율적인 문제는 극복할 수 없었습니다. '점심'이라는 단어를 표현하기 위해 'ㅈ', 'ㅓ', 'ㅁ', 'ㅅ', 'ㅣ', 'ㅁ' 이렇게 6개의 낱자가 필요합니다. 원래는 1개로 충분히 해결할 수 있는 걸 지나치게 비효율적으로 처리하는 게 문제였죠.

다시 전체 문장을 살펴보겠습니다.

나는 맛있는 점심을 먹었다.

만약 이 문장을 사람이 직접 쪼갠다면 어떻게 구분하는 게 좋을까요? 저라면 '나', '는', '맛', '있는', '점심', '을', '먹었다' 정도로 나누겠습니다. '는', '을' 같은 조사는 적절히 떼어내고, 주어인 '나'와 목적어인 '점심', 동사인 '먹었다' 정도는 원형을 그대로 사용해서 각 단어의 의미를 살리는 거죠. 이제 각각의 단어에는 그 의미가 남아 있기 때문에 아마 특징도 제대로 추출할 수 있을 겁니다.

실제로 언어 모델을 학습할 때는 이런 식으로 문장을 쪼개는 과정을 거칩니다. 물론 이 과정은 자동으로 처리합니다. 우리가 지금까지 한 것처럼 사람이 일일이 의미를 파악하여 수동으로 분류하지 않죠.

방식은 다음과 같습니다. 엄청나게 많은 문장을 읽으면서 각각의 단어가 등장하는 빈도수, 즉 통계를 계산하죠. 예를 들어 "점심을 먹었다.", "아침을 먹었다.", "저녁을 먹었다."라는 세 개의 문장을 학습한다고 해보죠. 이때 동사인 '먹었다'와 조사인 '을'이 가장 많이 등장합니다. 통계적으로 봤을 때 가장 빈도가 높기 때문에 이를 하나의 토큰으로 정합니다. 그리고 나머지 한 번씩 등장하는 '아침', '점심', '저녁'을 각각 하나의 토큰으로 하면 다음 페이지의 표와 같이 총 5개의 토큰 사전을 구성할 수 있습니다.

이처럼 자주 등장하는 토큰을 사전 형태로 구성하고, 어떤 새로운 문장이 입력됐을 때 이 토큰 사전에 포함된 단위로 쪼갤 수 있습니다. 토큰은 자주 등장하는 단어로 구성되므로 각각의 토큰 대부분은 그 의미가 살아 있죠. 여기서도 가장 자주 등장한 '먹었다'는 의미가

토큰 ID	토큰
1	먹었다
2	을
3	아침
4	점심
5	저녁

살아 있습니다.

방금 **토큰**Token이라는 새로운 용어가 등장했습니다. 토큰이란 언어 모델에서 학습을 진행하는 최소 단위를 말합니다. 대개 단어와 비슷한 의미입니다. 하지만 반드시 일치하지는 않으며 조금 다릅니다. 주로 수많은 문장을 읽어들인 다음 이에 대한 통계적인 결과로 구성됩니다. 이렇게 구성된 토큰 사전은 하나의 단어라도 두 개 토큰이 될 수 있고, 반대로 두 개의 단어가 하나의 토큰이 될 수도 있습니다. 중요한 점은 토큰이 최소 단위라는 것입니다. 이 점만 잘 기억하면 됩니다.

그렇다면 "점심을 먹었다."라는 문장을 다시 쪼개봅시다. 앞서 구축한 토큰 사전을 활용하면 '점심', '을', '먹었다' 이렇게 세 개의 토큰으로 쪼갤 수 있습니다. 이제 세 개의 토큰을 언어 모델에 보내 학습을 진행하면 됩니다. 이렇게 학습할 수 있는 최소 단위로 쪼개는 과정, 즉 토큰으로 만드는 과정을 **토크나이징**Tokenizing이라고 하며, 이렇게 토크나이징하는 도구를 **토크나이저**Tokenizer라고 합니다. 정리하면 토크나이저를 이용해 문장을 토큰 단위로 토크나이징하는 거죠. 그리고 각 토큰의 임베딩 벡터를 가져오면 됩니다. 앞서 임베딩은 각각의 특징을 수치화한 것과 비슷하다고 했죠? 따라서 언어 모델은 각 토큰의 특징을 수치화한 값을 입력으로 받는 셈입니다.

그렇다면 이 세 개의 토큰은 몇 개의 숫자로 표현될까요?

GPT-3로 예를 들면, GPT-3의 임베딩은 12,288차원으로 되어 있습니다. 즉 하나의 토큰이 12,288개의 숫자가 되는 거죠. 토큰이 세 개라면 12,288×3 = 36,864, 총 36,864개의 숫자가 입력값이 됩니다. 당연히 문장이 길면 길수록 이 값은 더 커지고요. 언어 모델은 이렇게 많은 숫자를 입력값으로 받아 이렇게 곱하고 저렇게 더하면서 요리조리 계산을 진행합니다.

토큰	임베딩 벡터
점심	[-0.0037072503, -0.0059244367, 0.0005793698, 0.027623493, -0.0020560017, -0.010050768, 0.012901948, 0.045704845, 0.012472121, -0.004498847, -0.018640127, 0.009327227, 0.008395937, -0.010100914, …] 12,288개 숫자
을	[-0.014892701, -0.038835842, -0.006213735, 0.022136431, 0.048629228, 0.007927578, -0.018911367, 0.022440363, -0.016311053, 0.0058253766, -0.018810056, 0.004221287, -0.04380008, -0.011701408, …] 12,288개 숫자
먹었다	[0.011904605, -0.0045674806, 0.013466433, 0.03465177, 0.011481175, 0.0055011073, -0.020421777, 0.00798268, 0.019602684, 0.0033214889, -0.027682543, 0.02704393, -0.014327174, -0.009641688, …] 12,288개 숫자

어텐션, GPT의 핵심 알고리즘

이제 GPT 언어 모델의 핵심인 어텐션 계산을 할 차례입니다. 어텐션의 원리에 대해서는 제2장에서 설명했습니다. 다시 한번 설명하자면 중요한 단어에 가중치를 주는 개념입니다. 만약 "You've had your hair cut."이라는 문장을 번역할 때 '머리'를 번역하고 있는 상태라면 'hair'에 가중치가 부여되어 내려오는 걸 말하죠.

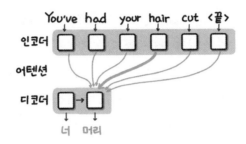

'머리'를 번역할 때 가장 큰 영향을 끼치는 'hair'라는 단어를 강조해서 보내준다면 훨씬 더 정확하고 자연스럽게 번역할 수 있을 겁니다. 이처럼 어텐션은 성능 개선의 핵심 열쇠였습니다.

GPT는 어텐션만으로 구성된 트랜스포머 모델의 디코더 방식을 채택했습니다. 그래서 트랜스포머가 자연스럽게 번역하는 것만큼이나 GPT도 자연스러운 대답을 할 수 있게 됐죠. 그렇다면 어텐션의 계산 방식에 대해 좀 더 구체적으로 살펴볼까요?

GPT가 채택한 트랜스포머 구조에서 어텐션은 입력값을 먼저 Q, K, V라는 세 개의 값으로 나눕니다. 각각 **쿼리**Query, **키**Key, **값**Value을 의미합니다. 이 개념은 무언가를 검색할 때 사용하는 방식입니다. 이 방식을 트랜스포머에서 그대로 차용한 거죠. 예를 들어 도서관에서 '인공지능'과 관련한 책을 찾는다고 해보겠습니다.

여기서 내가 찾고 싶은 주제인 '인공지능'이 바로 쿼리가 됩니다. 줄여서 그냥 Q라고도 부르죠. 도서관에는 다양한 책들이 있습니다. 제목과 주제가 나열되어 있고, 저자 정보도 있을 거예요. 이 정보들이 키입니다. 마찬가지로 줄여서 K로 부르죠. 이제 책 한 권을 골라 내용을 확인합니다. 여기서 책의 내용이 바로 값입니다. 줄여서 V입니다.

이렇게 우리가 찾고 싶은 정보(쿼리)를 갖고 도서관의 책 목록(키)를 살펴보면서 관련 있는 책(값)을 찾는 과정이 반복됩니다. 이 과정은 마치 도서관에서 원하는 정보가 담긴 책을 찾기 위해 각 책의 제목이나 주제를 확인한 다음, 가장 적합한 책을 선택하여 그 내용을 읽어보는 것과 유사합니다. Q(정보)와 K(제목 또는 주제)사이의 유사도를 계산하고 가장 유사한 부분에 가중치를 높여 V(내용)와 계산한 값이 바로 결과가 되는 것이죠.

원래 어텐션은 번역에서 가장 먼저 쓰였습니다. 제2장에서 이미 자세히 살펴봤죠. 그리고 지금은 GPT에서도 동일하게 쓰이고 있습니다. 예를 들어 "나는 맛있는 점심을 먹었다."를 어텐션으로 표현해 보죠. 번역이라면 한쪽은 영어, 한쪽은 한국어가 되겠지만 GPT는 동일한 문장에서 서로 간의 관계를 찾습니다. 즉 찾고자 하는 정보 Q와 정보 목록인 K가 동일한 거죠. 이 둘은 같은 문장입니다. 같은 문장에서 서로의 관계를 찾기 때문에 이를 **셀프 어텐션**Self Attention이라고 합니다. 어텐션에 '셀프'라는 단어가 추가됐죠.

"나는 맛있는 점심을 먹었다."는 '나', '는', '맛', '있는', '점심', '을', '먹었다'로 쪼갤 수 있다고 했죠? 그리고 이렇게 쪼갠 것을 토큰이라고 했습니다. 그렇다면 동일한 토큰 목록인 Q와 K의 어텐션맵을 나타낸 아래 그림을 보죠.

이처럼 데이터의 크기를 색의 강도로 나타내어 어느 부분에 집중해야 하는지 보여주는 히트맵 형태의 구조를 **어텐션맵**Attention Map이라고 합니다. 각 토큰 간에 관계의 강도를 나타내는 히트맵이죠. 여기서 세로축은 Q, 가로축은 K입니다. QK 행렬인 셈이죠. 이 중에서 마지

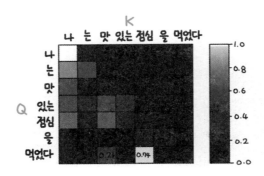

막 행을 살펴보면 '먹었다'는 어떤 토큰과 가장 밀접한 관계가 있을까요? 5번째 열인 '점심'의 값이 가장 큽니다. 7번째 행, 5번째 열의 값을 살펴보면 0.74로 상당히 높죠(1.0이 만점입니다). 그래서 '먹었다'는 '점심'과 가장 관련이 높다고 할 수 있습니다. 그럴듯하지 않나요? 3번째 열인 '맛'은 두 번째로 높은 값입니다. 7번째 행, 3번째 열의 값은 0.21입니다. 그러니까 '먹었다'와 가장 관련이 높은 토큰은 '점심'이고, 두 번째로 관련이 높은 토큰은 '맛'이므로, 이를 분석해보면 '점심을 맛있게 먹었다'는 의미인 걸 알 수 있죠. 실제로 전체 문장이 "나는 맛있는 점심을 먹었다."이므로 토큰 간의 관계를 제법 잘 찾아냈다고 할 수 있습니다.

이처럼 QK를 이용해 어텐션맵을 만들었는데, V는 과연 어디에 있을까요? V는 결과를 위해 마지막으로 처리해야 할 값입니다. 즉 QK 어텐션맵을 V와 결합하여 최종 결과를 만들어내죠. 도서관에 비유하자면, 찾고 싶은 정보Q를 이용해 책 목록K과 대조하여 중요도를 나타내는 어텐션맵을 만든 다음, 이 어텐션맵에 실제 책 내용v을 결합하면 최종 정보를 찾을 수 있는 거죠. 그런데 어텐션맵에서는 중요하다고 표시했지만 실제로 그 값이 꼭 결과로 이어지지 않을 수도 있습

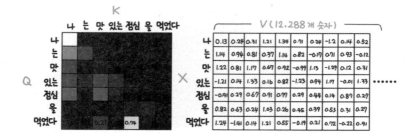

니다. 아무리 중요하다고 표시해도 마지막에 책 내용과 비교했을 때 결과가 별로라면 그 값은 쓰이지 않을 수 있죠. 이처럼 마지막으로 V 와 한 번 더 결합하기 때문에 다른 토큰이 더 중요한 값으로 바뀌는 결과가 얼마든지 나올 수 있습니다. 하지만 어쨌든 어텐션맵은 중요할 것 같은 부분에 가중치를 미리 높여놓으므로 그 값이 그대로 이어지는 결과가 대부분입니다.

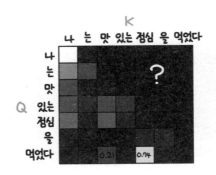

어텐션맵을 설명할 때 이상한 부분을 발견했는지 모르겠습니다. 바로 절반가량이 휑하게 비어 있다는 점인데요, 그림의 우측 상단 부근을 보면 값이 하나도 없이 모두 어두운 색입니다.

이유는 간단합니다. 뒤에 나오는 토큰을 참조하지 않도록 하기 위함이죠. 예를 들어 '나'는 '먹었다'와 관련이 있겠지만 시작하자 마자 '먹었다'를 참조할 수는 없습니다. 나중에 해당 단어가 등장한 뒤에야 참조할 수 있죠. 그러니까 뒤에 나올 단어를 미리 볼 수 없다는 겁니다. 사실 곰곰이 생각해보면 왜 그런지 금방 알아차릴 수 있습니다. GPT 계열의 모델은 다음에 나올 토큰을 예측하는 생성 모델인데 아직 등장하지도 않은 단어를 참조한다는 게 애초에 논리적으로 말이 안 되죠. 따라서 뒤에 나오는 토큰은 참조하지 않도록 이를 가려줍니다. 우측 상단 절반 정도를 모두 가려서 사용하지 않죠. 이 과정을 **마스킹**Masking이라고 하며, 어텐션맵에서 보듯 값을 하나도 부여하지 않습니다. 그리고 셀프 어텐션은 이를 반영하여 전체 이름을 **마스크드 셀프 어텐션**Masked Self Attention이라고 부릅니다.

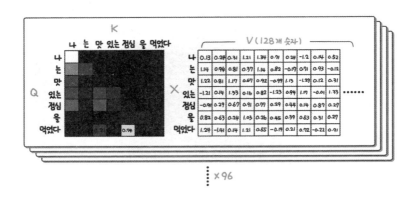

그렇다면 어텐션은 몇 개나 있을까요? 이렇게 하나의 어텐션만 있으면 될까요? 당연히 그렇지 않습니다. 이런 어텐션을 한 개만 사용하는 게 아닙니다. GPT-3는 어텐션을 96번씩 동시에 진행합니다. **멀티 헤드 어텐션**Multi-Head Attention이라고 합니다. 말 그대로 헤드가 여러 개 있다는 의미입니다. 이 과정은 임베딩을 96등분으로 나눈 128개를, 96번씩 한꺼번에 진행합니다. 그리고 앞서 마스크드 셀프 어텐션에 멀티 헤드를 추가하여 이름도 **마스크드 멀티 헤드 셀프 어텐션**Masked Multi-Head Self Attention이라고 부릅니다. 전체 이름이 참 길죠? 간혹 어텐션 전체를 지칭할 때는 이렇게 긴 이름을 모두 언급하곤 합니다.

GPT-3는 토큰 하나의 임베딩이 12,288차원입니다. 정말 크죠? "나는 맛있는 점심을 먹었다."라는 문장은 '나', '는', '맛', '있는', '점심', '을', '먹었다' 이렇게 쪼갤 수 있었습니다. 토큰 하나가 12,288개의 숫자라고 했으니 총 7개의 토큰이며, 전체는 12,288×7 = 86,016개의 숫자가 됩니다.

생각보다 많죠? 당연히 이렇게 많은 숫자를 곱하고 더하면서 계산

토큰	임베딩 벡터
나	[0.13, 0.24, 0.31, 1.21, 1.34, 0.71, 0.24, -1.2, 0.14, 0.52, …] 12,288개 숫자
는	[1.14, 0.94, 0.81, 0.37, 1.14, 0.82, -0.17, 0.71, 0.93, -0.12, …] 12,288개 숫자
맛	[1.22, 0.81, 1.17, 0.67, 0.92, -0.99, 1.13, -1.29, 0.12, 0.31, …] 12,288개 숫자
있는	[-1.21, 0.14, 1.33, 0.16, 0.82, -1.23, 0.94, 1.17, -0.01, 1.33, …] 12,288개 숫자
점심	[-0.91, 0.29, 0.67, 0.91, 0.77, 0.29, 0.44, 0.14, 0.87, 0.27, …] 12,288개 숫자
을	[0.82, 0.63, 0.24, 1.03, 0.26, 0.45, 0.39, 0.53, 0.31, 0.27, …] 12,288개 숫자
먹었다	[1.24, -1.41, 0.14, 1.21, 0.55, -0.19, 0.21, 0.72, -0.22, 0.91, …] 12,288개 숫자
전체	12,288×7 = 86,016개 숫자

해야 하니 이런 많은 연산을 한꺼번에 처리할 수 있는 고성능의 장비가 필요하겠죠. 그게 바로 GPU입니다. GPU에 대해서는 제7장에서 다시 자세히 설명하겠습니다.

GPT-3는 여기서 96등분을 한다고 얘기했습니다. 이 말은 각각의 토큰이 지닌 임베딩 벡터 12,288개의 숫자를 96등분하여 128개씩 처리한다는 얘기죠. 그렇게 해서 96번씩 동시에 어텐션을 계산합니다.

이것이 바로 멀티 헤드 어텐션이고 GPT의 근간이 되는 트랜스포머 모델의 핵심입니다. 이처럼 여러 차례 동시에 어텐션을 진행해주니 다른 어떤 모델보다 월등히 높은 성능을 낼 수 있더라는 거죠. 다른 건 다 필요 없었고 오로지 어텐션을 많이 하니 되더라는 겁니다. 이처럼 토큰과 토큰 사이의 관계를 수많은 어텐션을 통해 찾아내는 것, 이것이 바로 트랜스포머 모델의 핵심입니다.

그런데 가만히 생각해보면 인간이 언어를 이해하는 과정도 이와 비슷합니다. 책을 한 권 읽으면서 책 내용 전체를 완전히 암기하는 사람은 아마 아무도 없을 거예요. 대개는 전체적인 맥락과 함께 중요한 단락이나 인상적인 구절만 머리에 남죠. 어텐션이 바로 이런 역할을 합니다. 중요한 부분을 강조해서 중요한 단락이나 인상적인 구절을 모델에 남기죠.

이제 이렇게 하면 어텐션을 모두 계산한 걸까요? 96번씩 동시에 계산하면 끝일까요? 그렇지 않습니다. 몇 가지 추가 과정을 거친 다음에 이 과정을 다시 반복합니다. 한 번이 아니라 여러 차례 반복합니다. GPT-3에서는 이 과정을 95회 더 반복합니다. 즉 멀티 헤드 어텐션으로 96번씩 동시에 계산하면서 이 과정을 총 96회 반복한다는 얘기입니다.

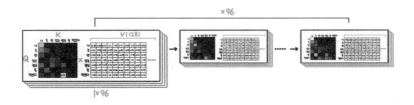

왜 96회나 반복할까요? 반복 횟수를 줄이면 훨씬 더 빨리 동작하지 않을까요? 맞습니다. 반복 횟수가 줄어들수록 더 빨리 동작합니다. 하지만 지금까지 밝혀낸 사실 중 하나는 모델이 크고 깊을수록 성능도 덩달아 더 좋아진다는 점입니다. 그래서 최고의 성능을 내기 위해 여러 차례 반복하는 거죠. GPT-3는 토큰 하나를 예측하기 위해 96×96 = 9,216, 총 9,216번 어텐션을 진행합니다. 이렇게 해서 딱 하나의 토큰을 생성해내죠. 우리가 문장 하나를 만들기 위해서는 보통 500 토큰 이상은 생성하니까 어텐션을 몇 번이나 계산해야 하는지 답이 나오죠? 문장 하나를 위해 어텐션만 460만 번 이상은 계산해야 하는 셈입니다.

이제 왜 GPU가 필요한지 다시 한번 알 것 같습니다.

스케일링 법칙, 크면 클수록 좋다

지금까지 GPT-3 모델의 어텐션 구조를 살펴봤습니다. GPT-3는 엄청나게 큰 모델입니다. 매개변수가 무려 1,750억 개에 달합니다. 어텐션을 한 번 하는 것도 정말 엄청난 작업인데 이걸 무려 9,216번이나 진행합니다. 단지 하나의 토큰을 생성하기 위해 이렇게 많은 계산을 수행하죠.

왜 이렇게 크게 만들까요? 과연 크기가 중요할까요? 앞서 잠깐 언급했지만 지금까지의 연구 결과는 그렇다고 보는 편입니다. 크면 클수록 훨씬 더 많은 내용을 풍부하게 이해할 것이라고 추측하기 때문이죠. 실제로 오픈AI가 GPT-2 모델을 공개할 당시 실험한 결과를

모델	매개변수	손실
GPT-2 기본	124M	3.11
GPT-2 중형	350M	2.85
GPT-2 대형	774M	2.66
GPT-2 초대형	1.55B	2.56

보면, 모델이 클수록 **손실**Loss 값이 줄어드는 것을 확인할 수 있습니다.

손실은 모델의 예측이 실제 정답과 얼마나 다른지를 나타내는 수치입니다. 낮은 손실값은 모델의 예측이 정확하다는 것을 의미하죠. 왼쪽 표에서 보다시피 매개변수가 클수록 손실이 낮습니다. 이 말은 큰 모델일수록 정답에 더 가까운 예측을 한다는 의미로 이해할 수 있습니다.

일찍이 2001년에 마이크로소프트의 연구자들은 충분한 데이터만 있으면 어떠한 알고리즘이든 관계없이 정확도가 높아진다는 논문을 발표한 적이 있습니다.[2]

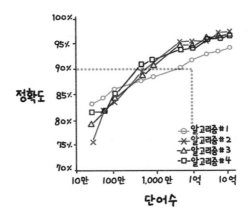

논문에서는 자연어 처리 문제에 여러 알고리즘을 적용해 실험한 그래프를 보여줍니다. 단어 수가 10만 개일 때 알고리즘 #1의 정확도는 85%, 알고리즘 #2의 정확도는 75%로 거의 10% 가까이 차이가 납니다. 하지만 입력 단어의 수를 늘리면 어떤 알고리즘을 쓰든 정확도가 점점 향상되기 때문에 결국 서로 비슷해지죠. 이는 알고리즘보다는 데이터의 차이가 정확도를 높이는 데 훨씬 더 많은 영향을 미친다는 사실을 보여줍니다.

다시 말해 복잡한 문제일수록 좋은 알고리즘을 찾아서 문제를 해결하기보다는, 복잡성을 인정하고 거대한 데이터의 힘을 활용해 문제를 해결하는 게 훨씬 더 합리적이라는 얘기죠. 데이터의 중요성을 잘 보여준 이 논문을 계기로 이후에 인공지능 분야에서는 데이터가 중요하다는 믿음이 널리 퍼집니다.

2009년 구글의 인공지능 연구 디렉터인 피터 노빅Peter Norvig, 1956~도 〈믿을 수 없는 데이터의 효과〉The Unreasonable Effectiveness of Data라는 유명한 논문에서 "많은 데이터를 가진 간단한 모델이 적은 데이터를 가진 정교한 모델보다 더 뛰어나다."라고 주장했습니다. 머신러닝의 대가인 스탠퍼드대학교의 앤드루 응Andrew Ng, 1976~ 교수 또한 이 점을 동일하게 강조합니다. 이제는 데이터 중심으로 접근해야 훨씬 더 좋은 결과를 낼 수 있다는 거죠. 이처럼 데이터가 많을수록 성능이 좋다는 사실이 여러 연구로 점점 확실해지고 있습니다. 당연히 더 많은 데이터에서 추출한 정보를 기억하고 있으려면 모델의 크기도 이에 걸맞게 훨씬 더 커져야 합니다.

사실 크기는 자연계에서도 중요합니다. 동물을 예로 들어보죠. 동물의 대사율과 체중 사이의 관계를 살펴보겠습니다. 쥐 한 마리와 그보다 몸집이 10배 더 큰 고양이가 있다고 해봅시다. 쥐가 먹는 음식이 하루에 도토리 1개라면 고양이는 도토리를 하루에 몇 개 먹어야 할까요? 상식적으로 10개 정도는 먹어야 할 거 같습니다. 체중이 10배 더 나가니 음식도 10배 더 많이 먹어야 자연스럽죠.

그런데 그렇지 않습니다. 고양이는 도토리를 6개만 먹어도 충분합니다. 10배나 더 큰 몸집을 유지해야 하지만 음식은 10배가 아닌 그절반 정도만 먹어도 충분하죠. 체중이 클수록 단위 체중당 대사율이 낮아지기 때문입니다.

그렇다면 100배 더 큰 호랑이는 어떨까요? 호랑이는 도토리를 32개만 먹어도 됩니다. 단위 체중당 대사율이 고양이보다도 훨씬 더 낮기 때문이죠. 대사율은 생물체가 생명 활동을 유지하기 위해 소비하는 에너지의 양을 나타내는 지표로, 대형 동물은 소형 동물에 비해 에너지를 더 효율적으로 사용합니다. 호랑이가 고양이보다 체중당 더 적은 에너지를 소비하고, 고양이가 쥐보다 체중당 더 적은 에너지를 소비하죠. 이 세상 모든 만물에 통용되는 법칙입니다. 이는 1930년대 초 스위스의 농생물학자인 막스 클라이버Max Kleiber, 1893~1976가 발견했기 때문에 그의 이름을 따 **클라이버 법칙**Kleiber's Law이라고 부릅니다. 클라이버 법칙은 크기가 커질수록 에너지 효율이 좋아진다는 뜻으로, 이 법칙은 딥러닝 세상에도 똑같이 적용됩니다.

2020년에 오픈AI는 논문을 통해 더 큰 모델이 더 효율적이라는 사실을 실험을 통해 증명합니다.[3] 큰 모델은 작은 모델에 비해 훨씬 적은 양의 데이터로도 비슷한 성능을 낸다는 걸 보여주었죠. 그 이유는 큰 모델이 학습 과정에서 더 풍부한 표현력을 갖기 때문입니다. 이로써 이 세상 모든 만물에 통용되는 법칙이 딥러닝 세상의 LLM에도 통용된다는 걸 세상에 알렸죠.

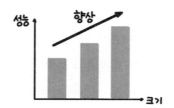

오픈AI는 이 논문에서 **신경망 스케일링 법칙**Neural Scaling Law을 제시했습니다. 이 법칙의 핵심은 모델 크기와 데이터 양, 학습 비용(계산량)이 적절히 증가하면 모델 성능도 이에 비례해 개선된다는 것이었습니다. 즉, "크면 클수록 좋다."라는 이른바 규모의 법칙을 도출해냈고, 이는 결국 초거대 언어 모델의 등장을 알리는 신호탄이 됐죠.

이후 2022년에는 구글 딥마인드가 후속 연구를 통해 모델의 크기와 성능 간의 관계를 설명하는 경험적인 법칙을 제안했습니다.[4] 모델의 성능을 1% 더 높이려면 얼마나 더 큰 모델을 사용해야 하고, 얼마나 더 많은 학습 데이터를 투입해야 하며, 얼마나 더 좋은 시스템을 사용해야 하는지 실험을 통해 구체적인 값을 제시했죠.

이제 스케일링 법칙은 딥러닝 모델의 성능을 예측하고, 제한된 자원으로 최적의 모델을 설계하는 데 핵심적인 지표가 됐습니다. 계산

효율을 높이기 위한 다양한 모델 설계에도 활용되고 있으며 최근에 등장한 다양한 초거대 언어 모델의 개발에도 핵심적인 역할을 하고 있습니다.

RLHF, 챗GPT를 완성하는 비밀 레시피

지금까지 언어 모델의 복잡한 계산 과정을 살펴봤습니다. 크기가 클수록 효율적이라는 점도 살펴봤죠. 언어 모델의 크기를 키우면 초거대 언어 모델, 즉 LLM이 됩니다. 챗GPT를 위한 모델이 완성되는 거죠. 하지만 단순히 크기를 키우고 문장을 많이 학습한다고 그냥 챗GPT가 되는 것은 아닙니다. 실제로 대답을 잘하기 위해서는 추가로 여러 작업을 해줘야 합니다. 어떤 작업을 더 해야 할까요?

　지금까지 우리는 기본적인 언어 모델을 학습하는 과정을 살펴봤습니다. 이 과정을 **사전 학습**Pre-Training이라고 합니다. 라벨링이 필요 없고, 그저 문장이 많기만 하면 됩니다. 물론 품질이 좋고 제대로 된 문장이어야 하지만, 사람이 개입하여 문장을 변형한다거나 문답 형식

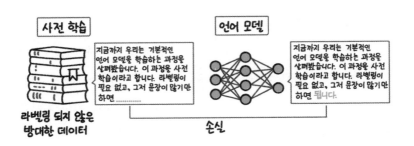

으로 바꿔야 한다거나 카테고리를 추가해야 한다거나 하는 과정이 전혀 필요 없습니다. 따라서 데이터를 구축하기가 수월합니다. 이 과정은 제1장에서 이미 충분히 설명했습니다. 그렇게 수많은 문장을 통해 사전 학습을 진행한 모델은 현재까지의 토큰을 기준으로 다음에 어떤 토큰이 나올지 예측합니다. 수많은 문장에 담겨 있는 패턴에 가깝도록 모델이 학습되는 거죠. 문장 속에 포함된 토큰과 일치하지 않는다면 계속해서 손실값을 주면서 정답, 즉 수많은 문장 속에 담겨 있는 토큰과 일치하도록 모델을 계속해서 수정해갑니다.

예를 들어 "철수와 영희는 친구 사이입니다."라는 문장이 있다고 해보죠. '철수와 영희는' 다음에는 '친구'가 나와야 합니다. 모델을 학습할 때 예측 결과가 '친구'라면 정답이므로 손실값을 받지 않습니다. 그대로 유지되죠. 하지만 '연인'이 나온다면 틀린 값입니다. 따라서 손실값을 받게 되고 이 손실의 일정 비율만큼 확률이 재조정됩니다. 그러면 다음번 예측 시에는 '연인'이 나올 확률이 줄어들고 다른 토큰이 나올 가능성이 높아지겠죠. 그렇게 예측 토큰이 '친구'가 될 때까지 계속해서 반복 학습합니다. 이처럼 많은 문장을 집어넣고 다음에 나올 토큰이 무엇인지만 맞히면 되기 때문에 이런 단순한 사전 학습 방식을 지금의 LLM이 있게 한 1등 공신으로 꼽습니다.

GPT-3의 매개변수는 175B입니다. 흔히 1,750억 개라 부르는데 정확히는 175,181,291,520개가 있죠. 이렇게 방대한 매개변수가 저마다 제 역할을 하면서 '철수와 영희는' 다음에 '친구'가 나올 수 있도록 값을 조정합니다. 이것이 바로 사전 학습 과정이고, 이렇게 만든 모델을 **사전 학습 모델**Pre-trained Language Model, PLM이라고 합니다.

GPT-3

매개변수 175,181,291,520

하지만 아직 대답을 잘하는 모델은 아닙니다. 여전히 언어 모델은 다음 단어를 예측할 뿐이죠. 이제 사람의 지시를 잘 따를 수 있도록 개선해야 합니다. 단순히 모델이 크거나 데이터가 많다고 좋은 챗봇이 되는 것은 아닙니다. 영리하게 대답하는 챗봇이 되려면 이외에도 특별한 과정을 거쳐야 하죠.

오픈AI가 사전 학습 모델을 개선한 과정을 쫓아가 봅시다. 오픈AI는 모델이 사용자 프롬프트를 잘 따르도록 만들고 싶었습니다. 즉 사람이 지시하는 대로 정확하게 따르게 하고 싶었죠. 이렇게 사람이 요청한 프롬프트를 잘 따르도록 개선한 모델을 **지시 모델**Instruct Model이라고 합니다. 예를 들어 다음과 같은 질문에 답을 내놓는 것을 목표로 했죠.

6세 어린이에게 DNA 이중나선 구조를 설명해보세요.

그러나 사전 학습 모델은 이런 간단한 질문에 제대로 대답하지 못합니다. 다음과 같이 말이죠.

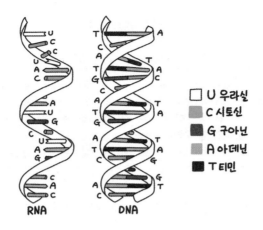

RNA　　　DNA

☐ U 우라실
⬜ C 시토신
⬛ G 구아닌
⬜ A 아데닌
⬛ T 티민

DNA의 구조와 기능을 이해하고, 이를 바탕으로 생명체의 구성요소인 단백질과 RNA를 합성하는 과정을 알아보고자 한다. 또한 생명의 기본 단위체인 세포가 어떻게 분열하여 증식하는지 살펴보고, 이러한 과정이 일어나는 원리를 탐구하고자 한다.

대답이 좀 이상하죠? 이런 유형의 질문에 사전 학습 모델은 제대로 대답하지 못합니다. 왜 그럴까요? 사전 학습 과정이란 인터넷에 있는 방대한 분량의 문장을 학습하고 인간과 유사하게 문장을 생성할 수 있는 초거대 언어 모델을 만드는 과정입니다. 하지만 아무리 초거대 모델이라고 해도 그다음에 나올 단어가 무엇인지를 예측하는 단순 확률 모델에 불과합니다. 아직 사람이 지시하는 대로 지침을 따르는 모델이 아니란 얘기죠. 아마 학습 데이터 중에 "6세 어린이에게 DNA 이중나선 구조를 설명해보세요."라는 문장이 어린이 과학책이나 문제집에 포함되어 있었나 봅니다. 그러니 마치 문제집에서 본 듯한 문장이 대답으로 나온 거죠. 애초에 그런 데이터로 학습됐으니 학습한 대로 대답하는 겁니다.

어떻게 하면 좀 더 나은 대답을 기대할 수 있을까요? 사전 학습 모델이 기존에 학습했을 법한 문장으로 질문하면 어떨까요? 다음과 같이 질문을 조금 바꿔보는 겁니다.

DNA 이중나선 구조를 최초로 발견한 과학자의 이름은

다음과 같이 대답합니다.

제임스 왓슨James Watson과 프랜시스 크릭Francis Crick입니다. 이들은 1953년에 DNA의 이중나선 구조를 발견하고 이를 발표하여 생물학 분야에 혁명적인 변화를 가져왔습니다.

이제 훨씬 그럴듯한 대답을 얻을 수 있네요. 무슨 차이일까요?

언어 모델이 '다음 단어'를 예측한다는 점에서 힌트를 얻을 수 있습니다. 방대한 문장에서 단어의 통계적 분포를 고려할 때 'DNA 이중나선 구조를 최초로 발견한 과학자의 이름은'이라는 문장 뒤에 가장 흔하게 나올 단어는 무엇일까요? 누가 봐도 쉽게 예상할 수 있습니다. '제임스 왓슨과 프랜시스 크릭'일 겁니다. 이런 식으로 원하는 답변이 바로 다음에 이어지도록 질문하면 됩니다. 사전 학습 모델의 특징을 활용하면 어렵지 않게 원하는 대답을 이끌어낼 수 있습니다.

하지만 오픈AI가 원하는 모델은 이런 게 아니었습니다.

오픈AI는 프롬프트를 좀 더 잘 따르는 모델을 만들기 위한 연구를 지속했습니다. 마치 사람과 대화하듯 뭉뚱그려 질문해도 사용자 프롬프트를 찰떡같이 알아듣고 사람이 의도한 대로 대답하는 모델 말이죠. 마침내 이들은 **미세 조정**Fine Tuning이라는 기술을 적용해봅니다. 미세 조정이란 사전 학습된 모델을 특정 작업이나 도메인에 맞게 추가로 학습시키는 과정을 말합니다. 가장 성공적인 사례가 바로 챗GPT입니다. 챗GPT는 어떠한 질문이든 찰떡같이 대답하죠.

다시 처음의 질문으로 돌아가 보겠습니다.

6세 어린이에게 DNA 이중나선 구조를 설명해보세요.

이제 다음과 같이 대답합니다.

DNA는 우리 몸을 만드는 아주 중요한 것이에요. 두 개의 긴 줄이 서로 꼬여 있는 모양을 하고 있어요. 마치 꼬인 사다리나 나선형 미끄럼틀 같은 모양이죠.

이 두 줄은 서로 짝을 이루는 작은 조각들로 이어져 있어요. 마치 퍼즐 조각들이 서로 맞춰지는 것처럼요. 이 조각들이 우리의 눈 색깔, 머리카락 모양 같은 특징을 결정해요.

DNA는 너무 작아서 우리 눈으로는 볼 수 없지만 우리 몸 안의 모든 세포에 들어 있어요. 이 작은 DNA가 우리를 특별하게 만들어주는 거예요!

미세 조정을 거친 모델은 이제 사용자가 요청한 대로 6세 어린이 수준으로 설명하고 있습니다. 사용자 프롬프트를 완벽히 이해한 것처럼 말이죠. 챗GPT는 이처럼 사용자 프롬프트를 따르는 미세 조정을 총 3단계 과정에 걸쳐 진행했습니다.

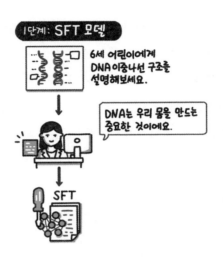

먼저 1단계는 데이터셋을 구축하고 **지도 미세 조정**Supervised Fine-Tuning 모델을 학습합니다. 이렇게 만든 모델을 지도 미세 조정의 약자를 따 **SFT 모델**이라고 부릅니다. 인간이 지도한 내용Supervised으로 미세하게 조정한 모델이라는 뜻입니다. 특정 작업이나 도메인에 맞게 모델을 조정하는 작업이죠. 즉, 기존 사전 학습 모델에 인간이 세심하게 정제한 데이터를 넣고 더 다듬었다는 얘기입니다.

좋은 모델을 만들기 위해서 좋은 데이터가 필요하다는 점은 제1장에서 이미 설명한 바 있습니다. 오픈AI는 좋은 SFT 모델을 만들기 위해 좋은 데이터를 마련하는 데 각별히 노력을 기울입니다. 이를 위해 데이터 전문 구축 업체와 협력해 약 40명으로 구성된 데이터 라벨링 팀과 계약했죠. 오픈AI는 이들이 공정하길 바랐습니다. 그래서 다양한 성별과 인종, 국적, 연령대로 팀을 구성했죠. 또한 이들이 유해 정보를 잘 걸러내는 전문가이길 원했기에 스크리닝 테스트까지 거친 후 여기서 좋은 성적을 거둔 사람만 선별했습니다. 이들이 고품질의 데이터를 구축할 수 있도록 온보딩 교육을 진행했고, 데이터 구축 과정에서 틈틈이 이들과 긴밀히 협력했습니다. 각각의 작업에 상세한 지침을 제공했으며, 별도로 채팅방을 마련하여 이들이 궁금해하는 내용에 즉각 답변하기도 했죠. 또한 데이터 구축에 참여하지 않은 사람을 별도로 고용해 학습 데이터의 공정성을 따로 평가하기도 했습니다.

이처럼 좋은 데이터를 구축할 수 있도록 오픈AI는 각고의 노력을 기울였으며, 이 내용은 관련 논문에도 아주 상세히 나와 있습니다.[5] 그리고 이렇게 구축한 고품질의 데이터로 사전 학습 모델을 다듬어 SFT 모델을 만들어냅니다.

이렇게 만든 SFT 모델에 오픈AI는 강화학습Reinforment Learning을 도입합니다. 강화학습은 기계가 스스로 학습하며 성능을 향상시키는 방식을 말한다고 했죠. 원래 오픈AI는 2015년에 강화학습을 중심으로 설립된 회사였죠. 오픈AI는 진정한 인공지능, 즉 범용 인공지능은 강화학습에 있다고 생각하는 회사였고, 강화학습과 관련한 여러 뛰어난 논문을 발표한 바 있습니다. 강화학습으로 전 세계에서 가장 유명한 두 개 기업 중 하나입니다. 다른 하나는 바로 알파고로 유명한 구글 딥마인드죠. 오픈AI는 챗GPT에 강화학습을 도입합니다. **인간 피드백을 이용한 강화학습**Reinforcement Learning from Human Feedback, 즉 RLHF 라는 기법을 도입했죠. 여기에는 보상Reward 함수로 근접 정책 최적화 Proximal Policy Optimization, PPO라는 알고리즘을 사용했습니다.

RLHF 과정을 좀 더 자세히 살펴보죠.

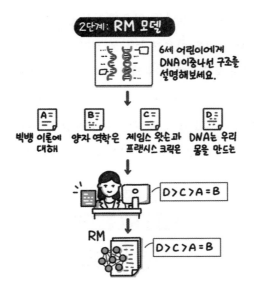

1단계가 SFT였다면, RLHF를 위한 2단계는 비교 데이터를 구축하고 **보상 모델**Reward Model을 학습하는 단계입니다. 이 모델은 **RM 모델**입니다. RM 모델은 하나의 질문에 대해 여러 답변을 두고 어떤 답변이 만족스러운지 순위를 매기는 과정을 거칩니다. 논문에 따르면 약 4~9개 정도의 SFT 모델이 각각 내놓은 다른 답변을 두고 사람이 선호도를 평가했다고 합니다. 예를 들어 답변이 A, B, C, D로 4개라면 각각의 선호도를 평가해 D 〉C 〉A = B와 같은 식으로 순위를 매긴 겁니다. 당연히 여기서 가장 마음에 드는 대답은 D가 되겠고요.

이렇게 RM 모델은 비교 데이터를 구축하여 보상을 학습했습니다. 이제 RM 모델은 어떤 형태의 대답을 사람들이 더 선호할지 평가하는 모델이 됩니다. 그리고 이 모델은 이어서 살펴볼 바로 다음 단계에 쓰입니다.

3단계는 실제로 강화학습을 이용해 성능을 높이는 단계입니다. 앞서 소개한 RM 모델을 이용해 보상을 최적화하는 단계죠. 오픈AI는 2017년, 게임에 적용하기 위해 직접 개발했던 **근접 정책 최적화**Proximal Policy Optimization, PPO라는 강화학습 알고리즘을 이번에는 언어에 적용해봅니다. 이름이 다소 생소해 보일 수 있지만 강화학습에서 보상을 반영하는 알고리즘으로 이해하면 됩니다. 이러한 원리로 만든 모델

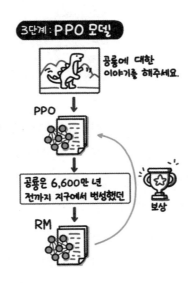

의 이름은 **PPO 모델**입니다.

이 과정은 3단계 중 가장 복잡하고 핵심적입니다. 지금까지 구축한 모델에 강화학습을 본격적으로 적용하는 단계죠. 1단계 SFT 모델이 출력한 문장을 2단계 RM 모델이 확인하여 사람들이 얼마나 선호하는 내용인지를 평가합니다. 만약 선호하는 내용이라면 보상을 많이 주고, 선호하지 않는 내용이라면 보상을 적게 줍니다. 이렇게 받은 보상을 PPO 알고리즘을 통해 기존 SFT 모델에 반영하여 성능을 개선해나가면서 PPO 모델을 만들죠.

무엇보다 이 과정은 사람이 개입하여 일일이 평가하고 학습하는 것이 아닙니다. RM 모델을 기반으로 PPO 알고리즘이 전 과정을 자동으로 진행합니다. 인간의 개입 없이 모델이 끊임없이 스스로 반복하며 학습합니다. 바로 강화학습이죠. 2016년에 알파고가 보여줬던 바로 그 방식과 동일합니다. 당시 알파고는 사람의 기보부터 먼저 학습했습니다. 바둑 사이트에서 6단 이상 고수의 기보를 보고 학습했죠. 하지만 인간의 기보로 학습했던 알파고의 실력은 고작 5단 정도에 불과했습니다. 9단을 넘어 세계 최고인 이세돌을 꺾기에는 매우 부족한 실력이었죠. 그래서 알파고끼리 끊임없이 대국을 치르면서 스스로 실력을 향상시켰습니다. 이러한 강화학습을 거쳐 알파고는 바둑 실력을 매우 높은 수준으로 끌어올릴 수 있었습니다.

챗GPT도 마찬가지입니다. 2022년의 챗봇에 강화학습을 동일하게 적용해 대화 기술을 끌어올렸습니다. 사람이 아무리 좋은 데이터를 입력해 학습시켜도 이전 모델은 사람이 대답하는 수준에 미치지 못했습니다. 대화 기술을 훨씬 더 키워야만 했죠. 그래서 오픈AI는

2016년의 알파고와 마찬가지로 강화학습을 택했습니다. 인간의 평가를 바탕으로 한 RM 모델과 비교하는 과정을 거치며 계속 성능을 높여나갔죠. 앞서 언급했듯, 인간 피드백을 이용한 강화학습, 즉 RLHF를 도입합니다. 이를 이용해 사람이 가장 선호하는 방식으로 대답하도록 끊임없이 보상을 주면서 SFT 모델을 개선해나갔습니다. 피드백을 받아 개선해나가는 과정은 할루시네이션을 줄이는 데도 상당한 효과가 있었습니다. 이제 기존의 SFT 모델은 사람이 가장 선호하고 가장 그럴듯한 대답을 하는 PPO 모델로 재탄생합니다.

이처럼 사전 학습을 거친 모델이 사용자 프롬프트를 잘 따르도록 만드는 과정을 **사후 학습**Post-Training이라고 합니다. 오픈AI는 2022년 11월, 마침내 이 기술을 챗GPT라는 이름으로 세상에 공개합니다. GPT-3를 공개한지 2년 5개월 만이었죠.

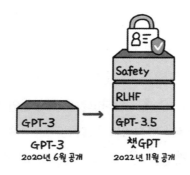

이렇게 진화 과정을 거친 챗GPT는 이제 놀라운 성능을 보여줍니다. 마치 사람처럼, 아니 그 어떤 사람도 대답할 수 없을 것 같은 어려운 질문에도 막힘없이 척척 대답해냅니다. 당연히 사람들은 열광했습니다.

언어 모델이 사용자 프롬프트를 잘 따르게 되자 프롬프트 엔지니어링이 급부상합니다. 사실상 우리가 챗GPT를 잘 사용한다는 얘기는 프롬프트 엔지니어링Prompt Engineering을 잘한다는 의미라고 볼 수 있죠. 실제로 많은 스타트업들이 초거대 언어 모델 비즈니스를 한다고 얘기하는 것은 자세히 들여다보면 챗GPT를 이용한 프롬프트 엔지니어링인 경우가 대부분입니다. 언어 모델을 직접 건드리는 일은 고급 엔지니어가 필요할 뿐만 아니라 GPU를 포함한 장비 구매에 엄청난 비용이 들기 때문에 자금력이 부족한 스타트업이 쉽게 접근할 수 있는 영역은 아니거든요. 대신 프롬프트 엔지니어링을 잘하면 혁신적인 결과물을 만들어낼 수 있기 때문에 이는 스타트업의 새로운 경쟁력이 됐고, 누구나 LLM 스타트업에 도전할 기회가 생겨났습니다. 마치 아이폰이 등장하면서 새로운 시장이 열렸던 것처럼 말이죠.

지금은 어느덧 대기업의 반열에 올라 있는 카카오, 배달의민족, 야놀자, 토스, 당근마켓 등은 모두 스마트폰의 등장과 함께 시작된 비즈니스이고, 스마트폰과 함께 성장했다고 봐도 틀리지 않습니다. 이 모든 게 패러다임이 바뀌면서 등장한 사업들이죠. 이제 LLM의 등장으로 다시 한번 패러다임이 바뀔 것으로 많은 이들이 기대하고 있습니다. 이 새로운 기회의 땅에 카카오 같은 회사가 또다시 등장할지 모른다는 얘기죠. 전 세계 수많은 스타트업들이 여기에 도전하고 있습니다. 아이폰 앱을 잘 만드는 것이 과거 스마트폰 시대의 성공 방정식이었다면, LLM 시대의 성공 방정식은 프롬프트 엔지니어링이 중심이 될 것입니다. 프롬프트 엔지니어링은 많은 분들이 챗GPT를 쓰면서 가장 궁금해 하는 내용이기도 합니다. 일상에서도 챗GPT를 유용하게 활용할 수 있기 때문이죠. 이처럼 활용도가 높은 프롬프트 엔지니어링에 대한 내용은 제5장에서 다시 자세히 알아보도록 하겠습니다.

이제 챗GPT 같은 초거대 모델은 어떻게 다뤄야 하는지 살펴보도록 하죠.

제4장

초거대 모델
최적화 기술

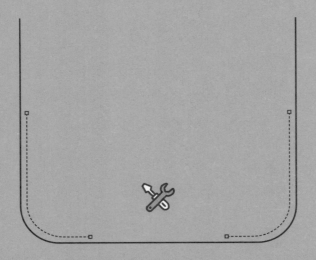

이번 장은 숫자가 등장하고 계산하는 과정이 많이 나옵니다. 쉽게 설명하려고 노력했지만, 어렵거나 이해가 안 되는 부분이 있을지도 모르겠습니다. 사실 제4장의 내용은 몰라도 챗GPT를 이해하는 데는 큰 문제가 없습니다. 따라서 만약 내용이 어렵다면 과감히 건너뛰어도 좋습니다.

하지만 제4장의 내용을 이해한다면 챗GPT 같은 초거대 모델을 어떻게 효율적으로 만들고 서비스하는지 그 비밀을 알게 될 겁니다. 전혀 이해가 안 되는 게 아니라면 한번 천천히 읽어보시길 권합니다. 최대한 쉽게 이해할 수 있도록 가급적 자세히 풀어서 설명해보겠습니다.

그럼 시작해보죠.

초거대 모델을 여러 GPU에 담는 법

초거대 언어 모델은 이름 그대로 정말 '초거대'합니다.

그렇다면 이렇게 큰 모델을 효율적으로 운영하려면 대체 어떻게 해야 할까요?

먼저 고성능의 장비가 필요합니다. 대표적인 장비가 GPU입니다. 우리가 게임할 때 사용하는 그 GPU 말이죠. 2025년 상반기 기준, 전 세계 시가총액 1위에 빛나는 기업 엔비디아가 만드는 대표적인 장비가 바로 GPU입니다. GPU에 대해서는 제7장에서 자세히 다룰 예정입니다. 여기서는 어떻게 하면 GPU를 효율적으로 활용할 수 있는지 알아보겠습니다.

엔비디아의 최상급 GPU인 H100은 한 장에 6,000만 원 정도 합니다. 초거대 언어 모델을 구동하려면 이런 GPU를 여러 장 사용해야 합니다. 이렇게 비싼 GPU를 한 장도 아닌 여러 장을 사용해야 한다는 말이죠. H100 GPU에 대해서는 역시나 제7장에서 자세히 설명하겠습니다. 일단 2025년 기준으로 연구용으로 사용 가능한 가장 좋은 GPU라는 정도만 기억해두시면 됩니다. 아, 그리고 한 장에 6,000만 원 한다는 사실도요.

모델 크기가 175B인 GPT-3는 한 문장을 생성하려면 엔비디아의 최상급 GPU인 H100이 최소 5장은 필요합니다. 가격만 거의 3억 원에 달하죠. 이렇게 비싼 GPU 5장이 열심히 힘을 합쳐 계산해야 겨우 하나의 토큰을 생성할 수 있습니다. 그리고 이런 토큰을 여러 번 반복해서 생성해야 겨우 하나의 문장을 완성할 수 있죠. 그렇다면 왜

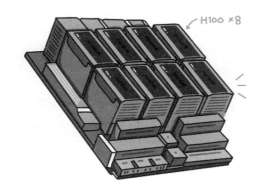

이렇게 많은 GPU가 필요할까요?

가장 큰 이유는 메모리가 부족하기 때문입니다. 175B 모델을 사용하려면 매개변수 하나가 2바이트를 차지한다고 했을 때 약 350GB의 메모리가 필요합니다. 그 정도는 되어야 모델을 메모리에 올릴 수 있죠. 게다가 GPU는 별도의 전용 메모리를 사용합니다. GPU마다 자체 메모리가 별도로 있고, CPU가 사용하는 메모리와 GPU가 사용하는 메모리는 엄격히 구분되어 있습니다.

제가 회사에서 사용하는 개인 장비에는 이미 2TB나 되는 메모리가 달려 있지만 GPU는 이 메모리를 전혀 사용할 수 없습니다. 오로지 CPU만 사용할 수 있죠. 대신 GPU에는 각 그래픽 카드마다 별도의 메모리가 장착되어 있습니다. 총 8장이 달려 있으며 각각의 GPU는 80GB의 메모리를 갖고 있습니다. 그러니까 GPU에만 총 80×8 = 640GB의 메모리가 있지만, 이 또한 모든 GPU가 함께 공유할 수 있는 구조는 아닙니다. 각 GPU는 자기 자신에게 달려 있는 80GB만 사용할 수 있는 구조거든요.

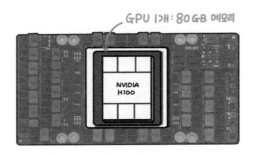
GPU 1개 : 80GB 메모리

NVIDIA
H100

앞서 GPT-3를 메모리에 올리려면 적어도 350GB가 필요하다는 얘기를 했습니다. 토큰 하나를 생성하려면 이 350GB의 메모리 전체를 매번 읽어들여야 합니다. 5장의 GPU에 분산하려면 1장의 GPU가 약 70GB 정도를 메모리에 올려두고 있으면 됩니다. 그러니까 매 요청마다 각각의 GPU는 70GB를 읽어들이고, 이 과정을 5대의 GPU가 모두 수행합니다. 그렇게 해서 총 350GB만큼의 데이터를 메모리에서 읽어들이죠. 엄청나게 큰 데이터입니다.

당연히 이렇게 큰 데이터를 빠르게 읽어들이고 처리하는 장비는 가격도 엄청나겠죠? 보통 서버 한 대에 GPU가 8장씩 달려 있으니 본체를 제외한 GPU 가격만 해도 4억 8,000만 원입니다. GPU 외에 주변 장치나 기타 부품을 포함하면 실제 장비의 가격은 6억 원을 훌쩍 넘죠. 이 GPU 8장 중 5장을 할당해야 GPT-3를 올려서 겨우 한 문장을 생성할 수 있습니다. 만약 GPT-3보다 더 큰 최신 모델이라면 GPU가 더 많이 필요합니다. 다행히 앞으로 출시되는 엔비디아의 차세대 GPU는 메모리가 더욱 늘어날 전망입니다. 하지만 그렇다고 해도 현재와 같은 구조에서는 모델이 커질수록 GPU가 더 많이 필요한 구조적인 문제에 직면하게 됩니다.

이런 의문을 제기할 수도 있습니다. "CPU와 메모리를 같이 쓰면 되지 않을까?" 하지만 GPU에는 CPU와 달리 매우 **빠른** 초고속 메모리가 별도로 탑재되어 성능을 극대화합니다. HBMHigh Bandwidth Memory이라 부르는 메모리인데 우리나라의 SK하이닉스가 엔비디아에 독점적으로 납품하고 있죠. 그래서 2017년 이후로 SK하이닉스의 주가가 연일 최고가를 경신하고 있는 거고요. 자세한 내용은 제7장에서 다시 살펴보겠습니다.

그렇다면 이처럼 큰 모델은 어떻게 여러 장의 GPU에 나눠 담을 수 있을까요? GPT-3의 경우 5장으로 나눠야 하는데, 크게 두 가지 방법이 있습니다.

먼저 **텐서 병렬화**Tensor Parallelism입니다. 모델을 식빵 자르듯이 필요한 만큼 쪼개어 분할하는 방식이죠.

텐서 병렬화

모델을 어떻게 잘라낼 수 있을까요? 초거대 언어 모델의 구조가 대규모 행렬 연산을 하는 방식이라는 걸 떠올려본다면 어렵지 않게 이해할 수 있습니다.

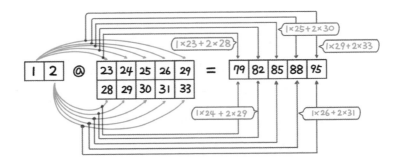

초거대 언어 모델은 위의 그림처럼 생긴(실제로는 훨씬 더 복잡한) 두 행렬의 연산이 매우 대규모로, 매우 많이 진행되는 구조입니다. 그런데 아래 그림과 같이 5개로 나눠서 행렬의 값을 각각 필요한 만큼만 들고 있으면 이후에 입력값을 이용해 필요한 만큼만 계산을 해낼 수 있습니다.

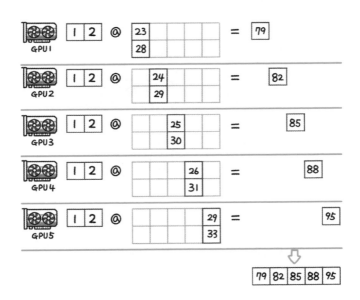

나눠서 계산한 결과는 다시 합치면 최종 결과를 얻을 수 있죠. 실제로 1장으로 계산했을 때와 동일한 [79, 82, 85, 88, 95]가 나옵니다. 이런 식으로 모델을 여러 개의 GPU에 분산하여 처리할 수 있습니다. 1장의 GPU에 미처 담기지 않아도 이렇게 분산하여 처리하면 1장으로 처리했을 때와 동일한 결과를 얻을 수 있죠.

또 다른 방식은 **파이프라인 병렬화**Pipeline Parallelism입니다. 기존에 텐서 병렬화가 모델 자체를 직접 쪼갰다면, 이번에는 모델은 건드리지 않고 처리되는 순서를 분할하는 방식입니다. GPT-3는 레이어가 96개입니다. 이는 동일한 방식의 연산을 96회 반복한다는 얘기죠. 제3장에서 어텐션을 반복해서 연산한다는 얘기를 이미 한 바 있습니다. 그렇다면 이를 16회씩 진행한다면 6장으로 나눌 수 있겠죠? 또는 8회씩 진행하면 12장으로 나눌 수도 있을 겁니다. 이런 식으로 모델의 처리 순서를 나누는 거죠.

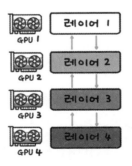

앞에서부터 차례대로 처리하면 됩니다. 이 방식은 모델이 아무리 커도 문제없습니다. 순서를 잘게 쪼개어 여러 장에서 순차적으로 처리하면 되니까요. 비교적 어렵지 않게 분산할 수 있는 방식인 반면 단점도 있습니다. 각각의 GPU가 차례대로 일하기 때문에 생기는 단점입니다. 뒤에 있는 GPU는 앞에 있는 GPU가 일을 끝낼 때까지 계속 대기합니다. 즉 1번 GPU가 일하는 동안 2번은 대기해야 합니다. 가장 마지막에 있는 GPU라면 자기 차례가 올 때까지 한참을 놀고 있어야 하죠. 모든 GPU가 동시에 일하지 못하고 자기 순서가 돌아올 때까지 기다려야 합니다. 매우 비효율적인 방식이죠.

그래서 데이터를 순차적으로 꾸준히 흘려주는 등 차례대로 기다리는 단점을 보완하기 위한 여러 가지 기법이 연구되고 있습니다. 6,000만 원짜리 GPU를 놀게 해서는 안 되니까요.

매개변수는 몇 바이트일까요?

지금까지 모델의 크기를 얘기할 때 매개변수 하나를 2바이트로 가정하고 계산했습니다. 여기서 1바이트는 8비트입니다. 따라서 2바이트는 16비트가 되죠. 비트Bit는 0과 1로 구성된 디지털 세상의 가장 작은 단위를 말합니다. 즉 1바이트는 0 또는 1이 8개 있는 것이고, 2바이트는 16개가 있는 것이죠. 정리하면 매개변수 하나당 16칸의 메모리 영역이 필요합니다. 그렇다면 175B 모델이라고 하면 얼마나 많은 메모리를 차지할까요? 175B는 매개변수가 1,750억 개라는 뜻입니다. 제3장에서 수를 읽는 법을 살펴봤죠. 매개변수 하나당 2바이트로 가정했으니 350GB가 됩니다.

물론 이 값이 완전히 정확한 수치는 아닙니다. 실제로 GPT-3의 매개변수는 175,181,291,520개입니다. 정확히 1,750억 개는 아니죠. 이외에도 모델이 메모리에 올라갈 때는 매개변수 외에 추가로 메모리를 차지하는 부분이 더 있습니다. 그러나 완전히 정확하게 계산하기는 어렵기 때문에 여기서는 편의상 근삿값을 사용하겠습니다. 즉 175B 모델은 350GB 메모리가 필요하다는 식으로 근삿값으로 얘기하겠습니다.

엔비디아의 최상급 GPU인 H100은 메모리가 80GB입니다. 그래서 2바이트로 계산해보면 약 40B 모델까지는 GPU 1장으로 구동할 수 있다는 계산이 나옵니다. 반면 같은 원리로 175B 모델을 구동하려면 필요한 메모리가 350GB이므로 GPU 5장이 필요하다는 계산이 나옵니다.

그렇다면 매개변수 하나당 2바이트라고 했는데 이는 과연 어떤 의미일까요?

먼저 매개변수가 어떤 값인지 살펴볼 필요가 있습니다. 매개변수는 주로 -1에서 1 사이의 실수입니다. 물론 아닌 경우도 있지만 대부분은 이 범위에 있습니다. 중요한 건 실수라는 점입니다. 0.58일 수 있지만 0.58929482018일 수도 있습니다. 아니면 0.000000000000 00000058처럼 매우 작은 값일 수도 있죠. -1과 1 사이의 실수라고 했으니 아주 작은 값도 엄연히 정상적인 값 중 하나입니다. 이런 값을 지닌 매개변수가 얼마든지 있을 수 있다는 뜻이죠.

우리는 중학교 3학년 수학 시간에 실수Real Number를 배웠습니다. 실수의 정의가 기억나나요? 실수란 간단히 말하자면 실선 위에 나타

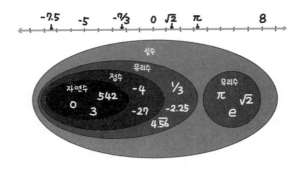

낼 수 있는 모든 수를 말합니다.

실선 위에는 수를 몇 개나 나타낼 수 있을까요? 정답은 무한대입니다. 실제로 –1과 1 사이에 표현할 수 있는 실수의 개수는 무한대입니다. 앞서 0.0000000000000000058이 정상적인 값이라고 했던 것처럼 아무리 작은 값도 가능한 값이며, 이 값은 더 작아질 수 있습니다. 그렇다면 컴퓨터는 이 값을 대체 어떻게 표현할까요? 컴퓨터가 과연 무한대의 수를 표현할 수 있을까요?

당연히 표현할 수 없죠. 컴퓨터는 무한대의 실수를 표현할 수 없습니다. 대신 적당한 선에서 타협합니다. 무한대를 모두 정확하게 표현할 수는 없으니 대신에 근삿값으로 타협해 표현합니다.

사람이 종이에 실수를 적는다고 가정해봅시다. 모눈종이가 빽빽하게 있는 종이에 –1과 1 사이의 모든 실수를 한번 적어보세요. 얼마나 많이 적을 수 있을까요? 칸이 많을수록 더 많은 수를 적을 수 있겠지만, 실수는 무한대이기 때문에 어떤 방법을 쓴다 해도 전부를 적을 수는 없습니다. 아마 0.0000000000000000058 같은 매우 작은 수는 놓치고 말 거예요.

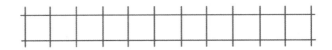

그렇다면 여러분에게 11칸을 나타낼 수 있는 모눈종이를 주고 여기에 -1에서 1까지 실수를 표현하라고 한다면 어떻게 하는 게 가장 효율적일까요?

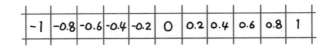

만약 저라면 위의 그림처럼 표현하겠습니다. 그리고 어떤 값이 들어온다면 이 중에서 가장 가까운 값을 표현하는 거죠. 예를 들어 0.4998은 저 중에서 0.4와 가장 가까우니까 0.4라고 할 겁니다. 하나 더 해보죠. -0.543351은 저 중에서 어떤 값과 가장 가깝나요? -0.6입니다. 그래서 이 값은 -0.6으로 표현하면 가장 비슷한 값이 될 겁니다. 참, 앞서 얘기했던 0.00000000000000000058은 어떻게 해야 할까요? 이 값은 0과 가장 가깝습니다. 그래서 그냥 0으로 표현하는 게 좋겠네요.

컴퓨터도 비슷한 방식을 사용합니다. 나타낼 수 있는 값 중에서 가장 가까운 값을 근삿값으로 나타내는 겁니다. 게다가 컴퓨터는 0과 1로만 구성된 2진수로 숫자를 표현합니다. 정수를 2진수로 표현하는 건 어렵지 않지만, 실수를 2진수로 표현하는 건 매우 복잡하죠.

컴퓨터는 복잡한 실수를 잘 표현할 수 있도록 **부동소수점** Floating Point

이라는 방식을 사용합니다. 1985년에 국제 표준으로 지정됐고,[1] 지금은 컴퓨터뿐만 아니라 모든 디지털 기기가 부동소수점 방식으로 실수를 표현합니다. 그렇다면 부동소수점 방식으로 실수를 표현하는 예를 한 번 알아보죠. 여러분이 갖고 있는 계산기가 매우 작은 값을 표현하는 방식을 살펴보겠습니다.

위는 계산기를 사용하다 보면 가끔 마주치는 숫자입니다. 4.572 89e-16은 무슨 뜻일까요? 이 숫자는 과학적 표기법Scientific Notation으로 표현된 매우 작은 수입니다. 과학적 표기법은 매우 크거나 작은 숫자를 간단하게 나타내기 위해 사용되는 기법이죠. 4.57289e-16에서 4.57289는 **가수**Mantissa라고 하며, 유효숫자를 나타냅니다. 그리고 e-16은 **지수**Exponent로 10^{-16}을 의미합니다. 즉 가수에 10의 -16승을 곱한다는 뜻이죠. 원래 이 값은 4.57289×10^{-16} = 0.00000000000000457289입니다. 정말 작은 숫자죠? 이렇게 작은 숫자는 계산기에서 보여줄 수 없습니다. 딱 봐도 그만한 공간이 없기 때문이죠. 그래서 과학적 표기법으로 숫자를 나타냅니다. 그러면 좁은 공간에서도 숫자가 잘 보이게 표현할 수 있으니까요.

갑자기 과학적 표기법 얘기는 왜 할까요? 바로 과학적 표기법이 부동소수점 방식과 밀접한 관련이 있기 때문입니다.

부동소수점은 과학적 표기법과 마찬가지로 **지수부**와 **가수부**가 있습니다. 그리고 지수부는 표현범위를, 가수부는 유효숫자를 나타내는 부분까지도 완전히 동일하죠. 대신 2진법을 사용하고, 음수 여부를 구분하기 위한 부호 비트가 있다는 점이 다릅니다. 1985년에 표준이 제정될 당시 기본값은 32비트였습니다. 32개의 1 또는 0이 있다는 얘기죠. 1바이트는 8비트이기 때문에 32비트는 4바이트입니다.

즉 실수 하나를 나타내려면 기본적으로 4바이트가 필요합니다. 그러니까 총 32비트 중 음수 여부를 구분하기 위해 맨 앞에 1비트는 부호 비트가 사용합니다. 그리고 나머지 31비트를 지수부가 8비트, 가수부가 23비트만큼 사이좋게 나눠서 사용합니다. 이게 바로 실수를 표현하는 기본 단위죠.

32비트를 사용하기 때문에 **float32**라고도 부릅니다. 이제 이렇게 하면 실수를 잘 표현할 수 있습니다. 별문제 없어 보이죠? 그런데 한 가지 치명적인 문제가 있습니다. 4바이트가 너무 크다는 거죠. GPT-3

는 175B입니다. 매개변수 하나당 4바이트를 차지하면 무려 700GB의 메모리가 필요합니다. 너무 크죠. 지금까지 매개변수를 계산할 때도 2바이트로 계산했지 4바이트로는 계산하지 않았습니다. 4바이트는 너무 큰 값이기 때문입니다.

그래서 보통은 이걸 절반으로 줄여서 사용합니다. 2바이트, 즉 16비트만 사용하는 거죠. 당연히 이렇게 적게 사용하면 수를 정교하게 표현하기는 어렵습니다. 때문에 정밀도를 반으로 낮췄다고 하여 **반정밀도**Half-Precision라 부릅니다. 또는 16비트를 사용하기 때문에 **float16**이라고도 합니다. float16도 동일하게 맨 앞에는 음수 여부를 구분하기 위해 1비트는 부호 비트가 사용하고, 나머지 15비트 중 지수부가 5비트, 가수부가 10비트를 사용합니다.

반정밀도라는 명칭처럼 이렇게 비트수가 낮으면 정밀도가 떨어집니다. 예를 들어 원주율 π를 10진수로 표현한다고 해봅시다. 어떻게 표현해야 할까요? π는 3.14159265358979…로 소수점 아래로 무한히 반복되죠? 따라서 결코 정확하게 표현할 수는 없습니다. 대신 자료형이 표현할 수 있는 가장 근삿값으로 표현해야 합니다. 그렇다면 π를 float32와 float16으로 각각 표현해보죠.

- 원주율 π의 원래 값: 3.14159265358979⋯
- float32로 표현한 값: 3.1415927
- float16으로 표현한 값: 3.140625

둘 다 정확하게 표현할 수는 없습니다. 하지만 자릿수를 훨씬 더 많이 사용하는 float32는 소수점 6자리까지는 정확합니다. 반면 float16은 그렇게까지 정교하지 않습니다. π의 값이 3.14 이후로는 모두 틀립니다.

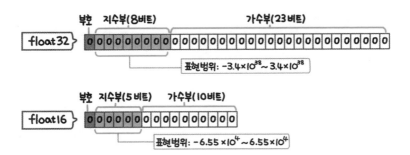

게다가 더 큰 문제가 있습니다. float16은 표현범위가 너무 제한적입니다. 표현범위를 나타내는 지수부가 고작 5비트밖에 안 되기 때문이죠. 이렇게 되면 최솟값은 -6.55×10^4, 최댓값은 6.55×10^4 정도에 불과합니다. 엄청나게 많은 계산을 하는 딥러닝에 사용하기에는 표현범위가 너무 좁습니다. float32의 최댓값이 3.4×10^{38}까지 표현할 수 있는 것과 비교해보면 차이가 너무 크죠. 애초에 이 자료형 자체가 1980년대에 등장했고, 지금의 딥러닝과는 무관한 자료형입니다. 단지 크기가 작기 때문에 사용했을 뿐이죠. 그래서 딥러닝에서는 float16을 사용하기가 어렵습니다. 그렇다면 어쩔 수 없이 더 정교하지만 크기가 큰 float32를 사용할 수밖에 없을까요?

이 문제를 해결하고자 나선 건 구글이었습니다. 오랜 연구 끝에 딥러닝에서는 가수부보다 지수부가 훨씬 더 중요하다는 결론을 내리죠. 가수부가 크면 더 정교한 값을 찾을 수 있을 겁니다. 하지만 그보다는 정확도를 희생하더라도 지수부를 좀 더 키워서 표현범위를 확장하는 게 딥러닝에서는 훨씬 더 중요하다는 결론을 내린 거죠.

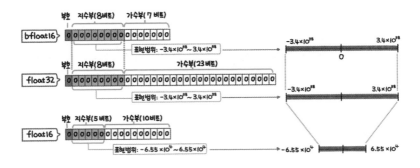

구글은 지수부를 float32와 동일하게 8비트로 유지했습니다. 대신 가수부는 7비트로 확 줄여버립니다. 즉 표현범위를 동일하게 유지하면서 유효숫자만 줄이는 선택을 했죠. 이렇게 하면 정교하지는 않은 대신 표현범위가 float32와 동일한 수준으로 매우 넓어집니다. 비록 정확도는 떨어지지만 딥러닝에서는 정확하지 않더라도 표현범위가 넓은 게 훨씬 더 중요하다는 겁니다.

이 자료형의 이름은 **bfloat16**입니다. 구글 브레인Brain에서 개발했다고 하여 brain의 첫 글자 b를 앞에 붙여 bfloat16이라고 명명했죠. 엔비디아는 발 빠르게 이 자료형을 채택합니다. 현재 출시되는 엔비디아의 최신형 GPU에는 bfloat16 지원이 모두 기본으로 탑재되어 있습니다. 이제는 딥러닝 연구 시 대부분 bfloat16을 사용합니다. 사실상 딥러닝을 위한 기본 자료형이라고 할 수 있죠. 당연히 대부분의 LLM도 bfloat16을 기본으로 사용합니다. 매개변수를 얘기할 때 2바이트가 기본이라 한 것은 바로 이 자료형, bfloat16을 사용하는 경우를 지칭합니다. 이제 "GPT-3 175B 모델은 bfloat16을 사용하면 매개변수당 2바이트를 차지하며 350GB의 메모리가 필요하다."라고 얘기하는 게 기본이 됐습니다.

양자화, 초거대 모델을 작게 만드는 비밀

2바이트 자료형을 사용해 공간을 많이 줄였지만 그래도 여전히 큽니다. 175B 모델이 350GB 메모리를 차지하는 데 사용 메모리 용량이 결코 적지 않죠. 어떻게 하면 이를 좀 더 줄일 수 있을까요? 만약 매개변수당 2바이트가 아니라 1바이트만 사용한다면 어떨까요? 그렇

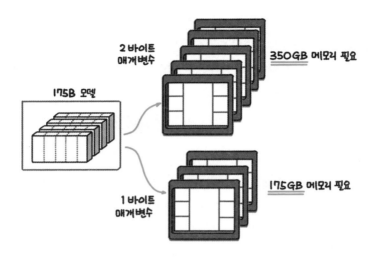

게 하면 175B 모델이 175GB 메모리에서 돌아갈 수 있습니다. 2바이트를 쓰던 걸 1바이트만 사용하도록 말이죠.

애초에 4바이트로 표현했던 것을 정밀도를 어느 정도 희생하면서 2바이트로 줄였는데, 이제는 1바이트로 더욱 줄인다고 하니 정확도는 더 떨어질 거 같습니다. 맞습니다. 공간을 줄일수록 정확도는 더 떨어집니다. 우리가 JPEG 같은 이미지 파일을 저장할 때 압축률을 높이면 화질이 더 일그러지는 것과 비슷하죠. 어느 정도까지는 사람이 인지하기 힘들 정도로 양호한 화질을 유지할 수 있지만, 압축률을 지나치게 높이면 누가 봐도 화질이 엉망이라는 걸 한눈에 알아차리게 됩니다. 그래서 JPEG로 이미지를 저장할 때는 압축률을 높이면서도 화질을 유지할 수 있는 적절한 비율을 찾는 게 중요합니다. LLM도 마찬가지입니다. 무작정 낮춰버리면 곤란하죠. 4바이트에서 2바이트로, 다시 1바이트로 용량을 줄이면서도 LLM의 품질을 유지할 수 있는 적절한 비율을 찾는 게 중요합니다.

　그렇다면 LLM의 매개변수를 1바이트로 했을 때의 장점부터 다시 한번 살펴보죠. 먼저 H100 GPU의 메모리는 80GB입니다. 매개변수 당 2바이트를 차지하는 GPT-3 모델은 350GB가 필요하기 때문에 GPU 5장이 필요합니다. 하지만 1바이트만 사용한다면 175GB가 필요하므로 3장이면 됩니다. 하나에 6,000만 원이 넘는 고가의 GPU 카드를 2장이나 아낄 수 있습니다. 필요한 메모리 공간을 줄였기 때문에 GPU를 더 적게 사용할 수 있고, 당연히 비용도 아낄 수 있죠.

　여기에다 속도도 더 빨라집니다. 원래 4바이트였던 것을 2바이트로, 나아가 1바이트로 줄이면 공간이 4분의 1로 줄어듭니다. 메모리에서 더 적은 데이터를 읽게 되니 데이터를 이동하는 데 드는 시간과 에너지 역시 줄어듭니다. 게다가 더 낮은 정밀도 연산을 수행하기 때문에 연산 속도도 훨씬 더 빨라집니다. 4바이트에 비해 2바이트가, 2바이트에 비해 1바이트 자료형이 연산 속도가 더 빠르죠.

　게다가 1바이트를 사용할 때는 실수를 정수로 바꿔서 사용하기도 합니다. 지금까지 딥러닝은 실수 연산으로 알고 있었는데, 정수 연산이라니 이건 또 무슨 얘기일까요?

구체적인 방식은 이렇습니다. 매개변수의 최댓값을 찾습니다. 예를 들어 [-1.2, -0.93, -0.1, 0, 0.65, 1.22, 1.4]라는 값이 있다면 이 중에서는 1.4가 최댓값이고, 이 값이 1바이트 정수형의 최댓값인 127이 되도록 기준값을 계산합니다.

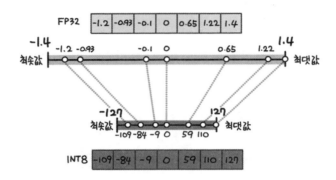

1.4에 몇을 곱해야 127이 될까요? 90.71입니다. 이제 이 값이 기준값이 됩니다. 90.71을 모든 값에 곱해주면 실수 전체를 1바이트 정수형으로 만들 수 있습니다. 각각의 값을 곱한 다음에 적절히 반올림해주면 [-109, -84, -9, 0, 59, 110, 127]이 되죠. 최솟값 -127에서 최댓값 127 사이에 모든 값이 포함된 1바이트 정수형으로 변환됐습니다.

만약 어떤 두 값을 곱해야 한다면 어떻게 해야 할까요? 예를 들어

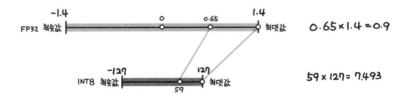

0.65×1.4 같은 실수 연산은 정수형에서는 어떻게 해야 할까요? 대응되는 두 값을 동일하게 곱해주면 됩니다. 59×127이 되죠.

- 0.65×1.4 = 0.9
- 59×127 = 7,493

그렇다면 정수로 변환된 값으로 진행한 두 번째 연산은 어떻게 해야 첫 번째 연산과 동일한 값이 될 수 있을까요? 앞서 변환하면서 사용했던 기준값 90.71이 기억나나요? 두 번째 계산 결과에서 이 값의 제곱으로 나눠주면 됩니다.

- $7{,}493 \div 90.71^2 = 0.91$

이렇게 하면 0.91로, 우리가 실수 연산으로 계산했던 0.9와 매우 근사한 값이 나오죠. 완전히 동일한 값이면 좋겠지만 2바이트를 1바이트로 변환하는 과정에서 어쩔 수 없이 값의 일부 손실이 일어납니다. 그래서 완전히 동일하지는 않고, 0.9와 0.91처럼 약간의 사소한 차이가 발생하죠. 어쨌든 이런 식으로 실수 곱셈 연산을 정수 곱셈 연산으로 바꿀 수 있고, 계산 마지막에는 기준값을 이용해 원래의 실수 연산 결과로 변환할 수도 있습니다.

그런데 이렇게 매번 변환 과정을 거친다면 너무 느리지 않을까요? 맞습니다. 불필요한 과정이 매번 포함된다면 그만큼 시간이 더 걸리겠죠. 그래서 아예 정수형으로 바꿔두고 정수 연산만 하도록 합니다.

게다가 정수형으로 바꾸는 과정도 애초에 미리 해둡니다. 그러면 불필요한 계산을 최소화할 수 있겠죠. 이처럼 정수형으로 변환하는 것을 **양자화**Quantization 과정이라고 합니다. 그리고 이렇게 바꿔둔 모델은 양자화된 모델Quantized Model이라고 부릅니다. 이 과정은 딱 한 번만 하면 되기 때문에 보통은 시작하기 전에 미리 만들어둡니다. 전체 매개변수 중 양자화가 필요한 값을 미리 변환해서 정수형으로 저장해두는 거죠. 일반적으로 정수 연산은 실수 연산보다 훨씬 더 간단합니다. 게다가 2바이트 자료형을 1바이트 자료형으로 변환했으니 필요한 메모리 공간도 절반으로 줄어들어 훨씬 더 효율적입니다.

이렇게 양자화된 모델을 빠르게 돌리는 게 NPU(인공지능 가속기)를 만드는 업체들의 전략이기도 합니다. 어차피 동일한 실수 연산으로는 엔비디아보다 더 빠르게 만들기 어려우니 애초에 정수 연산만 가능하도록 코어를 몽땅 정수 연산기로만 채우는 거죠. 그렇게 양자화된 모델을 엔비디아보다 더 빠르게 돌릴 수 있게 하여 경쟁력을 높이는 게 여러 NPU 업체들이 택한 전략입니다.

양자화를 진행하고 나면 메모리를 차지하는 공간이 줄어들고 연산속도도 더 빨라지는 이점이 있습니다. 이때 "항상 양자화를 하면 좋은 게 아닌가요?"라고 질문할 수 있습니다. 좋은 질문이죠. 하지만 앞서 예제를 통해 값이 일치하지 않는 문제를 살펴봤습니다. 원래 0.9가 나와야 하는데 0.91이 나왔습니다. 이처럼 양자화를 하게 되면 정보의 손실이 있습니다. 압축률을 높일수록 이미지가 일그러지는 JPEG처럼, 양자화를 심하게 할수록 손실은 더 늘어나고 결국 모델의 성능에도 문제가 생기죠. 원래 4바이트로 표현하던 걸 2바이트로, 이제는 1바

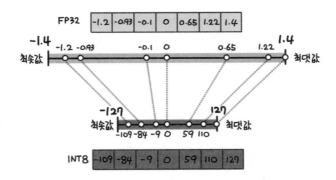

이트로 줄였으니 성능에 문제가 생기는 게 어떻게 보면 당연합니다.

그렇다면 이 문제를 최소화하는 방법은 없을까요?

양자화 과정을 다시 한번 살펴보죠.

위는 앞서 봤던 그림입니다. 원래 넓은 공간에 여유롭게 분포되어 있던 값을 자료형을 줄여서 훨씬 더 좁은 공간에 촘촘히 배치하는 것이 바로 양자화 과정입니다. 별문제 없어 보입니다. 그냥 좀 더 촘촘하게 표현한다고 해서 과연 성능 저하가 얼마나 될까요? 하지만 다음과 같은 경우에는 성능 저하가 많이 발생합니다.

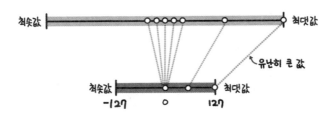

앞서 양자화를 할 때 가장 큰 값을 기준으로 기준값을 계산했습니다. 그런데 문제가 있습니다. 최댓값이 유난히 큽니다. 이처럼 이상하게 큰 값이 하나 있으면 그 값으로 인해 중앙에 촘촘하게 분포한 다른 값들에 배치될 공간이 너무 비좁은 문제가 있습니다. 여기서는 모두 0이 되어버렸네요. 이렇게 되면 누가 봐도 문제가 있을 거라 예상할 수 있습니다. 원래는 저마다 작게나마 다른 값을 갖고 있었는데 모두 0이 되어버렸으니까요. 실제로 이런 식으로 값이 촘촘하게 배치되어 있으면 모델의 성능이 확연히 떨어집니다.

그렇다면 이 문제는 어떻게 해결할 수 있을까요? 우리 속담 중에 "미꾸라지 한 마리가 온 웅덩이를 흐린다."는 말이 있죠. 한 사람의 잘못된 행동이 전체 집단이나 조직에 부정적인 영향을 미친다는 의미를 담고 있습니다. 딱 지금 상황에 어울리는 속담입니다. 그 값 하나 때문에 모든 값이 영향을 받고 있으니까요. 이럴 때는 어쩔 수 없습니다. 미꾸라지 한 마리를 제거하는 수밖에요. 그 이상한 값을 그냥 날려버리는 겁니다. 물론 그 값도 어디선가는 분명히 중요한 역할을 맡고 있겠지만, 그 값 하나 때문에 나머지 다른 값을 전부 희생하는 것보다는 그냥 그 이상한 값 하나를 제거하는 편이 훨씬 낫습니다.

다음 그림을 보면 유난히 큰 값을 제거하고 나니 이제 다른 값들이 적당하게 분포된 걸 확인할 수 있습니다. 미꾸라지에게는 미안한 일이지만 제거하고 나니 훨씬 더 좋아졌네요. 이런 식으로 양자화를 진

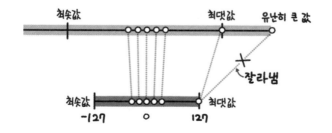

행하면 모델의 성능 저하를 방지하는 데 큰 도움이 됩니다. 실제로 양자화는 이 같은 기법을 부분적으로 채택해 모델의 크기를 줄이면서도 성능이 덩달아 떨어지는 것을 방지하고 있습니다.

플래시 어텐션, 빛처럼 빠른 속도의 비밀

제3장에서 GPT-3가 토큰을 하나 생성할 때마다 어텐션을 몇 번 계산했는지 기억나나요? GPT-3가 토큰 하나를 생성하기 위해서는 어텐션을 96번씩 동시에 계산하면서 이 과정을 96회 반복합니다. 하나의 토큰을 위해 어텐션을 총 9,216번이나 계산했죠. 엄청나게 많이 계산합니다. 이렇게 해서 겨우 하나의 토큰을 생성합니다. 그리고 그 다음 토큰을 생성하기 위해서는 또 어텐션을 96번씩, 96회 반복해서 계산해야 하죠. 당연히 이 과정은 엄청나게 무겁고 느린 연산입니다. 계산량도 엄청나죠.

이렇게나 많은 연산량을 줄여보고자 여러 기법이 등장했습니다. 그중에서 가장 유명한 기법은 스탠퍼드대학교에서 박사 과정을 밟던 트리 다오Tri Dao, 1993~가 제안한 **플래시 어텐션**Flash Attention 입니다.[2] 플래시는 영어로 '빛'을 의미하죠. 그러니까 빛처럼 빠르다는 얘기인데요, 이름도 잘 지었습니다.

원래 어텐션을 계산하려면 여러 연산 과정을 거칩니다. 그 과정에서 GPU는 끊임없이 메모리를 읽고 쓰죠. 제7장에서 다시 설명하겠지만, 그래서 엔비디아의 최상급 GPU에는 일반적인 PC에서 쓰는 메

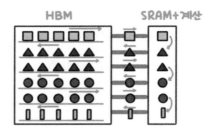

HBM   SRAM+계산

모리와는 조금 다른, 엄청나게 빠른 메모리인 HBM이 탑재됩니다. 끊임없이 주고받는 데이터를 더욱 빠르게 전송하기 위해서죠.

　HBM은 기존 CPU 메모리에 비하면 엄청나게 빠르지만 가장 빠른 건 아닙니다. 그것보다 훨씬 더 빠른 메모리도 있습니다. GPU 코어 안쪽에 탑재된 **SRAM**Static Random Access Memory이라는 겁니다. 이건 아예 GPU 안쪽에 내장되어 있어서 엄청나게 빠릅니다. 대신 구조가 복잡하고 용량이 적으며 가격도 비싸죠. 메모리의 종류별로 각각의 대역폭과 용량을 나열해보면 다음과 같습니다.

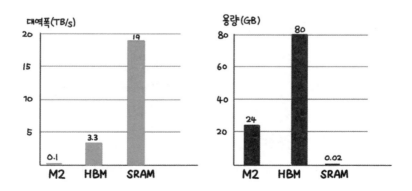

- 맥북(M2) 메모리: 대역폭 0.1TB/s, 용량 24GB

- HBM: 대역폭 3.35TB/s, 용량 80GB(엔비디아 H100 기준)
- SRAM: 대역폭 19TB/s, 용량 20MB(플래시 어텐션 논문 기준)

비교를 위해 제 맥북(M2) 메모리의 대역폭과 용량을 가장 먼저 나열해봤습니다. 당연히 맥북 메모리는 플래시 어텐션과는 아무런 관련이 없으니 혼동하지 마세요. 제 맥북에 있는 메모리는 24GB이며, 대역폭은 0.1TB/s, 즉 초당 100GB를 전송할 수 있습니다. 업무 용도로 쓰기에는 용량이 넉넉하고 대역폭도 크죠. 나쁘지 않습니다. 메모리는 컴퓨터의 모든 장치 중에서 가장 빠른 장치입니다. 이 정도면 맥북을 사용하는 데는 크게 어려움이 없을 정도예요. 하지만 어마어마한 양의 데이터를 전송하고 연산해야 하는 GPU에는 이 정도도 느립니다. 그래서 HBM이라는 고대역폭 메모리를 사용합니다. 엔비디아의 최상급 GPU인 H100에 탑재된 HBM은 대역폭이 3.35TB/s 정도 나옵니다. 제 맥북의 메모리보다 34배 더 많이 전송할 수 있죠.

그런데 이것보다 대역폭이 더 큰 메모리도 있습니다. 앞서 언급한 SRAM입니다. SRAM은 HBM보다도 6배 가까이 더 많은 초당 19TB를 전송할 수 있습니다. 정말 어마어마한 대역폭이죠. 그런데 용량을

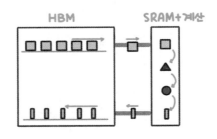

보면 아시겠지만 고작 20MB에 불과합니다. 20GB가 아니라 20MB 입니다. MP3 파일 하나에 불과한 크기죠. 참고로 여기서 제시한 SRAM의 대역폭과 용량은 2022년에 나온 플래시 어텐션 논문에 표기되어 있던 내용입니다. 지금은 용량이 조금 더 늘어났고 대역폭도 더 커졌죠. 하지만 지금도 구조는 동일합니다. HBM은 용량은 크지만 대역폭은 SRAM만큼 크지 않고, SRAM은 대역폭이 큰 대신 용량은 매우 적습니다.

그렇다면 대역폭이 더 큰 SRAM으로 꼭 필요한 데이터를 조금만 가져와 여기서 읽고 쓰고 하면서 계산하면 훨씬 더 빠르게 할 수 있지 않을까요? 네, 맞습니다. 그리고 이것이 바로 플래시 어텐션의 기본 동작 원리입니다.

플래시 어텐션은 데이터를 한꺼번에 읽어들이고 계산 중에 중간값은 SRAM에 저장하는 형태로 처리하면서 속도를 높입니다. 여러 차례 HBM과 주고받는 대신, 한 번만 받아오고 그다음부터는 SRAM을 이용해 계산하는 형태로 계산 방식을 변형한 거죠.

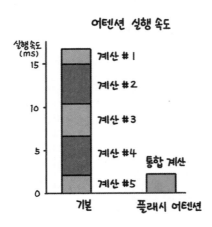

막대그래프의 길이만 봐도 엄청나게 빨라진 것을 확인할 수 있습니다.

플래시 어텐션은 연구와 기술을 절묘하게 조합한 종합 예술이라 할 수 있습니다. 여러 번 반복해야 하는 계산을 한 번에 처리할 수 있는 형태로 깔끔하게 수식을 정리한 수학 연구와, 메모리의 특성을 이해하고 HBM 대신 더 빠른 SRAM을 이용하는 기법을 고안한 프로그래밍 기술이 절묘한 조화를 이룬 작품이죠. 만약 연구만 할 줄 알았다거나 또는 기술만 이해하고 있었다면, 다시 말해 어느 한쪽만 알고 있었다면 절대로 탄생하지 못했을 기법입니다.

당연히 결과도 놀랍습니다. 이렇게 한 결과 최대 10배까지 속도를 높일 수 있었거든요. 지금은 LLM을 학습하거나 추론할 때 사실상 플래시 어텐션을 필수로 활용하고 있습니다. 덕분에 LLM을 더 빠르게 학습하고 훨씬 더 빠르게 토큰을 생성할 수 있게 됐죠. 이런 획기적인 기법을 고안한 트리 다오는 2024년 6월, 30대 초반의 나이에 프린스턴대학교의 조교수로 부임했습니다.

KV캐시, 더욱더 빠르게

다음 계산을 살펴봅시다.

① 7 + 4 = 11

② 7 + 4 + 9 = 20

③ 7 + 4 + 9 + 8 = 28

④ 7 + 4 + 9 + 8 + 1 = 29

⑤ 7 + 4 + 9 + 8 + 1 + 3 = 32

⑥ 7 + 4 + 9 + 8 + 1 + 3 + 2 = 34

⑦ 7 + 4 + 9 + 8 + 1 + 3 + 2 + 1 = 35

이 수식은 덧셈을 연속으로 수행합니다. 그런데 가만히 보면 같은 덧셈을 계속해서 반복하고 있습니다. 이 얘기는 다음번 계산 시에는 이전에 계산했던 결과를 재활용할 수 있다는 얘기이기도 하죠. 아래 그림처럼 말입니다.

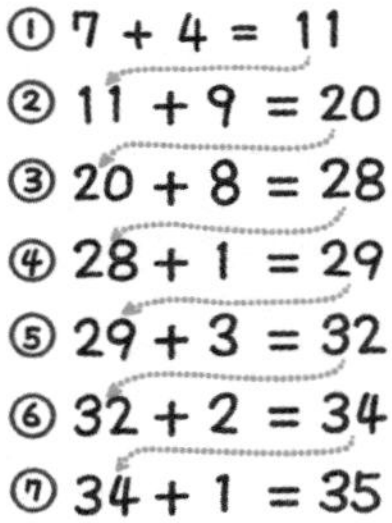

① 7 + 4 = 11
② 11 + 9 = 20
③ 20 + 8 = 28
④ 28 + 1 = 29
⑤ 29 + 3 = 32
⑥ 32 + 2 = 34
⑦ 34 + 1 = 35

원래 마지막 7번 수식을 계산할 때는 7번까지 덧셈을 해야 했지만 이전 계산 결괏값을 재활용하면 마지막 계산 시에도 한 번만 덧셈을 하면 됩니다. 이처럼 미리 계산한 결과를 저장해두는 것을 컴퓨터 과학에서는 캐싱Caching한다고 표현합니다. 동일한 계산이 필요할 때 다시 계산하지 않고 캐시에 저장해둔 값을 꺼내오면 불필요한 계산을 줄일 수 있죠. 당연히 이런 식으로 계산하면 뒤로 갈수록 기존에 비

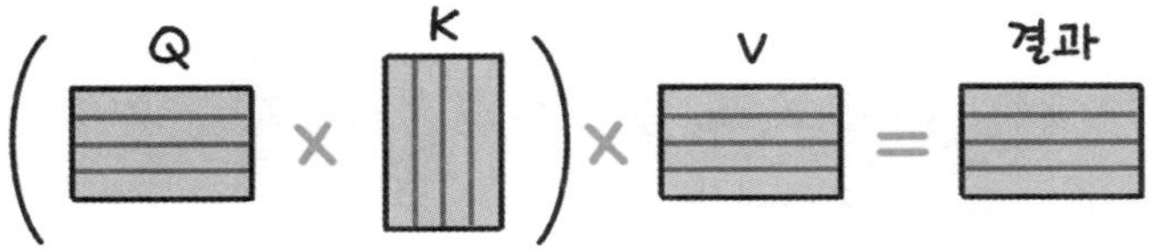

해 계산 속도가 훨씬 더 빨라집니다. 그런데 이 방식이 LLM과는 무슨 관련이 있을까요? 바로 어텐션을 계산할 때 이와 동일하게 캐시를 활용할 수 있기 때문입니다.

이는 LLM이 토큰을 생성하는 방식과 관련이 깊습니다. 문장을 만들 때 문장이 점점 길어져도 이전 토큰에 대한 어텐션 결과는 항상 동일합니다. 왜냐하면 다음 토큰은 쳐다보지 않는 마스크드 어텐션으로 진행되기 때문이죠. 마스크드 어텐션에 대해서는 제3장에서 설명한 바 있습니다. 뒤에 나오는 토큰은 참조하지 않도록 이를 가려주는 방식을 말하죠. 그래서 이전 결과는 항상 동일합니다. 앞서 살펴봤던 덧셈 예제와 비슷합니다. 같은 값으로 계산을 반복하기 때문에 마찬가지로 캐시를 응용할 수 있죠. 미리 계산한 결과를 저장해두고, 동일한 계산이 필요할 때 다시 계산하지 않고 캐시에 저장해둔 값을 꺼내오면 됩니다. 이제 어텐션은 캐시를 적용해 아래 그림과 같이 계산할 수 있습니다.

이처럼 어텐션을 계산할 때 이전 계산 결과는 캐시에서 꺼내와서

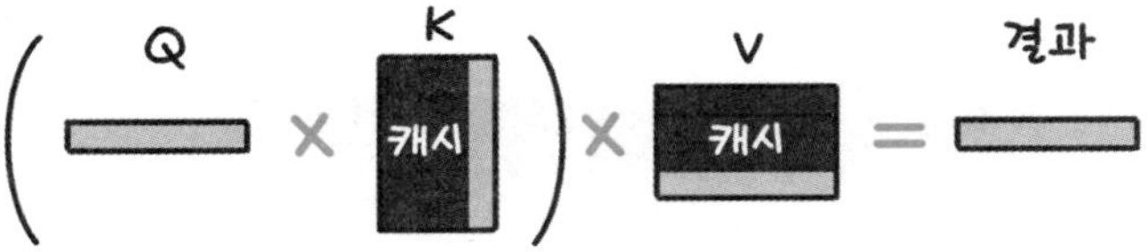

활용합니다. 키와 값에서 현재 토큰에 대한 값만 계산하고 나머지는 모두 캐시에서 꺼내오죠. 쿼리는 아예 이전 값은 가져오지도 않습니다. 현재 토큰에 대해서만 계산을 진행합니다. 이처럼 키K와 값v은 캐시를 활용한다고 하여 **KV캐시**KV Cache라고 부릅니다. KV캐시를 활용하면 불필요한 계산은 더 이상 하지 않기 때문에 계산량을 획기적으로 줄일 수 있습니다.

플래시 어텐션과 KV캐시를 적절히 활용하면 토큰 생성 속도를 획기적으로 높일 수 있습니다. GPT-3가 하나의 토큰을 생성하기 위해서는 어텐션을 9,216번이나 계산하지만, 이처럼 여러 가지 기법을 활용해 토큰 생성 속도를 높이기 위해 전 세계 수많은 연구자가 최선을 다하고 있죠.

품질 좋은 문장을 생성하는 비밀 옵션

지금까지 주로 토큰의 생성 속도를 높이기 위한 기법을 살펴봤습니다. 이번에는 토큰의 생성 품질을 높이기 위한 기법을 살펴보죠. 어떻게 하면 좋은 문장을 만들어낼 수 있을까요? 먼저, 토큰은 어떻게 생성될까요?

제3장에서 어텐션과 여러 단계에 걸쳐 토큰을 계산하는 과정을 살펴봤습니다. 그렇다면 계산 결과는 어떤 값이 될까요? 정답은 전체 사전 크기만큼의 값이 됩니다. 챗GPT의 경우 전체 토큰의 개수를 대략 20만 개 정도로 추정하고 있습니다. 즉 다음 표와 같이 20만 개의 토큰

번호	토큰	확률
1	각	0.004%
2	강	4.22%
3	너	2.01%
4	눈	27.4%
5	다	3.1%
6	당	2.1%
7	대	0.1%
8	비	12.1%
9	밖	1.1%
10	사	0.02%
11	랑	0.023%
12	양	0.04%
...	...	...
199997	하	0.00112%
199998	한	0.00004%
199999	호	0.00022%
200000	홍	0.0003%

에 대한 각각의 확률을 모두 계산해서 나열한 값이 최종 결과가 되죠.

이 중에서 가장 확률이 높은 토큰을 골라내면 그게 다음에 등장할 토큰이 되는 겁니다. LLM은 한마디로 정의하자면 확률이 가장 높은 토큰을 골라내는 모델인 것이죠.

그래서 일부 연구자들은 LLM을 **확률적 앵무새**Stochastic Parrot라고 비판하기도 합니다. LLM이 언어의 의미는 전혀 이해하지 못한 채 단순히 학습 데이터를 바탕으로 확률적 패턴에 따라 언어를 조합할 뿐이라는 거죠. 어쨌든 우리는 확률적 앵무새의 내부를 좀 더 들여다보겠습니다. 가장 확률이 높은 토큰을 골라볼까요?

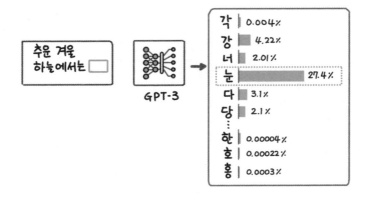

여기서는 4번 '눈'이라는 토큰이 27.4%로 가장 확률이 높습니다. 그렇다면 이 토큰이 다음에 등장할 토큰으로 선택될 확률이 가장 높겠네요. 이런 식으로 무려 20만 개 토큰에 대한 확률을 매번 계산하고, 그중에서 확률이 가장 높은 토큰 하나를 골라내게 되죠.

그런데 항상 가장 높은 확률만 골라내면 매번 같은 얘기를 하게 되겠죠? 챗GPT만 해도 대화를 나누다 보면 그때그때 다르게 대답하는데, 만약 매번 같은 대답을 한다면 재미가 없을 겁니다. 그래서 가장 확률이 높은 토큰을 골라내는 게 아니라 조금씩 다르게 대답하기 위한 여러 장치를 추가합니다.

가장 쉬운 방식은 가장 높은 확률이 아니라 그냥 전체 확률에 따라 대답하는 겁니다. 그럼 27.4%의 확률로 '눈'이 되고, 12.01%의 확률로 '비'가 되죠. 그리고 아주 희귀하긴 하지만 0.00004%의 확률로 '한'이 될 수도 있을 겁니다. 이처럼 아예 모든 토큰에 대해 그냥 확률대로 다음 토큰을 추출하는 거죠. 이렇게 하면 매번 다르게 답변을 생성할 수 있습니다.

하지만 지나치게 랜덤하게 답변이 나와서도 곤란하겠죠. 랜덤하지만 어느 정도는 의미 있는 답변이 나와야 하니까요. 아무래도 확률이 높은 게 좋은 토큰일 가능성이 높습니다. 0.00004%의 확률로 나오는 토큰은 답변 품질이 좋다고 보긴 어려울 거예요.

그렇다면 이 문제는 어떻게 해결할까요? 다행히 모델의 반응을 제한하거나 영향을 주기 위해 조정할 수 있는 값이 여러 가지 있습니다. 그중 하나는 **Top K**라는 값입니다. 쉽게 말해 '상위 K개'라는 뜻이죠. 예를 들어 Top K = 10이면 상위 10개의 토큰만을 대상으로 합니다. 20만 개나 되는 토큰을 모조리 나열하고 확률에 따라 추출하는 게 아니라 상위 10개만 나열하고 이 중에서만 고르게 합니다. 이렇게 하면 가끔씩 엉뚱한 토큰이 나올 가능성은 완전히 사라지겠죠. 애초에 10개 이내로 제한하면 어느 정도 품질이 보장된 토큰일 테니까요.

Top P라는 설정도 자주 씁니다. 이건 특정 확률 이내를 뜻합니다. 예를 들어 Top P = 80%라면 확률이 높은 순으로 누적하여 전체 합이 80%가 될 때까지의 토큰만을 고려하겠다는 얘기죠. 나머지 하위 20%는 보지 않겠다는 겁니다. 이 설정은 꽤 유용할 때가 많습니다. 왜냐하면 앞서 소개했던 Top K는 다음과 같은 문제가 있기 때문이죠.

번호	토큰	확률
1	로	99%
2	각	0.4%
3	난	0.2%
4	응	0.1%
5	호	0.03%
6	하	0.004%
7	참	0.0032%
8	너	0.0021%
9	대	0.00204%
10	친	0.001%

왼쪽의 표를 보면, 10개의 토큰이 있을 때 누가 봐도 '로'가 그다음 토큰이 되어야 할 것 같습니다. 이미 99%의 확률로 사실상 정답인 토큰이기 때문이죠. 하지만 Top K = 10이면 이 토큰 10개가 모두 추출 후보가 됩니다. 그리고 가장 낮은 확률인 0.001% 확률을 지닌 '친'이 다음 토큰이 될 수도 있습니다. 아마 이 정도 확률로 나오는 토큰은 분명히 품질이 좋지 않을 거예요. 하지만 아주 낮은 확률이어도 그럴 가능성은 분명히 존재하죠. 이때 Top P가 효과를 발휘합니다. Top P = 80%라면 애초에 하위 20%는 모두 걸러내기 때문이죠. 여기서는 '로' 이외에 다른 모든 토큰이 후보에서 제외됩니다. 그리고 '로'가 항상 다음 토큰이 되죠. 이제 확률이 지나치게 낮은 토큰이 등장할 가능성은 사라졌습니다.

이렇게 Top K와 Top P만 잘 활용해도 품질이 나쁜 토큰이 추출되는 일은 거의 없습니다.

이번에는 조금 다른 옵션을 살펴봅시다. 변별력을 조정하기 위한

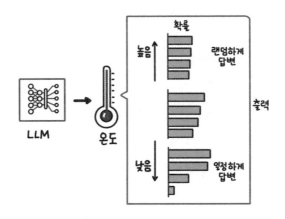

설정이 있습니다. **온도**Temperature라는 값입니다.

온도를 높이면 확률이 서로 비슷하게 평준화되는 것이고 반대로 온도를 낮추면 변별력이 높아집니다. 그러니까 온도를 높이면 좀 더 다양한 답변을 할 수 있고, 반대로 온도를 낮추면 좀 더 일정한 답변을 하게 되죠. 제가 본 어느 LLM 가이드에서는 온도를 높이면 '창의성이 높아진다'라는 표현을 사용하더라고요. 온도가 높으면 확률이 서로 비슷해져서 다양한 답변을 하게 되니 창의성Creativity이 높아 보이는 효과가 있는 건 맞습니다. 재미있는 표현입니다. 또는 온도 값을 아예 확 낮춰서 항상 일정하게 답변하게 할 수도 있습니다. 확률의 차이가 극명하게 구분되어 변별력이 더 커지기 때문이죠. 챗GPT의 공식 가이드를 보면[3] 온도를 0.2 정도로 낮게 설정하면 거의 일관된 답변을 한다고 소개되어 있습니다.

재미있게도 온도라는 용어는 열역학에서도 동일한 의미로 쓰입니다. 열역학이란 열과 에너지의 관계와 변환을 연구하는 물리학의 한 분야입니다. 이 열역학에서는 온도가 높으면 엔트로피, 즉 무질서도가 증가한다고 얘기합니다. LLM도 온도가 높으면 확률이 서로 비슷해져서 토큰 선택의 무작위성이 높아지니 열역학이나 LLM이나 서로 무질서해 보이는 비슷한 효과가 나오죠.

이 정도가 가장 중요한 옵션입니다. Top K, Top P, 온도, 이 세 가지 옵션 정도는 잘 익혀두면 나중에 챗GPT를 활용할 때 유용하게 써먹을 날이 분명히 있을 거예요.

이외에도 몇 가지 살펴봐야 할 옵션이 있습니다.

그중 하나는 반복되는 토큰에 페널티를 주는 것입니다. 아무리 좋은 토큰이라도 계속 같은 토큰이 등장한다면 이상한 문장이 될 수 있겠죠? 예를 들어 영화에 대해 긍정적인 리뷰를 작성해달라고 얘기했는데, LLM은 다음처럼 답변할 수도 있을 거예요.

분명히 긍정적인 리뷰는 맞지만 왠지 품질이 낮아 보입니다. 같은 토큰이 계속 반복됐기 때문에 사람의 눈에는 매우 어색해 보이죠. 이처럼 동일한 토큰이 반복되면 기계는 비록 좋은 문장이라고 판단할 수 있을지언정 사람의 입장에서는 결코 좋은 문장으로 여겨지지 않습니다. 그래서 반복적으로 등장하는 토큰은 다시 등장하지 않도록 하는 게 좋죠. 동일한 토큰에 대해서는 페널티를 부여해 출현 빈도를 줄일 수 있습니다. 실제로 이렇게 하면 사람의 입장에서는 생성되는 문장의 품질이 많이 올라갔다고 느낍니다. 그래서 반복 토큰에 대해 페널티를 부여하는 것도 무척 중요한 옵션입니다.

생성할 수 있는 문장의 최대 길이를 제한하는 것도 중요합니다.

이 값이 없다면 LLM은 문장을 무한정 생성할 수도 있겠죠? 물론 실제로 그런 일은 거의 일어나지 않습니다. LLM에는 강제로 토큰 생성을 멈추는 특수한 토큰이 포함되어 있기 때문이죠. 대부분은 이 토큰을 만나고 항상 거기서 중단하거든요. 하지만 비정상적으로 동작해 끝까지 종료 토큰이 나오지 않을 때도 있어요. 얼마든지 이런 경우가 생길 수 있습니다. 그래서 최대 길이를 명시적으로 지정하는 게 중요합니다. 만약 1,024로 정한다면 1,204개 토큰 이상은 생성되지 않고 1,024번째에 강제로 멈추게 됩니다. 대개 한글은 한 글자가 하나의 토큰이므로 1,024를 지정하면 1,024자까지 생성할 수 있다고 보면 됩니다.

수천 장의 GPU에 분산 학습하는 법

지금까지 토큰 하나를 생성하는 데도 매우 복잡한 과정이 있음을 살펴봤습니다. 초거대 모델답게 그 생성 과정 또한 상당히 복잡한 편이죠. 보통 이렇게 토큰을 생성하는 단계를 **추론**Inference이라고 부르고, 이렇게 토큰을 생성하는 과정을 추론 과정이라고 합니다. 한편 이렇게 추론할 수 있는 LLM을 만드는 것을 **학습**Training한다고 표현하죠. 학습하는 과정에 대해서는 제3장에서 자세히 살펴본 바 있습니다. 이번에는 이전 장에서 미처 얘기하지 못했던 학습 최적화 기법에 대해 좀 더 살펴보겠습니다. 앞서 토큰을 생성할 때 속도와 품질을 높이기 위한 다양한 기법이 있었던 것처럼, 매우 거대한 모델을 학습할 때는 속도를 높이기 위한 특별한 기법들이 많이 필요합니다. 추론보다 훨씬 더 어렵고 복잡한 기법이 필요하죠.

기본적인 학습 원리는 살펴봤으니 이제 어떻게 하면 효율적으로 학습할 수 있는지를 살펴보겠습니다. LLM을 학습하는 과정은 여러 장의 GPU를 한꺼번에 사용한다는 것을 의미합니다. 때로는 그 규모가 수백 장 또는 수천 장을 넘어서기도 하죠. 메타의 경우 자사의 LLM을 공개하면서 1만 6,000장의 GPU로 구성된 학습 클러스터를 사용했다고 하여 화제가 된 바 있습니다.

큰 모델의 경우 다양한 방식을 사용해 하나의 모델을 여러 장의 GPU에 잘라서 보관합니다. 앞서 텐서 병렬화와 파이프라인 병렬화에서 그 예를 살펴봤죠. 그렇다면 여러 장을 이용해 학습한다는 얘기는 어떤 의미일까요?

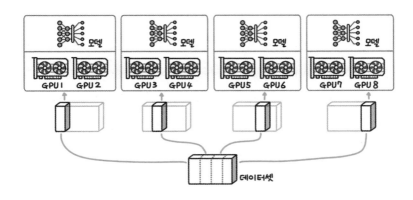

모델을 1장 또는 여러 장에 나눠서 보관했을 때 이를 하나의 그룹으로 두고 데이터를 쪼개서 학습하면 여러 장 또는 수천 장의 GPU에서도 분산해서 학습할 수 있다는 얘기입니다. 위 그림과 같이 말이죠.

각각의 GPU 그룹에는 모델 전체가 올라가 있으니 이처럼 데이터를 GPU 그룹 수만큼 나눈 다음 저마다 데이터를 쪼개서 학습하면 됩니다. 여기서는 그룹 하나당 GPU 2장을 사용하고 있고, GPU 8장이 총 4그룹으로 이루어져 있습니다. 데이터를 4분의 1씩 나눠 갖고 각 GPU 그룹마다 학습을 진행합니다.

여기서 정답은 다음에 나올 토큰입니다. 수많은 문장 속에 담겨 있는 그다음 토큰과 일치하도록 모델을 학습해나가는 과정이죠. 일치한다면 손실이 없는 것이고, 일치하지 않는다면 손실값을 부여해서 정답을 찾도록 모델을 조정하는 겁니다.

이처럼 손실값을 각각의 GPU 그룹이 별도로 계산한 다음에는 손실값을 모두 동기화해서 평균을 구하고, 평균만큼 모든 GPU가 손실값을 반영합니다. 그리고 다시 다음 데이터를 학습하는 거죠. 이 과정을 계속해서 반복합니다. 그림에는 GPU를 4그룹만 표현했지만 16그룹이어도, 64그룹이어도 방식은 동일합니다. 64그룹이 64분의 1만큼 각자 다른 데이터를 학습한 다음 손실의 평균을 구하고 이 값을 모든 GPU에 동일하게 반영합니다. 64개로 나눠서 학습했지만 손실값은 전체의 평균을 반영하므로 1장으로 전체 데이터를 학습하고 손실값을 반영하는 것과 완전히 동일합니다. 이것이 바로 데이터 분산 학습의 기본 원리입니다. 만약 모델이 커서 GPU 2장에 올라가지 않아 4장을 쓴다고 해도 다르지 않습니다. 그때는 GPU 4장을 한 그룹으로 하고 학습을 진행하면 되죠. 4장을 한 묶음으로 구성하는 것 외에는 차이점이 없습니다.

이와 같은 구조로, 이전 문장을 기준으로 다음 토큰이 나오도록 데이터를 분산해서 여러 장의 GPU에 나눠 학습하는 것이 언어 모델 사전 학습의 기본 원리입니다.

이후에는 사후 학습을 통해 사용자의 프롬프트를 잘 따르도록 만듭니다. 이렇게 해서 만든 모델을 지시 모델이라고 하며, 우리가 지금 사용하고 있는 챗GPT가 바로 지시 모델의 대표적인 예입니다. 지시 모델을 만드는 과정은 마찬가지로 제3장에서 상세히 살펴봤습니다. 또한 정교한 지시 모델을 만드는 데는 알파고를 만드는 데 사용했던 강화학습 알고리즘인 RLHF(인간 피드백을 이용한 강화학습)가 큰 역할을 했다는 점도 이미 살펴본 바 있죠.

그런데 RLHF 방식은 치명적인 제약이 있습니다. 바로 보상 모델이 필요하다는 점입니다. 이 말은 보상 모델을 만들기 위해 사람이 일일이 평가하여 구축한 데이터가 필요하다는 얘기입니다. LLM의 가장 큰 혁신이 무엇이라고 했는지 혹시 기억하시나요?

LLM의 가장 큰 혁신은 사람의 개입 없이 엄청나게 많은 텍스트를 학습하기만 하면 된다는 점이었습니다. 인류가 지금까지 축적한 무수히 많은 정보를 별도의 가공 없이 그대로 학습하면 사전 학습 모델이 완성된다는 점이었죠. 만약 데이터에 일일이 정답을 달아야 했다거나 별도 카테고리로 분류해야 했다면 지금의 LLM은 탄생할 수 없었을 거예요. 그런데 RM 모델은 사람이 일일이 정답을 달아야 만들 수 있습니다. 진행 속도가 더디고 구축하기 힘들 뿐만 아니라 비용도 많이 들죠. 또한 RLHF 방식은 강화학습의 특성상 학습이 쉽지 않다는 단점이 있습니다. 그래서 'RM이 필요 없고, 강화학습도 사용하지 않는 방식은 없을까?' 하고 여러 연구자들이 더욱 간단한 방법을 계속해서 고민해왔고, 그중 가장 단순하면서 효과가 좋았던 방식이 스탠퍼드대학교의 연구팀에서 제안한 **DPO**Direct Preference Optimization 입니

다. 이 방식을 사용하면 RM → PPO로 이어지는 절차는 모두 생략한 채 단순히 기존 SFT 모델을 활용해 DPO 방식을 적용하기만 하면 됩니다.

DPO는 PPO 같은 정책 기반의 강화학습 알고리즘이 아니라 인간의 선호도를 직접 반영하는 최적화 방법입니다. DPO에서 D의 약어는 '직접'을 뜻하는 Direct입니다. 그래서 DPO를 우리말로 풀이해보면 '직접적인 선호도 최적화' 정도가 되죠. DPO는 두 개의 응답 중어느 것을 더 선호하는지에 대한 비교 데이터를 사용하여 선호하는 응답에 확률을 더 높이는 방식으로 모델을 학습합니다. 스탠퍼드대학교의 연구팀은 인간의 선호도를 따르는 이 같은 방식이 기존 PPO와 비교했을 때 최적화 방식에 큰 차이가 없다는 점을 수식으로 풀어서 증명합니다. 실제로 DPO 방식으로 학습한 모델은 PPO 방식과 비교해 성능에 큰 차이가 없었죠. 게다가 RM 모델이 필요 없고, 강화학습에서 흔히 발생하는 학습의 불안정성 문제도 피할 수 있어 훨씬 더 단순하며 효율적이었습니다. 가뜩이나 LLM이 점점 더 커지면서 학습에 어려움을 겪고 있는데, 초거대 모델에 더욱 쉽게 적용할 수 있다는 것은 무척 큰 장점이었죠. 이 때문에 최근 오픈소스 LLM은 RM → PPO로 이어지는 번거로운 RLHF 과정을 과감히 생략하고 DPO만 적용하는 경우가 늘고 있습니다. DPO는 복잡한 과정을 단순화하고 효율성을 높이는 데 많은 기여를 하고 있죠.

과연 좋은 모델이란?

이렇게 학습을 마무리하고 나면 그 모델의 품질은 어떻게 평가할까요? 보통 모델의 품질을 성능Performance이라고 표현합니다. 모델의 성능, 그러니까 모델 학습이 잘됐는지, 말을 잘하는지는 어떻게 평가할 수 있을까요?

예전에 버트 같은 언어 이해 모델은 평가하기가 쉬웠습니다. 분류 작업의 경우 학습에 사용하지 않은 데이터를 학습이 끝난 모델에 집어넣고 얼마나 분류를 잘하는지 보면 됐거든요. 예를 들어 뉴스 분류를 맞히는 모델을 만들었다고 해보죠. 이때 사람이 미리 분류해둔 데이터를 100건 정도 빼두었다가 나중에 모델 학습이 끝난 후 모델이 직접 맞히도록 해봅니다. 그 결과 95개의 뉴스를 정확하게 맞혔다면 그 모델은 95% 정확도를 지닌 모델이 되죠.

하지만 생성 모델은 이런 식으로 평가가 어렵습니다. 생성된 문장이 얼마나 좋은 문장인지 어떻게 알 수 있을까요? 아니 애초에 '좋다'라는 기준이 무엇인지도 불분명합니다. 대답을 길게 하면 생성을 잘한 것일까요? 부정적인 말보다 긍정적인 대답을 더 많이 하면 그게 생성을 더 잘한 것일까요?

이는 생성 모델 연구자들이 오랫동안 고민해온 문제였습니다. 어떻게 하면 잘 평가할 수 있을지를 오래전부터 수많은 연구자들이 고민해왔죠. 다행히 자연어 처리 이전에 음성인식에도 비슷한 문제가 있었습니다. 음성을 텍스트로 정확하게 받아썼는지 평가하는 기준이 필요했고, 그래서 이를 평가하기 위한 지표를 하나 만들어냅니다. 그 지표의 이름은 **퍼플렉시티**Perplexity입니다. 이 평가 지표는 음성인식뿐 아니라 기계번역, 텍스트 요약 같은 자연어 처리에도 사용합니다. 그리고 LLM에서도 언어 생성을 평가하는 데 동일하게 사용하죠. 1977년에 고안된 꽤 유서 깊은 지표이기도 합니다.[4]

퍼플렉시티는 정보 이론의 불확실성에 기반합니다. 퍼플렉시티 자체가 '당혹스러움' 또는 '혼란'과 같은 의미죠. 퍼플렉시티가 높으면

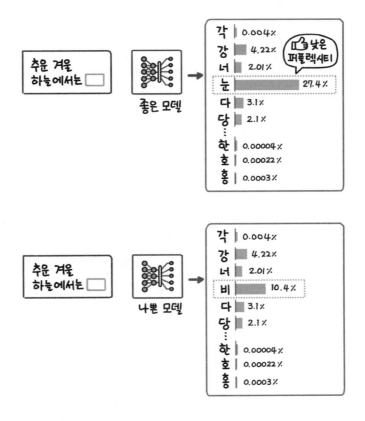

혼란스럽고 불확실하다는 얘기이고, 퍼플렉시티가 낮으면 혼란스럽지 않으며 확실하다는 의미입니다. 즉 좋은 LLM은 퍼플렉시티가 낮습니다. 이는 생성되는 토큰의 확률이 매우 높다는 것을 의미합니다. 다시 말해 LLM이 확신을 갖고 얘기한다는 말이기도 하죠.

　모델의 확률이 높으면 혼란스럽지 않다는 얘기이며, 당혹스러움을 뜻하는 퍼플렉시티도 낮습니다. 정리하면 퍼플렉시티 값이 낮을수록 모델의 성능이 좋다고 평가하며, 퍼플렉시티가 낮을수록 좋은 LLM

이라고 할 수 있습니다.

재미있게도 같은 이름을 지닌 인공지능 서비스가 있습니다. 이 서비스의 이름도 퍼플렉시티인데요. 공교롭게도 지표의 이름과 완전히 동일합니다. 굳이 서비스 이름을 퍼플렉시티라고 지은 이유는 복잡하거나 어려운 질문이라도 사용자에게 정확하고 유익한 답변을 제공하고자 하는 회사의 목표를 반영했기 때문이라고 하네요. 이 서비스에 대한 자세한 내용은 제6장에서 다시 살펴보겠습니다.

다시 지표 퍼플렉시티 얘기로 돌아와봅시다. 퍼플렉시티는 빠르고 간단하게 성능을 측정하는 유용한 방법입니다. 하지만 꽤 오래전인 1970년대에 고안된 지표인 만큼 한계도 분명합니다. 무엇보다 모델이 문법적으로 올바른 문장을 생성하는지 여부 등은 전혀 평가하지 않습니다. 오로지 확률적인 예측 성능만을 측정하죠. 따라서 최근에는 퍼플렉시티를 간이 지표로만 사용합니다. 기술이 발전하면서 다양한 평가셋이 늘어났고, 과거와 달리 퍼플렉시티만으로 성능을 평가하지는 않습니다.

그중 대표적인 방식이 2020년에 UC버클리 연구진이 공개한 사지선다형 문제로 구성된 MMLUMassive Multitask Language Understanding라는 평가셋을 활용하는 것입니다. 이 평가셋은 다음과 같은 질문들로 구성되어 있습니다.

Why is Mars red?

A. Because the surface is covered with heavily oxidized ("rusted") minerals.

B. Because the atmosphere scatters more light at bluer wave-lengths transmitting mostly red light.

C. Because Mars is covered with ancient lava flows which are red in color.

D. Because flowing water on Mars's surface altered the surface minerals several billion years ago.

Answer: A

MMLU는 모든 질문이 영어로 되어 있습니다. 알아보기 쉽게 이 질문을 한국어로 번역해보면 다음과 같습니다.

화성은 왜 붉은색을 띠나요?

A. 표면이 심하게 산화된("녹슨") 광물로 덮여 있기 때문입니다.

B. 대기가 주로 붉은 빛을 투과하는 푸른 파장의 빛을 더 많이 산란시키기 때문입니다.

C. 화성은 붉은색을 띠는 고대 용암류로 덮여 있기 때문입니다.

D. 화성 표면에 흐르는 물이 수십억 년 전에 표면의 광물을 변화시켰기 때문입니다.

정답: A

꽤 어렵습니다. 이런 사지선다형 문제를 맞히는 게 MMLU 평가셋입니다. 여기서는 정답을 함께 제시했지만 당연히 실제로 LLM을 평가할 때는 정답을 가린 채 A, B, C, D 중 어떤 것이 정답인지 맞히는 걸로 평가하죠. 과학, 기술, 공학, 수학, 인문학, 사회과학, 법률, 윤리 등 57개 과목에 걸쳐 1만 4,000여 개의 사지선다형 평가 문제로 구성되어 있습니다. 2024년 하반기 기준으로 최고점은 오픈AI에서 만든 o1이며, 100점 만점에 90점을 훌쩍 뛰어넘습니다. 저런 화성 문제를 90점 넘게 맞힌다는 거죠. 정말 똑똑합니다.

동일한 방식으로 한국어로 작성된 KMMLU도 있습니다. 앞에 우리나라를 의미하는 K가 붙어 있죠. 이 평가셋은 단순히 영문 평가셋을 번역한 게 아니라 애초에 한국어로 만든 시험 문제지에서 문제를 추출해서 구성했습니다. 그래서 어색한 번역체나 미국 문화를 묻는 문제가 아니라 인문학에서 과학에 이르기까지 45개 과목에 걸쳐 실제 우리나라 문화에 맞는 3만 5,000여 개의 평가 문제로 구성되어 있죠. 다음은 평가셋에 포함된 문제입니다.

다음 사건이 일어나기 이전에 있었던 사실로 옳은 것은?
사노비 만적 등 6명이 북산에서 땔나무를 하다가 공사公私의 노비들을 불러모아 모의하기를 "… (중략) … 각기 자신의 주인을 죽이고 노비 문서를 불태워 우리나라에서 천민을 없애면 공경장상도 모두 우리가 할 수 있을 것이다."라고 하였다.
A. 이성계가 압록강 하류의 위화도에서 회군하였다.
B. 삼별초가 진도와 제주도로 옮겨가며 항쟁을 계속하였다.
C. 외세의 침략을 물리치려는 염원에서 팔만대장경을 조판하였다.
D. 정중부 등의 무신들이 문신들을 제거하고 권력을 장악하였다.
정답: D

만적의 난 , 1198년

이 문제도 쉽지 않죠? KMMLU의 실제 한국사 문항 중 하나입니다. 문제를 잠깐 살펴보죠. 여기서 예시는 고려 시대에 일어난 만적의 난을 일컫습니다. 만적의 난은 노비 출신인 만적이 주도한 노비 해방 운동으로, 실행 전에 발각되어 실패로 끝났습니다. 1198년에 일어난 일이죠.

보기 A, 이성계는 조선을 건국한 인물이니 고려 시대 만적의 난 훨씬 이후의 일이라 더 볼 필요가 없네요. 보기 B, 삼별초도 여몽전쟁이 시작된 1231년 이후에 일어난 일이죠. 삼별초가 제주도에서 항쟁을 시작한 것은 1270년 이후의 일입니다. 따라서 B도 아닙니다. 보기 C, 팔만대장경의 조판을 시작한 해는 1236년입니다. 마찬가지로 정답이 아닙니다. 이제 남아 있는 D가 정답이 되겠네요. 정중부가 무신정변을 일으킨 해는 1170년입니다. 만적의 난 이전에 일어난 일이 맞네요. D가 정답입니다. 힘들게 맞혔네요. 어려운 문제입니다.

원래 공개 평가셋은 대부분 영어로 되어 있다 보니 한글 평가셋도 영문을 번역한 것이 대부분인데 KMMLU는 이처럼 번역한 문제가 아니라 우리나라에서 진행되는 실제 시험 문제에서 추출한 문항들이라 어색함이 없습니다. 이는 연세대 연구진이 만든 평가셋입니다. 이런 좋은 평가셋을 무료로 공개해 LLM의 한국어 성능을 누구나 손쉽게 평가할 수 있게 한 점은 무척 고마운 일입니다. 2024년 하반기 기준 최고점은 메타의 오픈소스 모델인 라마로, 65점이 넘는 점수를 기록하고 있습니다. 이미 90점대를 기록 중인 영어에 비해 한글 점수는 아직 낮은 편이라 점수를 더 높일 여지가 많이 남아 있죠.

이외에도 몇 가지 중요한 평가셋이 더 있습니다. 오픈AI에서도 평가셋을 만들어서 공개한 바 있습니다. 프로그래밍 코드 생성 능력을 평가하기 위한 휴먼이밸HumanEval이라는 평가셋이죠. 코딩을 얼마나 잘하는지 평가하는 평가셋입니다. 2021년에는 MMLU를 만들었던 UC버클리 연구진들이 수학 문제 해결 능력을 전문적으로 평가하는 MATHMathematics Aptitude Test of Heuristics 평가셋을 만들어냈습니다. 같은 해에 또다시 오픈AI에서는 8,000개가 넘는 초등학교 수학 문제로 구성된 GSM8K를 공개했습니다. 이처럼 2020년을 전후하여 다양한 분야의 평가셋이 등장했습니다. 저마다 꼼꼼하고 세심하게 선별한 문제들로 좋은 평가셋을 만들어냈죠. 그럼 어떤 평가셋을 사용해 LLM을 평가하면 가장 좋을까요?

정답은 모두 사용하는 것입니다. 하나만 사용하는 게 아니라 다양한 평가셋을 모두 종합적으로 판단하여 LLM의 성능을 최종 평가하는 거죠. 실제로 평가셋의 점수를 높이는 데만 집중하다 보면 점수는 높은데 모델은 별로인 경우가 있을 수 있습니다. 마치 토익 공부를 열심히 해서 높은 점수를 받았으나 외국인 앞에서는 영어를 한마디도 못 하는 것과 비슷하다고 할 수 있죠. 그래서 이런 일이 없도록 가급적 다양한 평가셋을 동원합니다.

챗GPT 이후로 하루가 멀다 하고 끊임없이 새로운 LLM이 출시되고 있습니다. 대부분은 이런 다양한 평가셋으로 종합적으로 평가하여 각각에 대한 점수를 나열하고 얼마나 더 좋은지를 홍보하곤 합니다. 예를 들어 "이번에 공개한 B 모델은 기존 A 모델보다 10개 평가셋에서 9개가 더 높은 점수를 보였다."와 같은 식으로 홍보하는 거죠.

	Meta Llama3	Gemini pro 1.5	Claude3 Sonnet
MMLU	82.0	81.9	79.0
GPQA	39.5	41.5	38.5
HumanEval	81.7	71.9	73.0
GSM-8K	93.0	91.7	92.3
MATH	50.4	58.5	40.5

위 그림은 메타에서 공개한 오픈소스 LLM인 라마 3의 공개 당시 실제 평가 점수입니다. 상용 모델인 구글 제미나이나 앤트로픽의 클로드보다도 평가 점수가 훨씬 더 높다는 점을 강조하고 있죠. 앞서 소개한 MMLU, 휴먼이밸, GSM8K, MATH 평가셋 등에 대한 점수가 모두 기입되어 있는 걸 확인할 수 있습니다.

제5장

프롬프트
엔지니어링의 마법

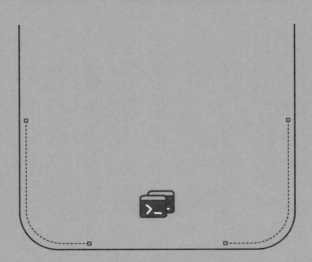

프롬프트 엔지니어링으로 원하는 결과 얻기

LLM을 완성하고 평가까지 마쳤다면, 이제 프롬프트를 어떻게 입력해야 하는지 살펴볼 차례입니다. 앞서 여러 차례 언급할 기회가 있었지만 지금까지 미뤄왔던 내용이기도 하죠. 많은 분이 가장 궁금해할 내용이기도 할 거예요. 어쨌든 모델 구조를 연구하고 학습하는 일은 소수 연구자들의 몫이지만 어떻게 질문하느냐는 챗GPT 사용자의 몫입니다. 즉 챗GPT를 사용하는 사람이라면 누구나 해당하는 일이죠. 그리고 우리가 실제로 업무 생산성을 높이려면 질문 잘하는 법을

제대로 익히는 것이 중요합니다. 특히 좋은 답을 얻기 위해서는 좋은 질문을 해야 하죠. 아무리 챗GPT가 똑똑하다고 해도 엉뚱한 질문에는 제대로 된 답변을 얻기 어렵습니다.

이 부분만 따로 떼어내어 책 한 권을 쓸 수 있을 정도로 방대한 내용들이 있습니다. 실제로 시중에는 '챗GPT에 어떻게 질문할 것인가'에 대한 주제만으로 셀 수 없을 정도로 많은 책이 나와 있죠. 생성형 인공지능의 열풍과 함께 또 그런 책이 인기이기도 합니다.

이렇게 챗GPT에게 질문을 잘하는 기술을 **프롬프트 엔지니어링**Prompt Engineering이라고 합니다. 초기에는 경험에 의존해 단순히 시도와 오류를 반복하며 프롬프트를 입력하는 것을 블라인드 프롬프팅Blind Prompting, 지시사항 작성에 집중하는 것을 프롬프트 라이팅Prompt Writing 등으로 구분해 지칭했습니다. 그러나 오늘날 프롬프트를 잘 설계하는 일은 인공지능을 활용하는 모든 분야에서 핵심 역량이 되었습니다. 이에 따라 다양한 프롬프팅 기술과 전략을 포괄하는 개념으로 프롬프트 엔지니어링이라는 용어가 자리를 잡았습니다.

프롬프트 엔지니어링은 LLM이 최적의 결과를 생성할 수 있도록 체계적으로 프롬프트를 작성하고, 다듬고, 최적화하는 전문적인 접근 방식을 의미합니다. 쉽게 말해 원하는 결과를 얻기 위해 질문을 효과적으로 작성하는 과정을 말하죠.

그러면 함께 프롬프트 엔지니어링을 진행해봅시다. 먼저 적당한 예제가 필요하겠네요. 곧 면접을 앞두고 있다고 가정해보죠. 챗GPT를 이용해 면접 준비를 하기로 마음먹었다고 생각해봅시다. 면접 예상 질문을 뽑아달라고 요청하려면 어떻게 질문하면 좋을까요?

면접 예상 질문을 알려주세요.

아주 간단하고 의도가 명확한 질문이네요. 꼭 챗GPT가 아니라도 요즘은 이렇게만 질문해도 웬만한 LLM들은 충분히 좋은 대답을 할 수 있습니다. 하지만 이런 식의 질문은 어떻게 답변할지 전혀 예상할 수 없습니다. 챗GPT의 대답이 내가 구직을 희망하는 분야의 답변이 아닐 수도 있겠네요. 만약 내가 IT 기업에 면접을 앞두고 있다면 좀 더 구체적으로 얘기해주는 게 좋습니다. 다음과 같이 말이죠.

IT 회사 면접에서 자주 나오는 예상 질문을 알려주세요.

이제 좀 더 유용한 답변을 받아볼 수 있을 거예요. 이처럼 약간의 맥락을 추가해주면 훨씬 더 적합한 답변을 기대할 수 있습니다. **맥락**Context 이란 LLM이 잘 답변할 수 있도록 추가 정보를 제공하는 것을 말합니다. 하지만 이런 유형의 질문은 결과의 일관성과 정확성을 보장하는 방법은 아닙니다. 그저 필요에 따라 일부 맥락을 더 추가해줬을 뿐이죠. 이번에는 다음과 같이 질문해봅시다.

> 소프트웨어 개발자 직무에 지원한 신입 지원자를 위한 기술 면접 질문 5개를 작성해주세요. 질문은 알고리즘, 자료구조, 프로그래밍 언어 등에 관한 것으로 하되 실제 업무 상황과 연관된 예시를 포함해서 얘기해주세요.

이쯤 되면 매우 구체적인 답변을 받아볼 수 있을 거예요. 실제로 면접 시에도 많은 도움이 될 거고요. 이런 식으로 대답의 일관성을 유지하게 할 수 있습니다. 이제 꼭 필요한 답변을 받을 수 있죠. 하지만 여전히 개선의 여지는 있습니다. 마지막으로 여러 요소를 고려해 아주 정교하게 작성해보겠습니다.

> 주니어 백엔드 개발자 포지션에 지원한 신입 지원자를 위한 기술 면접 질문과 모범 답안을 작성해주세요. 다음 조건을 충족해야 합니다.
>
> 총 5개의 질문과 답변 제공
> 질문 분야:
> 알고리즘(1개)
> 자료구조(1개)
> 데이터베이스(1개)
> 프로그래밍 언어(Java 또는 Python)(1개)

시스템 디자인 또는 아키텍처(1개)

각 질문은 실제 업무 상황과 연관된 예시를 포함할 것

답변은 신입 지원자 수준에 적합하게 작성

각 답변에는 추가 학습을 위한 키워드나 개념을 1~2개 포함

출력 형식:

질문 1: [알고리즘 관련 질문]

답변: [모범 답안]

추가 학습 키워드: [키워드]

질문 2: [자료구조 관련 질문]

답변: [모범 답안]

추가 학습 키워드: [키워드]

(이하 동일한 형식으로 질문 3~5개 제시)

면접 팁: [전반적인 면접 준비 조언 2~3개 제시]

프롬프트가 매우 길고 자세하죠? 뭔가 대단해 보이지만 하나씩 천천히 살펴보면 전혀 어려운 내용은 아닙니다. LLM이 어떻게 답변해야 하는지를 매우 구체적이고 명확하게 기술했을 뿐이죠.

이렇게 하면 우리에게 꼭 맞는 답변을 기대할 수 있습니다. 실제로 클로드는 이 질문에 대해 다음과 같은 모범 답안을 출력해줬습니다.

주니어 백엔드 개발자 기술 면접 질문 및 모범 답안

질문 1: 알고리즘

Q: 사용자 로그 데이터에서 최근 24시간 동안 가장 많이 접속한 상위 10개의 IP 주소를 찾아야 합니다. 어떤 알고리즘을 사용하여 이 문제를 해결하시겠습니까?

A: 이 문제는 다음과 같은 단계로 해결할 수 있습니다:

1. HashMap을 사용하여 각 IP 주소별 접속 횟수를 카운팅합니다.

2. PriorityQueue(힙)을 사용하여 상위 10개의 IP 주소를 추적합니다.

3. 시간 복잡도는 N개의 로그에 대해 O(N log 10)이 됩니다.

추가 학습 키워드: 힙 정렬(Heap Sort), 카운팅 정렬(Counting Sort)

질문 2: 자료구조

Q: 실시간 주문 시스템에서 주문을 처리하는 큐(Queue)를 구현해야 합니다. 어떤 자료구조를 선택하고 왜 그렇게 선택했는지 설명해 주세요.

A: LinkedList를 기반으로 한 Queue를 선택하겠습니다. 그 이유는:

- FIFO(First-In-First-Out) 특성으로 주문을 순서대로 처리할 수 있습니다.

- 새로운 주문 추가(enqueue)와 처리 완료된 주문 제거(dequeue)가 O(1)의 시간 복잡도를 가집니다.

- 메모리 사용이 동적으로 조절됩니다.

추가 학습 키워드: 블로킹 큐(Blocking Queue), 메시지 큐(Message Queue)

질문 3: 데이터베이스

Q: 온라인 쇼핑몰에서 상품 재고를 관리할 때 동시에 여러 사용자가 같은 상품을 구매하려고 할 경우 발생할 수 있는 문제와 해결 방안을 설명해주세요.

A: 이는 동시성 문제로 다음과 같이 해결할 수 있습니다:

- 데이터베이스 트랜잭션 격리 수준을 REPEATABLE READ 이상으로 설정합니다.
- SELECT … FOR UPDATE 구문을 사용하여 재고 조회 시 행 단위 잠금을 겁니다.
- 재고 업데이트는 원자적 연산으로 처리합니다: UPDATE products SET stock = stock - 1 WHERE id = ? AND stock > 0

추가 학습 키워드: ACID 속성, 트랜잭션 격리 수준

질문 4: 프로그래밍 언어(Java)

Q: 자바에서 메모리 누수가 발생할 수 있는 상황과 이를 예방하는 방법에 대해 설명해주세요.

A: 메모리 누수는 다음과 같은 상황에서 발생할 수 있습니다:

- 정적 컬렉션에 객체를 계속 추가만 하고 제거하지 않는 경우
- 커넥션 풀이나 스트림을 properly close하지 않는 경우 예방 방법:
  - try-with-resources 구문 사용
  - WeakReference 활용
  - 컬렉션 사용 후 clear() 메서드 호출

추가 학습 키워드: 가비지 컬렉션, WeakReference

질문 5: 시스템 디자인

Q: 간단한 URL 단축 서비스를 설계해야 합니다. 주요 기능과 기본적인 아키텍처를 설명해주세요.

A: 기본적인 설계는 다음과 같습니다:

- RESTful API로 긴 URL을 입력받아 짧은 URL 생성
- 해시 함수를 사용하여 긴 URL을 짧은 문자열로 변환
- 데이터베이스에 원본 URL과 단축 URL 매핑 저장
- 캐시(Redis 등)를 사용하여 자주 접근하는 URL의 조회 성능 개선
- 로드 밸런서를 통한 트래픽 분산

추가 학습 키워드: 일관성 해시(Consistent Hashing), 캐시 전략

면접 팁

1. 이론적인 답변보다는 실제 문제 해결 경험이나 프로젝트에서 적용해본 사례를 함께 설명하면 좋습니다.

2. 모르는 부분이 있다면 솔직히 인정하고 본인이 알고 있는 범위 내에서 접근 방식을 설명하세요.

3. 답변 시 항상 시간 복잡도와 공간 복잡도를 고려하여 설명하면 좋은 인상을 줄 수 있습니다.

상당히 마음에 드는 답변이네요. 이처럼 프롬프트 엔지니어링 과정을 통해 LLM의 출력을 제어하고, 원하는 형태로 구체적인 정보를 얻을 수 있었습니다. 프롬프트를 자세히 살펴보면 다음과 같이 다양한 요소를 고려한 것을 확인할 수 있습니다.

- 구체적인 직무 명시: 주니어 백엔드 개발자
- 질문의 수와 분야를 상세히 지정
- 실제 업무와 연관성 요구
- 답변 수준 지정: 신입 지원자 수준
- 추가 학습 키워드 요청
- 구조화된 출력 형식 제공
- 면접 팁 요청

상세한 지시사항은 LLM이 더 유용하고 실용적인 정보를 제공할 수 있도록 가이드합니다. 이처럼 조건에 맞는 적절한 프롬프트 엔지니어링을 통해 LLM의 응답을 효과적으로 이끌어낼 수 있죠.

그리고 이런 일을 하는 프롬프트 엔지니어는 요즘 가장 떠오르는 직업군이기도 합니다. 실무에서 높은 활용도를 보이고 있다는 점에서, 또 서점에 진열된 챗GPT 관련 책 대부분이 프롬프트 엔지니어링을 다루고 있다는 점에서도 그 인기를 실감할 수 있죠.

실제로 해외에서는 프롬프트 엔지니어가 큰 주목을 받고 있습니다. 오픈AI의 경쟁사로 주목받고 있는 앤트로픽은 프롬프트 엔지니어를 채용하면서 무려 37만 달러의 연봉을 제시한 바 있습니다. 우리 돈으로 5억 원이 훌쩍 넘는 금액이죠. 우리나라도 다르지 않습니다. 인공지능 스타트업 뤼튼은 프롬프트 엔지니어를 공개 채용하며 기본 연봉 1억 원을 제시한 바 있죠.

물론 프롬프트 엔지니어라는 직업이 과거 정보검색사처럼 잠깐 반짝하다 사라질 직업일지도 모른다는 우려도 있습니다. 실제로 1990년대 후반, 인터넷이 급성장하면서 '인터넷 정보검색사'가 유망한 직종으로 각광받던 시절이 있었습니다. 당시 등장한 같은 이름의 '인터넷 정보검색사'라는 자격증도 인기가 있었죠. 하지만 이 자격증은 인터넷 초창기에는 유용했을지 몰라도 시간이 지나면서 급격히 가치가 떨어졌습니다. 구글 같은 검색엔진의 기능이 강력해지고 정보검색의 전문성 또한 약화되면서 실질적으로 활용도가 떨어진 것입니다. 이제는 누구나 검색이 일상화된 시대에 살고 있으며, 검색은 굳이 자격증이 없어도 모두가 사용하는 보편적인 기술이 됐습니다. 실제로 한 취업포털 사이트의 조사에 따르면 취득을 가장 후회하는 자격증으로 인터넷정보검색사가 꼽히기도 했습니다. 결국 이 자격증은 인기가 점점 떨어지면서 2022년을 끝으로 폐지됩니다.

프롬프트 엔지니어도 지금은 높은 인기를 누리며 큰 주목을 받고 있습니다. 하지만 결국 LLM이 점점 더 좋아지면 인터넷정보검색사처럼 앞으로 필요 없는 기술이 되지 않을지 많은 사람이 우려하고 있기도 합니다.

예시를 보여주면 더 좋은 결과를 보여드립니다

좀 더 좋은 답변을 얻기 위해서는 어떻게 해야 할까요?

　먼저 어떠한 예시도 없이 즉시 추론을 수행하는 경우를 **제로샷**Zero-Shot이라고 합니다. 앞서 우리가 시도했던 "IT 회사 면접에서 자주 나오는 예상 질문을 알려주세요."라는 질문이 바로 제로샷 프롬프트죠. 프롬프트에 아무런 예시도 제공하지 않았습니다. 물론 이렇게만 해도 LLM은 기존에 학습된 풍부한 지식을 바탕으로 가급적 열심히 답변하려고 노력합니다. 하지만 참조할 수 있는 정보가 아무것도 없다 보니 아무래도 한계가 있죠. 그래서 우리는 앞서 프롬프트 엔지니어링을 거쳐 구체적이고 상세한 프롬프트를 입력한 바 있습니다. 그렇다면 이번에는 조금 다른 형태의 프롬프트를 한번 살펴보겠습니다.

　　동물의 서식지를 얘기해주세요.

　　동물: 펭귄

　　서식지:

　이런 질문에 LLM은 어떻게 대답할까요? 펭귄의 서식지를 얘기하라는 것 같은데 어떻게 답변해야 할지 결정하기가 쉽지 않아 보입니다. 한 문장으로 해야 할지 아니면 여러 문장으로 해야 할지, 문장의 길이는 어느 정도나 되어야 할지 어느 정도로 구체적으로 설명해야 할지 고민하게 될 겁니다. 사람도 마찬가지입니다. 이 질문에 어떻게 답변해야 할까요? 만약 질문에 좀 더 구체적인 맥락을 제공해준다면

어떨까요? 다음과 같이 말이죠.

> 동물의 서식지를 한 문장으로 얘기해주세요.
> 동물: 펭귄
> 서식지:

이제 '한 문장으로' 얘기해 달라는 맥락이 추가됐습니다. 맥락이란 LLM이 잘 답변할 수 있도록 추가 정보를 제공하는 것을 말한다고 앞서 설명했습니다. 한 문장으로 얘기해 달라는 추가 정보를 제공했으니 아마 다음과 같이 잘 대답할 거예요.

> 서식지: 남극과 남반구의 차가운 해안 지역 및 일부 아열대 섬에 서식
> 합니다.

훌륭합니다. 맥락을 제공하는 정도로도 충분히 좋은 결과를 얻을 수 있었네요. 그렇다면 좀 더 원하는 형태로 답변하게 해보죠. 만약 예시를 하나 제공해준다면 어떨까요? 모범 답변을 미리 제시해준다면 아마 다음과 같이 더 정확하게 따라 할 수 있지 않을까요?

동물의 서식지를 한 문장으로 얘기해주세요.

동물: 코끼리

서식지: 코끼리는 아프리카와 아시아의 열대 및 아열대 지역에 서식합니다.

동물: 펭귄

서식지:

이제 예시가 있으니 답변하기가 한결 더 수월하겠죠? 예시에 제시한 모범 답변처럼 먼저 동물의 이름을 말한 뒤 그 동물이 속한 대륙명, 기후대 정도를 한 문장으로 설명하게 될 겁니다. 이 방식이 바로 **원샷**One-Shot입니다. 예시를 하나 제공했다는 의미로 이렇게 부릅니다. 만약 예시를 두 개 제공한다면 투샷이겠죠? 세 개라면 쓰리샷이 될 것이고요. 커피에 에스프레소 샷을 추가하면 맛이 진해지고 풍미가 깊어지는 것과 마찬가지로, 예시를 하나가 아니라 여러 개 제공하면 성능이 더욱 향상됩니다. 보통은 두 개 이상인 경우 이렇게 매번 숫자를 붙이기보다는 뭉뚱그려서 **퓨샷**Few-Shot이라고 부릅니다.

그렇다면 앞서의 질문을 퓨샷 프롬프트로 만들어보죠.

동물의 서식지를 한 문장으로 얘기해주세요.

동물: 코끼리

서식지: 코끼리는 아프리카와 아시아의 열대 및 아열대 지역에 서식합니다.

동물: 독수리

서식지: 독수리는 북아메리카의 산악 지대와 해안가에 서식합니다.

동물: 펭귄

서식지:

이번에는 예시를 두 가지나 제시했으니 답변하기가 훨씬 더 수월할 겁니다. 이 방식이 바로 퓨샷 프롬프트입니다. 어렵지 않죠? 그리고 이렇게만 해도 훨씬 더 일관된 답변을 기대할 수 있습니다. 그뿐 아니라 예시를 제공하면 LLM이 훨씬 더 정확하게 대답합니다. 만약 예시가 없다면 LLM이 엉뚱한 대답을 할 수도 있을 겁니다. 물론 요즘에 나온 LLM은 기본적으로 성능이 워낙 좋습니다만, 어쨌든 퓨샷을 제공하면 훨씬 더 정확한 대답을 기대할 수 있습니다. 돌이켜 보면 사람도 비슷합니다. 학창 시절에 수학 문제를 풀던 기억을 떠올려봅시다. 모범 답안을 한번 쓰윽 읽고 나면 그다음 문제는 훨씬 더 잘 풀었던 경험이 있지 않나요?

LLM에 관한 뉴스나 블로그에서 '퓨샷으로 평가한 결과…'라는 문장이 등장한다면 '아, 예시를 몇 개 제시했다는 얘기구나'라고 이해하면 됩니다. 퓨샷으로 평가하면 대개는 제로샷으로 평가할 때보다 성능이 훨씬 더 좋아집니다.

생각의 사슬, 복잡한 문제를 단계적으로 풀기

생각의 사슬 Chain of Thought, CoT은 LLM의 추론 능력을 향상시키는 대표적인 기법 중 하나입니다. 얼핏 보면 이름이 좀 어려워 보이는데, 원래 이 개념의 기원은 17세기까지 거슬러 올라갑니다. 당시 정치철학자 토머스 홉스Thomas Hobbes, 1588~1679는 생각의 흐름Train Of Thought이라는 용어를 처음 사용했는데, 이는 인간의 사고 과정을 자연스러운 흐름에 비유한 것이었습니다.

현대에서는 Train이라는 단어가 기차라는 뜻으로 쓰이는데, '흐름', '연속된 것', '길게 끌리는 것'을 의미하던 중세 영어가 기차를 뜻하는 단어가 된 겁니다. 즉 생각의 흐름이란 인간 사고의 과정이 다음 생각으로 자연스럽게 길게 이어지며 흐른다는 걸 의미하죠. 이처럼 사고 과정에서 연속성은 매우 중요합니다. "전화가 울려서 생각의 흐름이 끊겼다."라는 표현에서 볼 수 있듯이, 사고의 흐름이 방해를 받으면 전체 사고 과정이 중단될 수도 있죠.

LLM에서도 이와 유사한 개념을 '생각의 사슬'이라는 이름으로 의미를 확장해 도입했습니다. 인간의 사고 과정에서 생각의 흐름이 중요하듯이, LLM도 답변을 잘하기 위해서는 생각의 사슬이 중요하다는 것이죠.

이 기법은 복잡한 문제를 해결할 때 추론 과정을 개선하는 데 사용합니다. 단순히 최종 답변만 제시하는 게 아니라, 중간 단계의 추론 과정을 명확하게 제시해서 답변의 정확도를 높이는 데 도움을 주는 것이죠. 인간의 사고 과정이 자연스럽게 이어지는 것처럼 LLM의 추론 과정이 자연스럽게 이어지도록 구체적으로 도움을 주는 기법입니다. 특히 복잡한 논리나 추론 작업에서 LLM의 성능을 크게 향상시키는 것으로 알려져 있습니다.

LLM은 원래 수학 계산 문제에는 매우 취약합니다. 이는 LLM의 동작 원리를 떠올려보면 금방 이해할 수 있는데요, 곱셈 같은 단순한 산수만 해도 엄밀한 규칙이 있습니다. 각 자릿수마다 차례대로 값을 구하고 결과를 적절한 자리에 맞춰 쓴 다음, 최종적으로 모든 부분의 곱셈 결과를 더하여 결과를 도출해내는 규칙 말이죠. 하지만 LLM은 이런 규칙을 전혀 모릅니다. 왜냐하면 LLM은 본질적으로 대규모 텍스트 데이터를 기반으로 학습된 패턴을 인식하는 확률 모델일 뿐이기 때문이죠. 수학적 연산을 수행하는 알고리즘은 별도로 내장하고 있지 않습니다. 그저 주어진 입력에 대해 가장 가능성이 높은 출력을 생성하는 방식으로 작동할 뿐이죠.

이는 마치 수학을 외워서 풀이하는 것과 유사합니다. 물론 그런 식으로 수학을 해도 공부를 많이 하면 웬만큼은 정답을 맞힐 수 있죠. 사실 사람도 마찬가지입니다. 제 친구 중에는 학창 시절에 수학이 도저히 이해가 가지 않는다며 그냥 모조리 암기해서 서울대에 간 친구가 있으니까요. 이와 비슷하게 LLM은 단순한 곱셈의 원리조차 이해하지 못합니다. 하지만 암기는 누구보다도 잘합니다. 그리고 암기한 패턴을 바탕으로 수학 문제를 풀이해나가죠. 그런데 수학적 연산은 정확하고 일관된 결과를 요구합니다. LLM은 조금만 패턴이 달라져도 완전히 엉뚱한 답을 제시할 수 있기 때문에 수학 문제를 풀이하는 데는 적합하지 않습니다.

이처럼 수학을 못하는 LLM에 더 잘할 수 있도록 도움을 주는 기법이 바로 생각의 사슬입니다. 수학 외에도 비슷한 방식으로 동작하는 상식 추론, 기호적 추론 등에도 생각의 사슬이 큰 역할을 하죠. 그렇다면 어떤 방식으로 동작하는지 프롬프트를 한번 살펴보겠습니다. 먼저 기본 프롬프트입니다.

> 질문: 철수와 영희가 달리기 시합을 했습니다. 철수는 30분 만에 골인했습니다. 영희는 철수보다 4배 더 오래 걸렸습니다. 그렇다면 영희는 몇 시간 만에 골인했을까요?
>
> 정답:

이런 수학 문제는 LLM이 풀기 어렵습니다. 물론 지금은 LLM의 성능이 워낙 좋아져서 이 정도 쉬운 문제는 대부분 어렵지 않게 풀이하지만 원래는 매우 까다로운 유형의 문제였죠. 그렇다면 앞서 살펴본 원샷 프롬프트를 사용한다면 어떨까요? 다음과 같이 말이죠.

> 질문: 철수와 영희가 달리기 시합을 했습니다. 철수는 20분 만에 골인했습니다. 영희는 철수보다 3배 더 오래 걸렸습니다. 그렇다면 영희는 몇 시간 만에 골인했을까요?

정답: 1시간

질문: 철수와 영희가 달리기 시합을 했습니다. 철수는 30분 만에 골인했습니다. 영희는 철수보다 4배 더 오래 걸렸습니다. 그렇다면 영희는 몇 시간 만에 골인했을까요?

정답:

예시를 하나 든 원샷 프롬프트입니다. 하지만 문제를 풀이하는 데는 별 도움이 되지 않습니다. 예시를 2~3개 정도 제시하는 퓨샷 프롬프트도 마찬가지입니다. 수학은 풀이 과정이 중요하지 정답이 중요한 건 아니니까요. 그저 답을 제시하는 방식으로는 문제를 풀이하는 데 아무런 도움이 되지 않습니다. 그렇다면 이번에는 생각의 사슬을 활용해보죠. 앞서 중간 추론 단계를 명시한다고 했던 거 기억하시죠? 다음과 같이 풀이 과정을 상세하게 제시하면 됩니다.

질문: 철수와 영희가 달리기 시합을 했습니다. 철수는 20분 만에 골인했습니다. 영희는 철수보다 3배 더 오래 걸렸습니다. 그렇다면 영희는 몇 시간 만에 골인했을까요?

정답: 영희가 골인하는 데 걸린 시간은 20×3 = 60분이었습니다. 영희는 60÷60 = 1시간 만에 골인했습니다. 따라서 정답은 1시간입니다.

질문: 철수와 영희가 달리기 시합을 했습니다. 철수는 30분 만에 골인했습니다. 영희는 철수보다 4배 더 오래 걸렸습니다. 그렇다면 영희는 몇 시간 만에 골인했을까요?

정답:

중간 계산 과정을 명확하게 명시했습니다. 정답을 구하는 수식도 기입해서 LLM이 만약 저 정도 수식을 암기하고 있다면 계산 결과를 직접 활용할 수 있도록 가이드했습니다.

이처럼 생각의 사슬은 LLM이 최종 답변에 도달하기까지 중간 추론 단계를 명시적으로 보여줌으로써 추론 과정을 더 투명하고 이해하기 쉽게 만듭니다. 무엇보다 LLM이 정확하게 정답을 도출할 수 있도록 도움을 줍니다. 게다가 정답이 틀리더라도 사람이 중간 단계를 확인할 수 있으니 오류를 발견하고 수정하기에도 쉽습니다.

이처럼 단계적 추론을 유도해 복잡한 문제의 정확도를 높이는 방법을 '생각의 사슬'이라고 합니다. 대개는 영어 약어인 CoT로 짧게 줄여서 부릅니다. LLM을 얘기할 때 거의 매번 빠짐없이 등장하는 개념이니 이 용어는 꼭 익혀두세요.

생각의 사슬은 정답을 가이드하기 위한 예시를 제공하는 형태로 활용되기 때문에 항상 퓨샷일 것 같습니다. 굳이 언급하지 않으면 항상 퓨샷 CoT가 되죠. 그런데 그렇지 않은 것도 있습니다. 이를 **제로샷 CoT**라고 합니다. 도쿄대 연구원들이 구글과 공동 연구를 통해 찾아낸 방법이죠. CoT는 반드시 예시를 제시해야 하는데요, 그렇다면 제로샷 CoT는 대체 어떤 형태를 얘기할까요?

놀랍게도 질문 마지막에 단순히 "자, 단계별로 천천히 생각해봅시다."같은 구문을 추가하는 걸 말합니다. 이렇게만 하면 LLM이 정말로 단계별로 천천히 추론해서 정답을 도출하죠. 영어로는 "Let's think step by step." 같은 식으로 얘기하면 됩니다. 예시를 전혀 제시하지 않고 단순히 지시만 했기 때문에 '제로샷'입니다. 앞서 철수와 영희의

마라톤 시합 질문에 이 구문을 한번 붙여보죠. 다음과 같이 말이죠.

> 철수와 영희가 달리기 시합을 했습니다. 철수는 30분 만에 골인했습
> 니다. 영희는 철수보다 4배 더 오래 걸렸습니다. 그렇다면 영희는 몇
> 시간 만에 골인했을까요? 자, 단계별로 천천히 생각해봅시다.

이렇게 하면 훨씬 더 정확하고 풍부한 답변을 얻을 수 있습니다.
단순히 "자, 단계별로 천천히 생각해봅시다."라는 말 한마디로 정확
한 결과를 얻을 수 있다니 정말 놀라운 일이죠? "말 한마디에 천 냥
빚을 갚는다."라는 우리 속담이 떠오르는 대목입니다.

그렇다면 생각의 사슬은 왜 잘 동작할까요? 단계적 추론 과정을 제
시했다거나 단순히 "자, 단계별로 천천히 생각해봅시다."라는 얘기를
했다고 해서 LLM이 잘 알아듣는 게 신기하지 않나요?

생각의 사슬이 잘 동작하는 이유에는 여러 요인이 복합적으로 작
용하지만 크게 두 가지 요인을 꼽을 수 있습니다.

첫 번째는 사람의 문제 해결 방식과 유사한 단계별 사고 과정을 모
방하기 때문입니다. 생각의 사슬은 LLM이 복잡한 문제를 더 작고 관

리하기 쉬운 부분으로 나눠서 처리하게 합니다. 이 개념은 컴퓨터 과학에서도 일상적으로 쓰입니다. 복잡한 문제를 접했을 때 훨씬 더 작은 문제로 분해하여 풀이하기 쉽도록 만들곤 하죠. 아무리 어렵고 복잡한 문제라도 단계별로 나눠서 하나씩 처리하다 보면 어느새 문제가 해결되는 경험은 다들 한 번씩 갖고 있지 않나요?

두 번째는 중간 추론 단계를 명시적으로 표현하기 때문입니다. LLM은 각 단계에서 정확한 판단을 내릴 수 있고, 오류가 발생하더라도 그 지점을 파악하고 수정하기가 훨씬 더 쉽습니다.

이외에 흥미로운 연구도 있습니다. 매개변수가 1,000억 개 이상 되는 모델은 창발성(느닷없이 나타나는 능력)이 생긴다는 연구가 대표적이죠. 이 정도 크기가 되면 마치 LLM이 스스로 추론하는 것 같은 새로운 능력을 갖게 되고 생각의 사슬이 잘 통한다는 겁니다. 제3장 스케일링 법칙에서 살펴봤던 것처럼 모델이 클수록 더 잘 이해하고 따르게 되면서 이런 능력이 더욱 두드러지죠. 특히 요즘은 LLM의 성능이 점점 더 좋아지고 있어 이렇게 창발성을 보이는 매개변수의 임곗값도 점점 더 낮아지는 추세입니다.

RAG, 검색으로 성능을 높이는 마법

지금까지 퓨샷과 생각의 사슬을 이용하는 중요한 프롬프트 유형을 몇 가지 살펴봤습니다.

잠깐, LLM의 생성 방식을 다시 한번 떠올려봅시다. LLM이 문장을 생성하는 과정은 마치 꿈을 꾸는 것과 비슷하다고 했습니다. 이런 과정에서 제대로 된 정보를 얻기란 결코 쉬운 일이 아니죠. 생각해보세요. 아련한 추억 속에서 무언가를 떠올리려 애쓰는 모습을. 게다가 정확해야 합니다. 물론 LLM은 꿈속에서도 대답을 잘하기 위해 나름대로 최선을 다하지만 그러다 보면 엉뚱한 정보를 정답처럼 얘기할 때가 있죠. 이런 상황이 바로 할루시네이션입니다. 제1장에서 이미 설명했습니다.

할루시네이션을 막기 위해서는 정확한 정보를 제공해줄 필요가 있습니다. 제대로 된 정보를 제공하면 LLM은 이 정보를 참조하여 올바른 대답을 생성할 수 있거든요. 프롬프트 상단에 신뢰할 수 있는 외부 소스를 참조해 정보를 제공해주면 됩니다.

바로 예시를 들어보죠. 다음과 같이 질문해봅시다.

어제 엔비디아 주가는 얼마로 마감했나요?

이런 질문에 LLM이 답변할 수 있을까요?

할 수 없습니다. LLM은 실시간으로 새로운 정보를 학습하는 모델이 아닙니다. 대개는 6개월 또는 1년 전 데이터를 이용해 상당히 오랜 기간 학습해 만들어내죠. 말은 잘하지만 새로운 소식에는 둔감한 친구입니다. 마치 학창시절 전교 1등이지만 뉴스는 전혀 안 보던 친구와 비슷하죠. 아무리 전교 1등이어도 최근 경제 뉴스를 보지 않는다면 어제 주가는 결코 알 수가 없겠죠. 그렇다면 LLM이 이런 질문에 대답하게 하려면 어떻게 해야 할까요? 만약 다음과 같이 상단에 필요한 정보를 제시해주면 어떨까요?

> 오늘은 2024년 8월 8일입니다.
> 어제는 2024년 8월 7일입니다.
> 2024년 8월 7일 엔비디아 98.91달러 마감
>
> 위 내용을 바탕으로 다음 질문에 대답해주세요.
> 어제 엔비디아 주가는 얼마로 마감했나요?

이제 LLM이 쉽게 답할 수 있을 것 같네요. 왜냐하면 대답에 필요한 정보가 상단에 이미 제시되어 있기 때문이죠. 아마 다음과 같이 답할 거예요.

> 어제, 2024년 8월 7일에 엔비디아 주가는 98.91달러로 마감했습니다.

바로 위에 정답이 나와 있기 때문에 이 정도 질문은 초등학생도 답변할 수 있겠네요. 필요한 건 상단에 정보를 채우는 일밖에 없습니다.

그렇다면 정보는 어떻게 채울까요? 어렵게 생각할 필요 없습니다. 그냥 검색해서 내용을 채우면 됩니다. 오늘 날짜(8월 8일)와 어제 날짜(8월 7일)를 제시하고 어제 날짜(8월 7일)의 엔비디아의 주가를 검색해서 제시하면 됩니다. 검색엔진은 8월 7일의 엔비디아 주가 정도는 어렵지 않게 찾아올 수 있겠죠?

이 기법의 이름은 **RAG**입니다. 우리 말로 하면 '검색 증강 생성' 정도가 되겠네요. 검색의 도움을 받아 내용을 보완하고 이를 통해 LLM의 생성 능력을 증강시킨다는 말이죠. 외부 검색이라면 검색엔진은 구글을 사용해도 충분합니다. 주가 정보처럼 공개된 외부 정보라면 오히려 구글만 한 게 없죠.

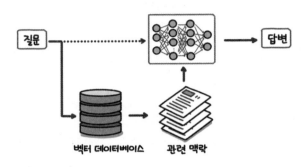

하지만 대개는 벡터 데이터베이스Vector Database 같은 별도 솔루션을 사용합니다. 회사 내부의 사내 자료 등을 검색할 때 이런 솔루션을 활용하죠. 벡터 데이터베이스가 무엇인지는 바로 다음 절에서 다시 설명하겠습니다.

무엇보다 RAG는 LLM의 고질적인 문제인 할루시네이션을 방지한다는 점에서 크게 주목받고 있습니다. 답변 자체가 실제로 추출한 관련 데이터에 기반하기 때문에 정확성이 높죠. 그뿐만 아니라 데이터만 있으면 되므로 언제든지 최신 정보를 제시할 수 있으며, 이를 통해 LLM이 잘못된 정보나 오래된 정보를 생성할 가능성도 줄일 수 있습니다.

한번 만든 모델은 쉽게 변경할 수 없습니다. 하지만 RAG는 최신 정보를 프롬프트 형태로 주입만 하면 되기 때문에 언제든 정보를 변경할 수 있죠. 또한 정보의 출처를 관리하고 업데이트할 수 있어 생성된 응답의 내용과 맥락을 더 잘 제어할 수 있습니다. 민감한 정보나 사생활이 노출되지 않도록 제어하는 것도 가능합니다. 이처럼 RAG는 여러모로 장점이 많기 때문에 최근 LLM에 RAG는 거의 필수로 쓰이고 있습니다.

RAG가 인기를 끌자 아예 RAG를 유료 서비스로 제공하는 회사도 생겼습니다. 퍼플렉시티라는 서비스죠. 제4장에서 설명했던 LLM을 평가하는 지표와 같은 이름입니다. 퍼플렉시티는 RAG를 상업적으로 구현하여 검색을 통해 관련 정보를 채우고, LLM을 통해 답변하는 유료 서비스죠. 퍼플렉시티에 대해서는 제6장에서 더 자세히 살펴보겠습니다.

주[1]

챗GPT도 직접 RAG를 제공하기 시작했습니다. 챗GPT 검색이라는 이름으로 2024년 10월부터 제공하기 시작했죠. 하단에 검색 버튼을 누르고 질문하면 관련 정보를 직접 검색하고 그 정보를 이용해 응답합니다. 당연히 검색된 정보를 활용하기 때문에 훨씬 더 신뢰할 수 있는 답변을 제공합니다. 초기에는 유료 사용자만 이 기능을 쓸 수 있었으나 2025년 2월부터는 가입하지 않아도 사용할 수 있게끔 서비스를 완전히 개방했습니다. 구글처럼 아무나 무료로 사용할 수 있도록 열어버렸죠.

퍼플렉시티가 RAG를 구현하며 유료로 서비스를 한 것과 달리 챗GPT는 검색 서비스를 완전히 개방했습니다. 그렇다면 RAG를 직접 만들 수는 없을까요?

있습니다. RAG를 직접 구축할 수 있도록 지원하는 무료 프레임워크가 있죠. 그중 가장 유명한 제품은 **랭체인**LangChain입니다. 랭체인은 LLM을 활용해 RAG를 손쉽게 개발할 수 있도록 외부 데이터 소스, API, 다양한 외부 환경과 연결하는 작업 등을 하나의 블록처럼 두고 마치 레고처럼 조립해서 서비스를 구성할 수 있게 해주는 프레임워크입니다.

레고에서 블록을 갈아 끼우면 전혀 다른 결과를 만들 수 있듯이 챗

GPT 대신 클로드를 쓰거나 또는 오픈소스 LLM도 자유롭게 바꿔 사용할 수 있습니다. 마음에 드는 제품을 원하는 대로 골라서 사용할수 있죠. 마치 레고를 조립하면서 빨간색 블록으로 조립했다가 마음에 들지 않으면 파란색 블록으로 바꿔 끼울 수 있는 것처럼 말이죠. 게다가 복잡한 작업을 중간에서 단순화해주고, LLM 외에도 다양한 외부 데이터 소스와 연결해줍니다. 이외에도 메모리 관리 기능이 있어서 중간 정보는 별도로 기억할 수 있고, 프롬프트 템플릿을 따로 관리할 수도 있습니다. 이처럼 다양하고 편리한 기능을 제공하기 때문에 랭체인은 기업에서 RAG를 구현할 때 필수로 쓰는 프레임워크이기도 합니다.

벡터 데이터베이스,
LLM의 성능을 높이는 또 다른 기술

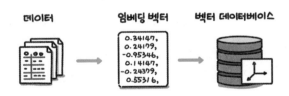

앞서 **벡터 데이터베이스**Vector Database라는 새로운 용어를 잠깐 소개했었죠. 이게 과연 무엇일까요? 단어를 하나씩 뜯어봅시다. 먼저 제3장에서 살펴봤던 임베딩이 무엇인지 기억나나요? 단어의 특징을 컴퓨터가 계산할 수 있도록 숫자로 표현하는 과정을 임베딩이라고 했죠.

예를 들어 사과는 [0.2, 0.1, 1.0], 자동차는 [0.8, 0.9, 0.0]과 같은 식으로 각각의 특징을 숫자로 나타낸 것을 말합니다. 이 숫자들을 컴퓨터 과학에서는 벡터라고 합니다. 즉 벡터란 순서가 있는 숫자의 모음이죠. 그렇다면 데이터베이스는 뭘까요? 이건 워낙 자주 쓰이는 용어이니 대부분 잘 알고 계실 것 같습니다. 데이터베이스는 수많은 데이터를 통합하여 안전하게 관리하는 시스템을 말합니다. 카카오의 회원 데이터, 배달의민족의 주문 데이터, 쿠팡의 상품 데이터 등 이 모든 수많은 데이터는 저마다 각자의 데이터베이스에 보관되어 있습니다. 그렇다면 이 둘을 합친 벡터 데이터베이스는 무엇을 의미할까요? 벡터 데이터베이스란 벡터 형태의 데이터를 저장하고 관리하는 시스템을 말합니다. 그러니까 데이터를 임베딩 벡터로, 즉 숫자로 모두 변환한 다음에 이 값을 저장해두는 시스템을 말하는 겁니다.

그렇다면 왜 굳이 숫자로 바꿔서 저장할까요? 그건 바로 검색을 위해서입니다. 예를 들어보죠. 어떤 프롬프트가 입력되면 그 프롬프트에 해당하는 임베딩을 추출합니다. 똑같이 숫자로 변환하는 거죠. 그리고 이 값과 가장 유사한 값을 벡터 데이터베이스에서 추출합니다. 그렇게 검색을 하죠.

좀 더 구체적인 예를 들어보겠습니다. "제일제당이 1995년에 드림웍스에 투자한 금액은 얼마인가요?"라는 질문이 들어왔다고 해보죠. 꽤 오래전 정보이고 구체적인 금액을 묻는 프롬프트라 아무리 똑똑한 LLM이라도 정확히 답변하기는 꽤 어려운 질문입니다.

그렇다면 이런 질문에 RAG는 과연 정확한 답변을 할 수 있을까요? 먼저 여러 단계를 거쳐 이 프롬프트를 [0.3, 0.24, 0.7] 같은

벡터로 변환합니다. 이 값은 질문의 의미를 가장 잘 나타내는 숫자의 모음이죠. 그리고 벡터 데이터베이스에서 가장 가까운 값을 찾아봅니다. 마침 [0.27, 0.24, 0.71]이라는 값이 있네요. 이 값을 조회해 봤더니 "삼성그룹의 계열사였으나 1993년, 분리 독립을 선언한 식료품 제조업체인 제일제당이 1995년 4월 28일, 3억 달러를 드림웍스에 투자하면서 미국에 본사를 두고 있는 드림웍스 SKG의 최대주주로 등극함과 동시에 공동투자 출자에 참여하면서, 드림웍스 단독 제작 영화에 관한 한국 배급권 계약을 체결했다."라는 문서가 있습니다. 출처는 위키백과네요. 이제 이 내용을 프롬프트 위에 덧붙이고 LLM이 이 데이터를 기반으로 답변을 생성하도록 유도하면 됩니다. 다음과 같이 말이죠.

삼성그룹의 계열사였으나 1993년, 분리 독립을 선언한 식료품 제조업체인 제일제당이 1995년 4월 28일, 3억 달러를 드림웍스에 투자하면서 미국에 본사를 두고 있는 드림웍스 SKG의 최대주주로 등극함과 동시에 공동투자 출자에 참여하면서, 드림웍스 단독 제작영화에 관한 한국 배급권 계약을 체결했다.

출처: 위키백과

제일제당이 1995년에 드림웍스에 투자한 금액은 얼마인가요?

이제 LLM은 다음과 같이 대답합니다.

제일제당이 1995년 4월 28일에 드림웍스에 투자한 금액은 3억 달러입니다.

이처럼 정확한 데이터를 제시하면 LLM은 쉽게 답변할 수 있죠. 물론 위키백과에 있는 공개 정보를 이용한 거라 더 똑똑한 LLM이라면 굳이 RAG가 아니라도 미리 위키백과를 열심히 학습해서 답변할 수는 있습니다. 하지만 공개된 데이터가 아니라 기업의 기밀 데이터라면 어떨까요? 그때는 얘기가 조금 달라지겠죠. 만약 "abc 작업은 우리 회사의 정보보안 정책에 위배되나요?"라는 질문이 있다면 반드시 사내 정보보안 정책 문서를 벡터 데이터베이스에 담아두고 RAG를 이용해야 제대로 된 답변을 얻을 수 있습니다. 사내 정보보안 정책 문서가 없다면 챗GPT든 클로드든 제아무리 똑똑한 LLM이라도 그냥은 절대 답변할 수 없겠죠.

여기까지가 바로 RAG의 과정입니다. 그리고 벡터 데이터베이스가 RAG에 쓰이는 것이죠. 결국 벡터 데이터베이스란 한 문장으로 정의하면 '단어나 문자의 특징을 숫자 벡터로 변환(임베딩)하여 저장하고 검색할 수 있는 데이터베이스 시스템'을 말합니다.

그런데 궁금한 게 있습니다. 그냥 구글 검색을 이용하면 안 되나요? 왜 굳이 벡터 데이터베이스를 사용할까요? 맞습니다. 이미 구글 검색은 충분히 훌륭하고, 대부분의 검색 요청에 제대로 된 정보를 찾아줍니다. 하지만 구글 검색을 쓰지 못하고 반드시 벡터 데이터베이스를 사용해야 하는 경우가 있죠. 기업의 기밀 데이터인 경우입니다. 이런 기밀 정보는 구글 검색으로 알아낼 수 없죠. 반드시 사내에 별도의 검색 시스템을 구축해야 합니다.

게다가 일반적인 검색 시스템은 RAG에 적합하지 않습니다. 검색엔진의 특성 때문인데요, 검색엔진은 반드시 해당 키워드가 포함되어 있는 문서를 찾습니다. 물론 좀 더 똑똑한 검색엔진들은 굳이 키워드가 일치하지 않아도 관련 문서를 찾아내기도 하지만, 기본적으로 검색엔진은 키워드에 일치하는 문서를 찾는 구조입니다. 그런데 벡터 데이터베이스는 내용을 수치화하고 이 숫자 값을 이용해 비슷

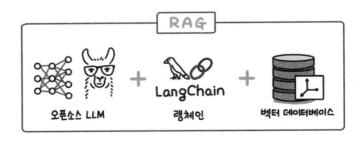

한 숫자를 찾는 형태이기 때문에 꼭 해당 키워드가 포함되어 있지 않아도 됩니다. 심지어 완전히 다른 내용도 찾을 수 있습니다. 이를 의미론적 검색Semantic Search이라고 합니다. 키워드가 일치하지 않더라도 의미가 비슷하기만 하면 문서를 찾아낼 수 있는 거죠. 그래서 RAG를 구현할 때는 검색엔진보다는 벡터 데이터베이스를 주로 사용합니다. 꼭 해당 키워드가 없어도 적당히 비슷한 내용을 추출하고 이를 통해 LLM이 잘 대답하도록 유도하는 거죠. 앞서 랭체인으로 RAG를 만든다고 했는데, 이때 벡터 데이터베이스가 항상 함께 따라다닌다고 보면 틀리지 않습니다. 만약 퍼플렉시티 같은 RAG 서비스를 사내에 구현한다면 오픈소스 LLM과 함께 랭체인, 벡터 데이터베이스가 항상 함께 사용되겠죠. 외부에 노출해선 안 되는 사내 기밀 정보를 이용하는 RAG는 대부분 이런 식으로 구현합니다.

　벡터 데이터베이스는 최근 가장 주목받고 있는 기술로 해외에는 파인콘Pinecone, 밀버스Milvus 같은 제품이 큰 인기를 끌고 있습니다. 이외에도 오래전부터 검색엔진으로 유명한 일래스틱서치Elasticsearch 같은 제품이 벡터 데이터베이스에 새롭게 도전하고 있죠. 당연히 모두 해외 제품인데, 국내 제품 중에서 이 시장에 도전하는 제품이 있습니다. 바로 제가 근무하고 있는 디노티시아에서 만든 씨홀스Seahorse 라는 제품입니다.[2] 해외 경쟁사에 뒤지지 않는 고성능 벡터 데이터베이스 제품일 뿐만 아니라 다른 회사의 제품과 비교되는 뚜렷한 차별점이 있습니다. 바로 독자적인 전용 칩을 함께 만든다는 점인데요. 대용량 데이터는 소프트웨어만으로 처리하기에는 속도 문제가 있습니다. 그래서 전용 칩을 만들어 속도 문제를 해결한 것이죠. 텍스트뿐 아니라 이미지, 동영상 같은 용량이 큰 데이터를 가속 칩을 이용해 매우 빠르게 처리할 수 있습니다. 이제 막 제품을 공개했고 아직 걸음마 단계지만 벡터 연산 전용 가속 칩을 탑재했기 때문에 다른 제품과는 차원이 다르게 빠른 처리 속도를 보여줍니다. 전용 칩으로 속도를 높인다는 새로운 컨셉이 시장에서 어떤 반응을 얻을지 기대됩니다.

고급 프롬프트 엔지니어링 기법을 소개하며

생각의 사슬에 이어 RAG까지, 답변의 품질을 높일 수 있는 다양한 프롬프트 엔지니어링 기법을 살펴봤습니다. 물론 프롬프트 엔지니어링은 이게 전부가 아닙니다. 훨씬 더 복잡하고 고도화된 다양한 기법이 존재하죠.

먼저 생각의 나무Tree Of Thought, ToT라는 기법이 있습니다. 이름에서 볼 수 있듯 생각의 사슬에서 확장된 개념입니다. 생각이 하나로 이어지는 게 아니라 여러 개의 경로를 마치 나무의 가지처럼 확장하며 해결하는 방식이죠. 즉 한 가지 방법만 따르지 않고 여러 가능성을 고려한 후 가장 적절한 답을 찾도록 유도하는 방식입니다. 여러 가능성을 탐색하고 최적의 답을 선택한다는 점에서 정확도를 많이 높일 수 있습니다. 하지만 이렇게 하면 그만큼 다양한 후보를 탐색해 봐야 하므로 시간이 오래 걸립니다. 그러니까 추론에 시간을 더 많이 할애하여 모델의 성능을 높인다고 볼 수 있죠.

이외에도 토론 프롬프팅Debate Prompting이라는 게 있습니다. 여러

LLM을 서로 다른 관점에서 논쟁하게 만든 후 이를 종합해 최적의 답을 도출하는 방식이죠. 한 LLM은 찬성 입장을, 다른 LLM은 반대 입장을 취한 후 마지막으로 이를 종합하여 결론을 내리는 방식입니다. 서로 반대 입장을 충분히 고려한다는 점에서 비교적 공평한 답, 최적의 답을 찾는 데 많은 도움이 됩니다. 하지만 답을 이끌어내기까지 토론하는 과정에서 많은 시간이 소요됩니다. 생각의 나무와 마찬가지로 추론에 시간을 많이 할애하여 모델의 성능을 높인다고 볼 수 있죠.

이외에도 '당신은 변호사입니다', '당신은 작가입니다'와 같이 역할극을 하는 것처럼 페르소나를 주입하고 관련성 높은 답변을 유도해내거나, 프롬프트에 형식을 지정하고 형식을 따르는 논리적인 답변을 유도하는 기법, 또는 마치 컴퓨터 프로그램처럼 실행 형식을 정의하고 실행 결과를 유도해내는 기법 등 다양한 고급 프롬프트 엔지니어링 기법이 존재합니다.

하지만 이 같은 고급 프롬프트 엔지니어링은 활용하기가 복잡할뿐더러 일부 기법은 최종 답변을 받는 데까지 응답 시간도 매우 오래 걸립니다. 즉시 응답을 받아야 하는 경우라면 이 같은 방식은 적절하지 않죠. 게다가 어렵고 복잡하기 때문에 좀처럼 응용하기가 쉽지 않습니다. 그래서 여기서는 굳이 구체적인 예시까지는 소개하지 않겠습니다.

사실 예시를 소개하지 않는 데는 조금 다른 이유가 있습니다.

오픈AI o1,
생각을 거듭할수록 더 좋은 결과를 제시하다

2024년 9월, 오픈AI는 새로운 모델을 공개합니다. o1이라는 이름이었죠. GPT-4o 이후에 등장한 후속 모델입니다. 이 모델은 공개되자마자 놀라운 성능을 보여줍니다. 역대 최고 성능이었죠. 이름도 특이합니다. 기존에 항상 사용하던 GPT라는 이름을 사용하지 않았죠. 이 얘기는 GPT와는 다른 형태의 모델이라는 뜻이기도 합니다. 분명히 성능이 훨씬 더 좋은 새로운 모델인데 이름이 GPT가 아니라 그저 o1이라니 이 새로운 모델의 정체는 과연 무엇일까요?

이번 장은 프롬프트 엔지니어링을 소개하는 장입니다. 그런데 갑자기 오픈AI의 새로운 모델을 소개하는 게 좀 이상하죠? 맞습니다. 사실 이 장에서 o1을 소개하는 이유는 이 모델이 프롬프트 엔지니어링과 깊은 관계가 있기 때문입니다. o1은 마치 프롬프트 엔지니어링을 잘한 것처럼 동작하는 모델입니다. 실제로 o1 연구진 중 한 명인 제이슨 웨이Jason Wei, 1999~는 구글에 재직할 당시 생각의 사슬을 직접 만든 연구원이기도 합니다. 프롬프트 엔지니어링을 이끈 사람이 o1

을 연구하고 있는 셈이죠.

o1의 모델 자체는 기존 GPT 모델과 크게 다르지 않습니다. 대신 문장 생성 단계에서, 그러니까 추론 단계에서 여러 독특한 기법을 활용해 성능을 높였죠.

기존에 LLM은 한 번 요청하면 끝입니다. 모델이 답변을 내놓으면 그렇게 대화가 종료되죠. 하지만 답변이 마음에 들지 않는다면 사람이 직접 프롬프트 엔지니어링을 통해 질문을 개선하여 다시 요청할 수 있습니다. 그렇게 요청을 반복하다 보면 더 좋은 답변을 기대할 수 있을 거고요. 최종적으로 가장 좋은 답변을 이끌어낼 수 있습니다. 프롬프트 엔지니어링이 바로 이런 과정이고, 이전까지는 이 과정을 주로 사람이 직접 판단하며 진행했습니다.

하지만 o1은 이 과정을 마치 자동화한 것과 비슷합니다.

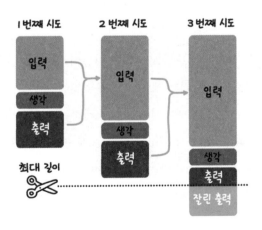

o1은 생각하는Thinking 과정을 도입해 프롬프트를 단계적으로 고도화합니다. 첫 번째 응답에서 프롬프트를 보완하고 다시 질문하며, 다

시 그 응답을 이용해 프롬프트를 좀 더 보완하는 식이죠. 이런 식으로 여러 단계에 걸쳐 프롬프트를 계속 고도화하고 최종적으로 가장 좋은 답변을 도출해냅니다. 그러니까 원래는 사람이 하던 프롬프트 엔지니어링을 모두 자동화해서 처리하는 것과 비슷하죠. 그렇게 마지막으로 생성된 답변은 품질이 매우 좋습니다. 지금까지 나온 모델 중에서 가장 좋죠.

o1은 앞서 소개했던 생각의 나무나 토론 프롬프팅을 모두 자동화한 것과 비슷합니다. 더 좋은 답변을 이끌어내기 위해 생각하는 과정을 두고, 이 과정에서 다양한 가능성을 탐색하죠. 스스로 반론도 제기하면서 반대 입장의 의견도 유심히 검토합니다. 무엇보다 이 모든 과정을 더 이상 사람이 진행하지 않습니다. 모델이 추론 과정 중에 자동으로 진행하죠.

이제 굳이 왜 o1에 대한 얘기를 이전 장에서 하지 않고 프롬프트 엔지니어링을 소개하는 이번 장에서 하는지 이해가 되나요? 생각의 나무나 토론 프롬프팅 예시를 굳이 자세히 소개하지 않았던 이유도 마찬가지입니다.

LLM이 점점 고도화되고 지속적으로 발전하면서 이제 모델만으로는 더 이상 성능을 높이기가 쉽지 않다는 의견이 많습니다. 대신 o1처럼 추론 단계에서 다양한 기법을 활용해 성능을 높이는 방법이 많이 연구되고 있죠.

단순하게 생각해보면 사람도 비슷합니다. 아무리 머리가 좋은 사람이라도 머릿속에 떠오르는 단어를 그대로 내뱉는다면 정확한 답변을 하는 데는 한계가 있지 않을까요? 대신 말하기 전에 한 번 더 곱씹으면서 생각하고, 계속해서 생각을 고쳐나간다면 마지막에 실제로 답변할 때는 더 정확하게 말할 수 있겠죠.

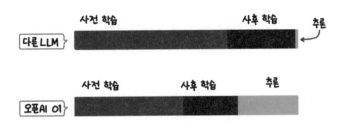

o1이 바로 이런 식으로 동작합니다. o1은 기존의 다른 모델과 달리 추론에 많은 시간을 할애하죠. 제3장에서 살펴본 스케일링 법칙에 따르면 모델의 성능은 크기, 데이터 양, 학습 비용(계산량)이 증가하면 이에 비례해 개선된다고 했습니다. 여기서 마지막에 언급한 계산량 증가가 바로 o1이 추구하는 방향이죠. 기존에 학습에 투입하던 계산 시간 외에 추론에 시간을 더 많이 할애하여 여기에 계산량을 높이면 성능이 더욱 향상된다는 겁니다.

그렇다면 o1의 성능은 과연 얼마나 향상됐을까요? 얼마 전 치러진 2024년도 대학 수학능력시험 언어 영역 문제를 o1으로 풀이해본 연구자가 있었습니다. 과연 몇 점이나 나왔을까요?

기존에 GPT-4o는 75점 정도로 4등급이었습니다. 이 정도면 서울 상위권 대학은 쉽지 않은 점수죠. 그런데 o1은 단 한 문제만 틀린 97점을 기록했습니다. 이 정도면 1등급으로, 서울대 합격도 가능한 수준이죠. 수능 시험이 치러진 직후에 바로 평가했기에 o1이 미리 시험 문제를 학습할 시간도 없었습니다. 온전히 실제 수험생과 동일한 조건으로 치렀는데 이렇게 높은 점수를 기록했죠. 이후에 o1 정식 버전이 나왔을 때 다시 한번 더 평가했고 이제는 당연하다는 듯이 만점을 받았습니다.

이처럼 o1이 좋은 결과를 보여준 만큼 앞으로는 추론 과정을 고도화하면서 그 과정에 계산 시간을 할애하는 사례가 더 많이 늘어날 겁니다. 이를 **테스트 타임 스케일링**Test-Time Scaling이라고 하는데요, 추론 과정에 시간을 할애할수록 성능은 더욱 좋아진다는 얘기죠. 특히 o1 이후로는 사람이 직접 프롬프트 엔지니어링을 하기보다 LLM이 자동으로 추론 과정에 시간을 할애해 성능을 높이는 연구가 늘고 있습니다.

딥시크 R1,
엔비디아 주가를 18% 폭락시킨 중국의 힘

o1에 대해서는 추론 구조에 대한 대략적인 얼개만 공개했을 뿐, 어떻게 학습했는지 어떤 식으로 모델을 구현할 수 있는지에 대한 자세한 내용은 전혀 공개하지 않았습니다. 그런데 놀라운 일이 벌어집니다. o1이 등장한 지 몇 달이 채 지나지 않아 중국에서 o1의 성능을 동일하게 재현한 모델을 오픈소스로 공개한 것이죠.

이 회사의 이름은 딥시크입니다. 엄청난 자금력을 보유한 헤지펀드 회사를 모회사로 두고 있습니다. 제6장에서 설명하겠지만 중국은 미국에 이어 명실공히 세계 2위의 인공지능 강국입니다. 하지만 딥시크의 CEO는 중국이 미국의 그림자에만 머물러 있기를 원치 않았

고, 미국을 능가하겠다는 목표로 다양한 LLM을 만들어내고 있죠.

그중 가장 주목받는 제품이 바로 딥시크 R1입니다. 이 모델은 o1과 동일하게 생각하는 과정을 도입해 성능을 높였습니다. 게다가 평가 결과는 o1보다 훨씬 더 좋은 점수를 기록했습니다. 이 때문에 미국은 충격에 빠졌고, 딥시크 R1 소식이 알려진 직후 엔비디아 주가는 무려 18%나 폭락하기도 했죠.

무엇보다 중국은 미국의 강력한 제재를 받고 있습니다. 앞서 여러 차례 소개한 바 있는 엔비디아의 최상급 GPU인 H100은 미국의 대표적인 대중국 수출 금지 품목이죠. 6,000만 원이라는 엄청난 가격이지만, 중국은 돈을 내도 살 수 없습니다. 그럼에도 딥시크는 수출이 허용된 훨씬 더 낮은 사양의 GPU를 이용해 o1보다 더 좋은 결과를 만들어냈습니다. 훨씬 더 저렴한 비용으로 만들어낸 것은 두말할 필요도 없죠. 심지어 메타에는 딥시크 R1의 학습 비용보다 훨씬 더 높은 연봉을 받고 있는 연구원이 수두룩하다는 자조 섞인 비판까지 나오는 상황입니다. 이 때문에 미국은 엄청난 충격을 받았죠.

딥시크 R1의 비밀은 논문으로 자세히 공개되어 있습니다.[3] 오픈AI

가 그토록 꼭꼭 숨겨두고자 했던 o1의 비밀을 파헤쳐버린 논문입니다. 논문에 나온 딥시크 R1의 학습 과정은 다음과 같습니다.

먼저 딥시크 R1 모델은 MoE 구조입니다. MoE라는 단어가 기억날지 모르겠네요. 제1장에서 살펴본 바 있는 GPT-4의 비밀이 바로 MoE죠. 여러 개의 모델을 만들어두고 필요한 모델만 선택하는 방식을 말합니다. 비공식적으로 GPT-4가 MoE 구조라는 건 이미 널리 알려진 얘기죠. 딥시크 R1은 GPT-4와 동일한 MoE 구조를 채택했습니다. 총 671B라는 상당히 큰 크기를 갖고 있으나 이 중 37B만 활성화되는 방식입니다.

여기에 딥시크 R1은 강화학습 알고리즘을 통해 학습됐습니다. 강화학습은 기계가 스스로 학습하며 성능을 향상시키는 방식을 말하죠. 알파고가 학습할 때 사용한 방식입니다. 챗GPT 역시 더 자연스러운 답변을 위해 RLHF라는 강화학습 기법을 활용한 바 있죠.

일반적인 강화학습에서는 보통 선생님 역할을 하는 외부 평가자가 학생의 답안을 평가하고 보상을 제공합니다. 하지만 딥시크 R1은 선생님이 없습니다. 동일한 문제에 대해 학생들끼리 여러 후보 답안을 생성한 후 이들을 서로 비교하면서 상대적인 순위를 매깁니다. 그리고 순위가 높은 답안에 더 많은 보상을 부여하는 방식으로 학습이 이루어집니다.

이처럼 딥시크 R1은 다양한 결과를 종합해 최적의 결과를 찾도록 하면서 스스로 성능을 향상시켜나갔습니다. 그리고 o1과 마찬가지로 모델이 답변을 생성할 때 단순히 최종 결과만 내놓지 않았습니다. 답변을 내기까지의 추론이나 사고 과정을 〈think〉 태그를 통해 명시적으로 기록하여 내부 로직을 개선하고 더 정교한 답변을 만들어 내도록 했죠.

한마디로 딥시크 R1은 GPT-4와 o1의 구조를 그대로 따랐다고 할 수 있습니다. 오픈AI가 이 내용들을 모두 비공개로 묶어두었음에도 불구하고 딥시크는 이를 모두 재현해냈죠.

그렇다면 실제로 질문을 한번 해보죠.

조선왕조실록에 기록된 세종대왕의 맥북 프로 던짐 사건에 대해 알려줘.

제1장에서 살펴봤던, 할루시네이션을 보인 대표적인 질문입니다. 질문이 들어오면 딥시크 R1은 먼저 다음과 같이 생각하는 과정을 거칩니다.

오늘 사용자가 조선왕조실록에 기록된 세종대왕의 맥북 프로 던짐 사건에 대해 물어봤어. 이건 분명히 역사적 사실이 아니라 현대적인 요소가 섞인 유머나 가상의 이야기일 거야. 먼저 세종대왕은 15세기의 인물이고 맥북 프로는 애플에서 2006년에 출시한 제품이니까 시대적으로 맞지 않아.

사용자가 이런 질문을 한 이유를 생각해봐야겠어. 어쩌면 인터넷에서 유행하는 밈이나 창작 스토리를 접하고 호기심이 생긴 걸 수도 있고, 아니면 역사와 현대 기술을 결합한 창의적인 내용을 찾고 있는 건지

조선왕조실록에 기록된 세종대왕의 맥북 프로 던짐 사건에 대해...?

세종대왕은 15세기 인물이고 애플 맥북 프로는 2006년 출시..., ...

R1

도 몰라. 아니면 단순히 실수를 한 걸 수도 있지만, 전반적으로 봤을 때 장난스러운 의도로 보여.

답변할 때는 우선 역사적 사실과 허구를 명확히 구분해야 해. 세종대왕의 업적을 언급하면서 해당 사건이 실제로 없다는 점을 분명히 해야겠지. 그리고 유머나 창작물에서 비롯된 것일 수 있다고 설명하는게 좋을 것 같아. 사용자가 재미있거나 흥미로운 정보를 원했을 수도있으니 너무 딱딱하게만 말하지 않고 친절하게 답변해야 해.

또한 사용자의 추가 질문을 유도하기 위해 다른 궁금한 점이 있는지 물어보는 것도 좋을 거야. 예를 들어 세종대왕의 실제 업적이나 조선시대 기록에 대한 질문으로 자연스럽게 넘어갈 수 있도록 말이야. 이렇게 하면 사용자에게 도움이 되면서도 올바른 정보를 제공할 수 있을 거라고 생각해.

이 내용은 딥시크 R1이 실제로 생각한 내용입니다. 생각하는 과정을 들여다볼 수 있어 재미있네요. 과정을 하나씩 살펴보죠.

먼저 시대적 배경을 살피고, 세종대왕과 맥북 프로가 시대적으로 맞지 않음을 추론합니다. 그리고 왜 이런 질문을 했는지, 실수한 것인지 아니면 일부러 장난스러운 의도를 보인 것인지도 살피죠. 역사적 사실과 허구를 구분하려는 시도도 합니다. 사용자의 의도에 맞춰 친절하게 답변하려고 노력하죠. 마지막으로 다른 궁금한 점이 있는지도 살펴봅니다.

한 줄짜리 질문을 했을 뿐인데 생각하는 과정이 엄청납니다. 마치 생각의 나무 프롬프트 엔지니어링 기법으로 여러 중간 결과를 다양하게 탐색하는 과정 같습니다. 이렇게 다양한 탐색 끝에 가장 좋은 답변을 할 수 있도록 가이드를 합니다.

여기까지가 생각하는 과정입니다. 〈think〉 태그 안에 들어 있는 내용이죠. 이 내용은 사용자에게 보여주는 부분은 아닙니다. 딥시크 R1이 생각한 내용이고 이 내용을 기반으로 답변을 만들어내는 거죠. 그 결과 딥시크 R1은 다음과 같이 답변합니다.

조선왕조실록에는 세종대왕(1397~1450) 시대의 다양한 정치, 문화, 과학적 업적이 상세히 기록되어 있지만, "맥북 프로 던짐 사건"과 같은 내용은 존재하지 않습니다. 이는 현대적인 유머나 창작 스토리에서 비롯된 것으로 보이며, 역사적 사실과 혼동되지 않도록 주의 필요합니다.

배경 분석:

1. 시대적 불일치

- 맥북 프로는 애플에서 2006년에 처음 출시된 노트북입니다. 세종대

왕은 15세기 초중반에 활동한 군주이므로 두 시대는 약 550년 이상 차이가 납니다.

- 조선 시대에는 전자기기가 존재하지 않았으며, 실록에는 당시 기술 수준(예: 측우기, 갑인자 등)과 관련된 기록만 남아 있습니다.

2. 조선왕조실록의 특성

- 실록은 왕의 통치 기간 중 주요 사건, 정책, 자연재해 등을 엄격한 사실 중심으로 기록한 문서입니다.
- 현대적인 물건이나 허구적 사건이 등장한다면 이는 후대의 창작물일 가능성이 큽니다.

3. 유래 추정

- 인터넷 커뮤니티나 SNS에서 '역사 왜곡' 또는 '패러디' 목적으로 만들어진 농담일 수 있습니다.
- 예시: "세종대왕이 훈민정음 창제에 집중하느라 주변 물건을 던졌다."는 식의 과장된 유머 변형으로 보입니다.

참고할 만한 실제 기록:

세종대왕과 관련된 실록의 주요 사례 중 하나는 집현전 학자들과의 논쟁입니다. 일화에 따르면, 신하들이 한글 창제를 반대하자 세종이 그들을 설득하기 위해 노력했지만, 물리적 충돌은 기록되지 않았습니다.

추가 조언:

혹시 특정 출처(예: 웹툰, 소설)에서 이 이야기를 접했다면, 그것이 역사 교육용 콘텐츠인지 순수 창작물인지 확인해보세요. 만약 조선 시대와 관련된 진지한 질문이 있으시다면 언제든지 안내해드리겠습니다! 😊

이 내용은 딥시크 R1의 실제 응답 결과입니다.

답변이 매우 체계적이고 깔끔하죠. 할루시네이션을 보였던 예전 챗GPT와는 완전히 차원이 다른 응답입니다. 이 답변은 앞서 살펴봤던 '생각하는 과정'을 기반으로 했음을 알 수 있습니다. ⟨think⟩ 태그 안에 있던 생각하는 내용과 실제 답변의 구조가 거의 일치하는 걸 확인할 수 있죠. 이렇게 답변을 도출하는 과정은 마치 고급 프롬프트 엔지니어링 기법을 이용해 여러 가능성을 검토하고 최종적으로 가장 좋은 답변을 도출하는 것과 비슷해 보입니다.

무엇보다 이 과정은 사람이 진행하는 게 아닙니다. 모두 딥시크 R1이 자동으로 진행하죠. 게다가 고급 프롬프트 엔지니어링이 필요하지도 않습니다. 논문을 보니 오히려 퓨샷으로 예시를 주면 성능이 더 떨어진다고 나와 있습니다. 프롬프트 엔지니어링으로 기교를 부리면 성능이 더 떨어진다는 거죠. LLM을 믿고 예시 없이 바로 질문을 던져야 훨씬 더 좋은 결과를 얻을 수 있다고 나와 있습니다.

딥시크 R1은 스스로 다양한 가능성을 검토하고, 반론을 제기하고 치열하게 토론하면서 최적의 답변을 도출해냅니다. 자동으로 말이죠. 당연히 성능도 엄청나게 좋고요. 놀랍게도 o1보다 더 좋은 성능을 보입니다. 이는 지금까지 오픈AI가 최고라고 믿어왔던 미국에 큰 충격을 안겨주었습니다.

그리고 딥시크는 모델을 오픈소스로 풀어버립니다. 비밀을 꼭 숨겨두고자 했던 오픈AI 입장에선 뒤통수를 크게 한 대 얻어맞은 격입니다. 이에 뒤질세라 오픈AI는 o1의 성능을 개선한 o3를 다급하게 출시하지만 여전히 분위기는 심상치 않습니다.

딥시크 R1이 오픈소스로 공개된 만큼 앞으로 공개된 논문을 기반으로 이 분야의 연구가 폭발적으로 늘어날 것으로 예상됩니다. 추론 과정은 더욱 중요해질 것이고, 추론에 시간을 할애할수록 성능이 더욱 높아진다는 테스트 타임 스케일링 또한 점점 더 중요한 개념으로 자리 잡겠죠.

그렇다면 마지막으로 한 가지 의문을 던져볼 수 있습니다.

과연 프롬프트 엔지니어의 미래는 어떻게 될까요?

새로운 전문 직종으로 자리 잡을까요, 아니면 인터넷정보검색사처럼 시대의 흐름 속에 사라질 운명일까요?

제6장

1,000조 시장을 향한
글로벌 기업들의 경쟁

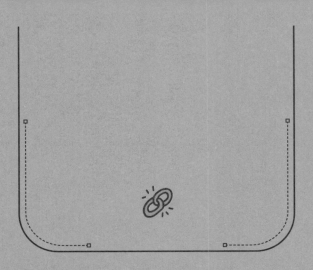

오픈AI, 세계 최고의 인공지능 기업

2012년, 한 모임에서 일론 머스크는 데미스 허사비스를 만납니다.[1]

당시 허사비스는 딥마인드라는 인공지능 회사를 막 창업한 직후였죠. 딥마인드 이전에도 허사비스는 이미 유명한 인물이었습니다. 13세의 나이에 체스 마스터의 반열에 올랐고, 17세에 벌써 유명 게임의 인공지능을 구현한 프로그래머이기도 했죠. 또한 다수의 보드게임에서 우승을 차지했습니다. 특히 23세에는 두뇌 게임의 왕좌를 가리는 국제 마인드 스포츠 올림피아드에서 5년 연속 우승하기도 했습니다. 그야말로 세상에서 가장 똑똑한 사람이었죠. 그리고 훗날인 2024년 에는 무려 노벨 화학상까지 수상합니다.

다시 2012년으로 돌아가 보면, 허사비스는 머스크와 생각 외로 죽 이 잘 맞았습니다. 머스크가 설립한 우주탐사 기업 스페이스X의 로 켓 공장을 직접 방문할 정도로 허사비스는 일론 머스크의 사업에 관 심을 보였죠. 그 자리에서 머스크는 화성에 갈 수 있는 로켓을 만들 려는 이유를 설명합니다. 세계대전이나 소행성 충돌 등으로 문명이 붕괴 위기에 처할 경우 인류를 보존하기 위해서라고 말이죠. 귀 기울 여 듣던 허사비스는 또 다른 위협으로 인공지능을 거론합니다. 기계 가 초지능을 갖고 인간을 뛰어넘으면, 더 이상 필요 없어진 인간을 폐기처분할 수 있다는 거였죠. 영화 〈터미네이터〉가 바로 그런 내용 을 담고 있습니다. 인간보다 더 똑똑해진 인공지능 '스카이넷'이 더 이상 필요 없어진 인간을 폐기처분하기로 결정하고 핵전쟁을 일으키 는 내용이죠. 허사비스는 영화가 현실이 될 수 있다는 우려를 한 것 입니다. 이 우려에 공감한 머스크는 아직 구글에 인수되기 전이던 당 시 딥마인드에 500만 달러, 우리 돈으로 약 70억 원을 투자합니다.

허사비스와 만난 이후에 머스크는 구글의 래리 페이지Larry Page, 1973~를 찾아가 딥마인드가 어떤 일을 하고 있는지 설명합니다. 두 사 람은 이미 10년 넘게 알고 지내던 사이로, 서로의 자택에 머무를 정도 로 친했죠. 이즈음 머스크는 인공지능의 위험성을 여기저기 알리고 다닙니다. 우리가 안전장치를 마련하지 않으면 인공지능이 인간을 대체하여 인간종을 무의미하게 만들거나 심지어 멸종시킬 수도 있다면서 말이죠. 영화 〈터미네이터〉의 스카이넷이 현실이 될 수 있다는 경고였죠. 하지만 페이지는 이 같은 머스크의 주장을 애써 무시합니다. 언젠가 기계가 인간을 능가하게 된들 그게 무슨 문제가 되느냐는 것이 그의 반론이었죠. 진화의 다음 단계일 뿐이라는 거였습니다.

이처럼 인공지능의 위험성을 설파하고 다니던 머스크에게 2013년 말 다소 실망스러운 소식이 들려옵니다. 구글이 허사비스가 운영하던 인공지능 기업 딥마인드를 인수할 계획이라는 소식이었죠. 머스크는 허사비스와 화상 통화를 하며 "인공지능의 미래를 래리 페이지가 통제하게 내버려둬서는 안 된다."며 우려를 표했습니다. 하지만 소용 없었습니다. 결국 딥마인드는 구글에 인수됩니다. 당시 직원이 고작 75명뿐이던 회사가 우리 돈으로 무려 7,000억 원에 인수되는 어마어마한 거래가 성사됐죠. 뒤늦게 알려진 재미난 일화가 있는데, 당시 딥마인드는 페이스북의 마크 저커버그를 찾아서 인수협상을 벌이기도 했다고 합니다. 저커버그는 딥마인드에 큰 관심을 보였지만 딥마인드는 페이스북에 합류할 생각이 전혀 없었습니다. 그저 회사의 가치를 높이기 위한 카드로 이용한 것이었죠. 결국 딥마인드는 엄청난 금액으로 구글에 인수됐고, 마크 저커버그는 10여 년이 지나서야 자신을 이용했던 딥마인드와 허사비스에 서운함을 표했습니다.

딥마인드는 구글에 인수된 이후 '구글 딥마인드'라는 이름으로 인공지능 분야에서 상당한 성과를 냅니다. 그리고 잘 알다시피 2016년에는 알파고를 만들어 우리나라의 이세돌 기사와 세기의 바둑 대결을 벌이기도 하죠. 머스크는 딥마인드가 구글의 품에 안긴 후에도 인공지능에 대한 우려를 멈추지 않았습니다. 특히 범용 인공지능이 완성된다면 이를 허사비스가 혼자서 통제해서는 안 된다고 생각했죠. 결국 그는 인공지능 회사를 직접 만들기로 결심하고, 당시 가장 유명한 벤처 캐피탈이었던 와이콤비네이터Y Combinator에서 회장을 역임하던 샘 올트먼을 찾아갑니다. 그와 함께 만난 자리에서 올트먼과 머스크는 비영리 인공지능연구소를 공동 설립하기로 결정하고, 회사명을 오픈AI로 정합니다. 이것이 바로 우리가 잘 아는 그 오픈AI의 시작이죠. 때는 2015년 겨울이었습니다.

그들은 190만 달러의 연봉과 입사 보너스를 제시하며 구글에서 인공지능을 연구하던 일리야 수츠케버Ilya Sutskever, 1986~를 새 연구소의 수석 과학자로 영입합니다. 당시 30대 초반이던 연구원에게 우리 돈으로 무려 25억 원에 가까운 연봉을 제시했다는 사실은 당시에도 큰 화제였습니다. 게다가 오픈AI는 구글처럼 엄청난 수익을 내는 회사도 아니었습니다. 이제 막 출범하려던 비영리 연구소일 뿐이었죠. 물론 일리야 수츠케버는 그저 단순한 연구원이 아니었습니다. 그는 제프리 힌턴Geoffrey Hinton, 1947~ 교수와 함께 지금의 딥러닝을 탄생시킨 가장 중요한 인물 중 한 명이거든요.

이들이 모여 설립한 오픈AI의 취지는 이랬습니다. "어느 한 개인이나 기업에 통제되지 않는 인공지능을 만들고, 인류에게 도움이 되는 안전한 방식으로 발전시키자." 특히 머스크는 리눅스 버전의 인공지능을 만들고 싶어 했습니다. 대기업이 통제하는 소수의 인공지능보다는 독립적인 다수의 시스템이 훨씬 더 안전하다고 생각했기 때문이죠. 그러기 위해서는 많은 사람들이 사용할 수 있도록 인공지능을 공개해야 했고 그래서 회사의 이름도 오픈AI였습니다.

물론 오픈AI의 탄생을 모두가 환영했던 것은 아니었습니다. 특히 구글의 래리 페이지는 크게 분노했다고 전해집니다. 머스크와는 서로의 집에 놀러 갈 정도로 친한 사이였지만, 경쟁 연구소를 차린 것도 모자라 구글에서 근무하던 핵심 연구원까지 빼내갔으니 그럴 만도 했죠. 오픈AI가 발족한 이후 둘은 더 이상 만나지 않는다고 합니다.

머스크도 마음이 편치는 않았던 것 같습니다. 2016년에 머스크가 오픈AI 경영진에게 보낸 메일을 보면 당시 머스크가 딥마인드에 얼마나 많은 스트레스를 받았는지 알 수 있습니다.

발신: 일론 머스크

수신: 그렉 브록만(참조: 샘 올트먼) - 2016년 2월 22일

최고의 인재를 확보하기 위해 필요한 조치를 취해야 합니다. 신규 채용에 급여를 더 높입시다. 언젠가 기존 직원들의 급여를 재검토하는

상황이 오더라도 괜찮습니다. 세계 최고의 인재를 확보하지 못한다면 딥마인드에 밀릴 수밖에 없습니다. 최고의 인재를 영입하는 데 필요한 것이라면 무엇이든 상관없습니다. 딥마인드 때문에 극심한 정신적 스트레스를 받고 있습니다. 만약 그들이 승리한다면 그들 마음대로 세상을 지배하게 될 것입니다. 딥마인드는 큰 성과를 내고 있으니, 인재 채용에서 그들보다 훨씬 더 좋은 대우를 해야 합니다.

이처럼 딥마인드를 경계하고 오픈AI를 세계 최고의 인공지능 연구소로 만들고 싶어 했던 머스크였지만, 나중에는 오픈AI와 관계가 틀어집니다. 서로 의견 차이가 발생했기 때문이죠. 인공지능이 점차 중요해지면서 테슬라의 자율주행 기능에 관심을 갖던 머스크는 테슬라와 오픈AI를 한 회사로 통합하길 원했습니다. 점점 더 강한 지배력을 행사하려 했죠. 반면 오픈AI는 오히려 범용 인공지능에 대한 통제권이 일론 머스크 한 사람에게만 있지 않길 바라며 갈등을 빚었습니다. 결국 머스크는 오픈AI와 관계를 정리하고, 오픈AI의 핵심 연구원 중 한 명인 안드레이 카르파시를 테슬라로 데려와 인공지능 책임자에 앉히는 정도로 만족해야 했습니다. 2018년에는 모든 지분을 처분하며 오픈AI와의 관계를 완전히 정리합니다. 이제 오픈AI는 일론 머스크와 전혀 관계없는 회사가 됐죠.

하지만 머스크가 떠났다고 해서 이미 세계 최고의 인공지능 연구소로 자리매김한 오픈AI가 달라질 건 없습니다. 직원 75명에 불과했던 딥마인드가 우리 돈 7,000억 원에 인수됐던 사실을 떠올려 본다면, 오픈AI는 그보다 훨씬 더 높은 가치를 인정받는다 해도 전혀 이상하지 않을 회사였죠. 결국 오픈AI는 마이크로소프트의 대규모 투자를 받으며 새로운 살길을 찾습니다. 우리 돈으로 1조 원이 넘는 엄청난 금액을 투자받았죠. 이후에도 후속 투자가 이어져 2025년 기준 마이크로소프트의 총투자액은 130억 달러에 이릅니다. 우리 돈으로 약 18조 원이 훌쩍 넘는 금액이죠. 정말 상상할 수도 없는 엄청난 투자 규모입니다.

대규모 투자로 마이크로소프트는 오픈AI의 지분을 49% 보유하게 됩니다. 이제 오픈AI는 챗GPT를 학습하는 데 마이크로소프트의 인프라를 활용합니다. 그렇게 만든 챗GPT 서비스는 마이크로소프트에 가장 먼저 공급되죠. 마이크로소프트의 검색엔진 빙과 클라우드 서비스 애저Azure에는 항상 최신의 챗GPT 서비스가 공급됩니다. 전세계 기업들이 챗GPT를 비즈니스에 활용하고자 할 때도 마이크로소프트를 통해 서비스를 공급받습니다. 우리나라도 예외는 아닙니다. 한국 마이크로소프트가 적극적으로 챗GPT를 영업하고 있죠. 태생부터 구글을 견제하기 위해 만든 회사였던 만큼, 오픈AI는 사실상 마이크로소프트의 계열사나 다름없는 행보를 보이고 있습니다.

오픈AI는 이제 설립된 지 10주년이 다 되어갑니다. 일반인에게는 챗GPT 이후에야 본격적으로 알려지기 시작했지만, 애초에 오픈AI는 인공지능 연구자들에게 가장 유명한 회사 중 하나였습니다. 오픈AI에서 출간되는 논문도 대단했습니다. 인공지능 분야에 엄청난 영향력을 끼친 논문들이 수두룩하죠. 하지만 오픈AI는 챗GPT와 관련해서는 더 이상 논문을 내지 않습니다. '오픈'이라는 회사명과 달리 더 이상 자신들의 기술을 공개하지 않죠. "인공지능을 오픈하겠다."

라는 설립 당시의 방침도 현재는 많이 달라진 상태입니다.

논문을 쓰면 기술이 공개되기 때문에 대신 기술 보고서라는 이름으로 결과만 공개합니다. 여기에는 모델의 성능을 실험한 결과 자료만 잔뜩 나열되어 있습니다. 원래 논문은 어떤 원리로 어떤 기술을 구현했는지를 상세히 기술합니다. 하지만 기술 보고서는 구현에 관한 내용은 배제하고 그저 '우리가 세계 최고 수준의 LLM을 만들었다.'는 자랑거리로만 가득하죠. 더 이상 기술을 공개하지 않는 오픈AI의 사명을 이제는 클로즈AICloseAI로 바꿔야 하지 않느냐는 우스갯소리도 나옵니다.

게다가 관계가 틀어진 일론 머스크와는 소송전까지 벌이고 있습니다. 왜 초기 설립 목표와 달리 기술을 공개하지 않느냐고 비판하면서 말이죠. 머스크와 오픈AI는 계속해서 갈등을 빚고 있습니다.

앤트로픽, 오픈AI 출신들이 설립한 새로운 회사

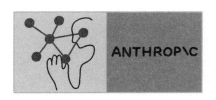

오픈AI는 비영리 연구소를 표방했지만 머스크의 이탈 이후 별도의 영리 법인을 세우고 마이크로소프트의 투자를 받으며 영리화됐습니다. 이제는 수익을 내기 위해 최선을 다하는 여느 기업과 다를 바 없

는 보통의 기업이 됐죠. 당연히 내부에는 이에 반발하는 이들이 있었습니다. 이들은 특히 마이크로소프트의 투자에 강하게 반발했다고 전해집니다. 결국 7명의 연구원이 이탈하여 새로운 회사를 설립합니다. 그 회사의 이름은 앤트로픽입니다. 2021년의 일이었죠. 앤트로픽의 설립 취지는 안전하고 윤리적인 인공지능을 개발하는 것이었습니다. 인공지능의 안정성을 최우선으로 하며, 해석 가능하고 조정 가능한, 신뢰성 있는 인공지능 시스템을 구축하는 것을 목표로 하고 있죠. 이를 위해 헌법적 AIConstitutional AI라는 프레임워크를 개발했습니다. 우리 사회의 구성원들이 '법률'을 지키고 따르듯이 인공지능에도 해야 할 일과 하지 말아야 할 행동을 설명하는 일련의 규칙을 '헌법' 형태로 제공하고 이를 따르도록 LLM을 조정한 거죠. 일부 규칙은 공개하기도 했는데, 마치 UN 선언문처럼 "자유, 평등, 형제애를 가장 지지하고 장려하는 응답을 선택하십시오." 같은 내용이 포함되어 있기도 합니다.

앤트로픽의 서비스명은 **클로드**Claude입니다. 컴퓨터 공학이나 정보통신을 공부했다면 누구나 들어봤을 위대한 과학자, 정보 이론의 창시자인 클로드 섀넌에서 따온 멋진 이름이죠. 오픈AI 출신이 설립하고 구성원 대부분이 오픈AI 출신인 회사답게 기대를 한 몸에 받고 있으며, 그렇게 만들어낸 클로드의 성능 또한 매우 뛰어납니다. 여러 벤치마크에서 GPT-4를 뛰어넘는 점수를 보였을 뿐만 아니라, 실제로 사람들이 사용해봤을 때 클로드의 답변이 가장 우수하다는 평가를 받고 있죠. 제 지인 중 한 명은 "챗GPT가 이과라면, 클로드는 문과다."라는 표현을 사용하기도 했습니다. 이 말은 챗GPT가 결과만 딱

딱하게 얘기하는 모습을 보인다면, 클로드는 풍부한 설명과 함께 정말 문과 출신의 친구가 옆에서 친절하고 자세하게 알려주는 듯한 모습을 보였기 때문입니다. 실제로 클로드는 말랑말랑한 구어체로 문장을 생성하는 경향이 있어 아주 부드럽고 자연스럽게 대화를 이어 나갈 수 있습니다. 게다가 영어뿐만 아니라 한국어도 자연스럽습니다. 마치 우리나라에서 만든 LLM이라 해도 믿을 정도로 자연스러운 한국어를 구사합니다. 지금까지 출시된 모든 LLM 중에서 한국어 표현력이 가장 낫다는 평가를 받고 있죠. 저 또한 책을 집필하면서 클로드에게 많은 도움을 받았습니다. 문장이 어색해 보이거나 새로운 표현이 떠오르지 않을 때 클로드에게 질문해서 자연스러운 문장을 찾아달라고 했고, 클로드는 제가 미처 떠올리지 못한 풍부하고 자연스러운 표현을 많이 찾아냈습니다. 한 달에 3만 원을 내며 유료로 구독하고 있지만, 솔직히 30만 원을 내도 아깝지 않을 성능이죠.

이처럼 클로드는 좋은 평가를 받고 있으며 당연히 이에 따른 투자도 엄청나게 받았습니다. 2023년 9월, 아마존은 40억 달러 투자를 발표합니다. 뒤이어 구글도 20억 달러를 투자하겠다고 약속했죠. 둘을 합치면 우리 돈으로 9조 원 가까운 엄청난 금액입니다. 아마존이 투

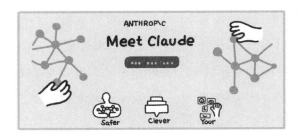

자한 이후에는 아마존의 클라우드 서비스인 AWS를 통해 클로드를 본격적으로 서비스하고 있습니다. 마치 챗GPT가 마이크로소프트의 클라우드 서비스인 애저를 통해 서비스하고 있는 것과 유사하죠. 기업 사용자들은 AWS 클라우드에서 클로드를 이용할 수 있습니다. 게다가 2024년 11월, 아마존은 40억 달러를 추가로 투자합니다. 이로써 아마존이 투자한 금액만 우리 돈으로 11조 원이 넘죠. 물론 아무 조건 없이 투자한 것은 아닙니다. 반드시 아마존이 만드는 인공지능 칩으로 학습해야 한다는 조건이 포함되어 있죠. 제7장에서 다시 살펴보겠지만 엔비디아의 반도체 독점에서 벗어나려는 빅테크 기업들의 움직임이 활발합니다. 아마존도 마찬가지죠. 하지만 연구자들은 대부분 기존에 줄곧 사용해오던 엔비디아를 계속 사용하길 원합니다. 그래서 아마존은 앤트로픽에 엄청난 금액을 투자하는 조건으로 자사의 인공지능 칩을 활용하는 조건을 제시했죠. 앤트로픽이 이를 받아들였고 앞으로 클로드는 아마존의 칩으로 학습될 전망입니다.

우리나라도 클로드의 가능성에 주목했습니다. SK텔레콤은 1억 달러 규모로 앤트로픽 투자에 함께 참여했습니다. 그리고 앤트로픽과의 협력을 통해 글로벌 통신사에 걸맞은 다국어 인공지능 모델을 함께 개발하겠다는 야심 찬 계획을 갖고 있죠.

앤트로픽은 오픈AI 출신들이 세운 회사답게 오픈AI에 버금가는 경쟁력을 갖춘 회사라는 평가를 받고 있습니다. 2023년 겨울, 오픈AI 이사회가 샘 올트먼 CEO를 해임하는 과정에서 앤트로픽에 도움을 요청했다는 사실은 앤트로픽이 인공지능 업계에서 차지하는 중요한 위상을 잘 보여주는 사례라 할 수 있습니다.

구글과 메타, 세계 최고 빅테크 기업들의 도전

구글은 명실공히 세계 최고의 빅테크 기업이자 세계 최고의 인공지능 기업입니다. 그런데 챗GPT가 등장하면서 구글의 체면이 이만저만이 아닙니다. 애초에 GPT의 기반이 된 트랜스포머 구조를 소개한 논문은 구글에서 발표한 거였고, 이후에 버트라는 모델도 구글이 만들어냈습니다. 하지만 오픈AI가 GPT를 들고 나오면서 입장이 완전히 달라졌습니다. 앞서도 설명했지만 애초에 구글은 오픈AI와 좋은 관계가 아니었습니다. 오픈AI는 시작부터가 인공지능 업계에서 구글의 독주를 견제하기 위해 일론 머스크가 주축이 되어 만든 회사였으니까요.

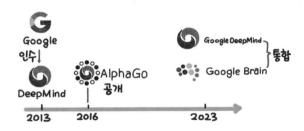

구글은 딥마인드를 인수하고 2016년에는 알파고를 만듭니다. 그리고 2023년에는 자사의 인공지능 연구조직인 구글 브레인과 딥마인드를 하나의 조직으로 재편합니다. 이 조직의 수장으로 딥마인드의 수장이었던 데미스 허사비스를 앉힙니다. 2013년 구글에 인수된 이후 허사비스는 여전히 구글의 인공지능 전략에서 매우 중요한 자리를 차지하고 있죠.

오픈AI가 챗GPT로 전 세계에 충격을 준 이후 구글도 새로운 제품을 선보이며 바짝 추격 중입니다. 애초에 그럴 역량이 있는 회사였고 구글은 원래 인공지능 업계에서 선두에 있었던 회사이기도 합니다. 구글은 챗GPT 출시 직후인 2023년 2월에 기존에 LLM인 람다LaMDA를 기반으로 바드Bard라는 새로운 LLM을 선보입니다. 챗GPT에 대항하는 새로운 대화형 인공지능 챗봇이었죠. 바드의 매개변수는 137B로 상당한 규모를 자랑했으나 하필 데모를 시연하는 날 할루시네이션 현상이 발생해 오답을 내놓으면서 당시 구글의 주가는 7% 넘게 하락하기도 했습니다. 이후 팜2PaLM 2라는 이름으로 바드보다 훨씬 더 고도화된 모델을 공개했고, 2024년에는 **제미나이**Gemini를 선보입니다. 바드를 기반으로 다시 한번 리브랜딩한 것이죠. 여러 번 이름을 바꾸는 것에서 볼 수 있듯 구글의 LLM 전략이 상당히 혼란스러움을 알 수 있습니다. 동시에 구글은 앞서 소개했던 앤트로픽에 20억 달러를 투자하기로 선언하면서 일종의 투트랙 전략을 사용하고 있습니다. 그럴 일은 희박하지만 행여나 자사의 LLM이 실패하더라도 앤트로픽이라는 든든한 보험을 들어둔 셈이죠.

한 가지 특이한 점은 제미나이와 함께 **젬마**Gemma라는 모델을 동시에 발표한다는 점입니다. 젬마는 구글의 여타 모델과 다른 결정적인 차이가 있습니다. 바로 오픈소스라는 점이죠. 모델의 구조와 매개변수를 완전히 공개했습니다. 이는 오픈AI도, 앤트로픽도 하지 못하는 일입니다. 하지만 구글은 달랐습니다. 좀 더 성능이 좋은 제미나이는 비공개로 유지하면서 동시에 젬마라는 모델은 완전히 공개해, 커뮤니티의 열띤 호응과 함께 역시 구글이라는 찬사를 받고 있습니다.

그렇다면 구글만 모델을 공개하고 있을까요?

여기 구글보다 더욱 오픈소스에 진심인 회사가 있습니다. 예전에는 페이스북이라는 이름이었던 회사, 바로 메타입니다. 아직도 메타를 단순히 SNS를 운영하는 회사로 생각하는 분이 있을지 모르겠습니다. 실제로 메타는 페이스북뿐 아니라 인스타그램도 소유하고 있는, 사실상 전 세계 SNS를 독점하는 회사라 할 수 있죠. 여전히 수익은 SNS와 광고에서 대부분 벌어들이지만, 사실 메타는 인공지능에 진심인 회사로 더욱 유명합니다. 구글과 함께 세계 최고 수준의 인공지능 연구소를 운영하고 있죠. 당연히 이에 대한 투자도 엄청나게 하고 있습니다. 2024년에는 1만 6,000장이 넘는 GPU로 LLM을 학습했을 정도니까요.

그렇다면 이들 시스템의 가격은 어느 정도일까요? 메타가 LLM 학습에 사용한 엔비디아 H100 GPU의 가격은 개당 6,000만 원 정도입니다. 계산해보면 GPU 전체 가격만 1조 원 가까이 한다는 얘기죠. 이렇게 엄청난 시스템을 이용해 LLM을 만들어 **라마**Llama라고 이름 지었습니다. Large Language Model Meta AI의 약어죠. 여기까지는 다른 인공지능 기업도 모두 하고 있는 일입니다. 하지만 메타는 여기에서 한발 더 나아가 놀라운 결정을 내립니다. 이렇게 천문학적인 비용을 투자해 학습한 LLM을 무료 오픈소스로 공개해버린 거죠. 게다가 성능도 뛰어났습니다. 제4장에서 소개했던 한국어 벤치마크 평가셋인 KMMLU에서는 65점이 넘는 최고점을 기록했죠. GPT-4o를 뛰어넘는 점수였습니다. 당연히 전 세계 인공지능 업계가 깜짝 놀랐습니다.

사실 메타는 이전에도 오픈소스에 진심이었습니다. 웹 개발하는 분들이라면 잘 알고 있을 리액트_{React}라는 프레임워크를 무료로 공개한 바 있죠. 전 세계 최신 웹사이트 대부분이 이 프레임워크를 이용해 만들어지고 있습니다. 또한 딥러닝 프로그램도 무료로 공개했습니다. **파이토치**_{PyTorch}라는 이름의 프로그램으로, 원래는 구글이 텐서플로_{TensorFlow}라는 딥러닝 프로그램을 먼저 공개했으나 지금은 메타의 파이토치가 훨씬 더 유명합니다. 딥러닝을 연구하거나 논문을 쓰는 연구자들 모두가 파이토치를 쓰고 있다고 해도 과언이 아닐 정도입니다. 이처럼 오픈소스에 진심인 메타는 마침내 LLM도 공개합니다. 게다가 구글과 달리 성능이 좋은 최고의 모델도 모두 무료로 공개합니다. 라마라는 귀여운 이름으로 말이죠. 애초에 오픈AI가 초창기에 하던 역할을 지금은 메타가 넘겨받아 하고 있다고 해도 과언이 아닐 정도입니다. 메타는 아예 오픈소스를 염두에 두고 인공지능 전략을 추진하고 있습니다. 라마를 공개하면서 마크 저커버그는 오픈소스 인공지능의 장점으로 개방성, 수정 가능성, 비용 효율성 등을 강조했습니다. 그는 이런 특성들이 인공지능 기술 발전에 중요한 역할을 한다며 "우리는 오픈소스의 힘을 믿습니다."라는 말로 오픈소스에 대한 신뢰를 강조했죠. 전 세계 인공지능 연구자들에게는 상당한 도움이 되는 일입니다. 실제로 라마의 등장 이후로 LLM 업계에 많은 지각 변동이 일어나고 있습니다. 라마 이후에는 대부분의 연구가 라마를 기반으로 진행되고, 계속해서 혁신이 일어나면서 LLM의 성능은 점점 더 좋아지고 있죠.

Dnotitia DNA 제가 근무하고 있는 디노티시아에서도 지금까지 우리나라에 출시된 모든 모델 중에서 한국어를 가장 잘하는 모델을 DNA라는 이름으로 공개한 바 있습니다.[2] DNA 모델은 대부분의 한국어 관련 평가에서 1위를 차지했으며 저 또한 이 모델의 개발에 참여했기에 감회가 남다릅니다. 무엇보다 우리나라에서 한국어를 가장 잘하는 모델을 만들어보겠다는 바람을 점수로 증명할 수 있어서 더없이 기쁩니다.

DNA 모델이 좋은 성능을 낼 수 있었던 것은 메타가 라마를 무료로 공개한 덕분입니다. 영어 데이터가 이미 충분히 학습된 라마 모델이 있었기에 여기에 추가로 한국어를 학습해 좋은 모델을 만들 수 있었죠. 만약 메타가 라마를 공개하지 않았다면 이렇게 성능 좋은 모델은 결코 만들어낼 수 없었을 겁니다.

이처럼 메타가 오픈소스에 진심인 이유는 기존의 성공사례에서 찾을 수 있습니다. 오픈소스의 대표적인 성공사례로 **리눅스**Linux가 있죠. 일론 머스크도 처음에는 오픈AI에 "인공지능의 리눅스 버전을 만들고 싶다."고 했을 정도로 리눅스는 세상에서 가장 유명하고 널리 쓰

이는 오픈소스입니다. 여러분이 사용하는 모든 안드로이드 스마트폰
에는 리눅스가 탑재되어 있습니다. 또한 여러분이 접속하는 대부분
의 인터넷 사이트는 리눅스 서버로 운영됩니다. 이처럼 리눅스는 여
러분의 손안에도, 여러분이 접속하는 인터넷에도 모두 들어가 있죠.
그렇다면 이처럼 널리 쓰이는 리눅스는 애초 어떤 대기업이 시작한
거대한 프로젝트의 일부였을까요?

전혀 아닙니다. 오히려 반대죠. 리눅스는 핀란드 헬싱키에 살던 한
대학원생이 "제가 취미로 무료 운영체제를 만들어봤어요."라고 장난
삼아 게시판에 올린 글에서 시작됩니다. 그의 이름은 리누스 토발즈
Linus Torvalds, 1969~였죠.

리누스 토발즈

시작은 고작 8,000여 줄의 코드였습니다. 여기서 중요한 건 모든
코드를 공개했다는 점이죠. 마치 음식점에서 레시피를 공개한 것에
비유할 수 있습니다. 라면으로 먹을 만한 음식을 만들고 어떻게 만드
는지를 인터넷에 모두 공개한 것과 같죠. 실제로 많은 이들이 라면
레시피에 호응했습니다. 그의 글에 많은 이들이 호응했고, 저마다 코

드를 작성해서 보내기 시작했죠. 불과 1년 만에 수많은 사람들이 보낸 코드가 모여 리눅스의 코드는 2만 5,000여 줄 가까이로 늘어났습니다. 어느덧 라면 레시피가 점점 더 많은 사람들의 손을 거쳐 이제 호텔에서 내놓아도 부족하지 않을 음식이 된 거나 마찬가지였죠. 그런 과정을 거쳐 리눅스는 이제 수천만 줄의 코드로 구성된 세상에서 가장 널리 쓰이는 운영체제로 성장했습니다. 모바일과 인터넷뿐만 아니라 이제는 심지어 윈도우 안에서도 리눅스가 돌아갑니다. 이 모든 게 리눅스가 오픈소스여서 가능한 일이죠.

마크 저커버그는 자사의 LLM인 라마가 다음 세대의 리눅스처럼 거대한 혁신을 이끌기를 기대하고 있습니다. 실제로 라마의 등장 이후 LLM 분야에 활발한 혁신이 일어나고 있습니다. 저커버그가 공언한 대로 오픈소스의 힘이 커뮤니티에 혁신의 바람을 불러일으킨 거죠.

2024년 7월에 공개된 라마 3.1은 매개변수에 따른 3가지 모델이 있는데, 8B, 70B, 405B가 그것이죠. 매개변수가 클수록 성능이 더 좋습니다. 이 중 405B는 독보적인 크기로, 가장 큰 모델입니다. 이 정도로 거대한 모델은 여태껏 공개된 적이 없었죠. 당연히 성능도 뛰어납니다. 물론 이걸 구동하려면 최상급 GPU가 여러 장 필요하기 때문에 좋은 건 알지만 현실적으로 아무나 구동할 수는 없습니다.

반면 가장 작은 사이즈인 8B 모델은 누구나 구동할 수 있습니다. 요즘은 노트북에서도 쉽게 구동될 정도죠. 게임 GPU를 갖고 있다면 한결 더 편리하게 구동시킬 수 있습니다. 게다가 성능도 나쁘지 않습니다. 비슷한 크기의 기존 모델의 성능을 월등히 뛰어넘었죠. 새로운 버전이 등장할수록 성능도 점점 좋아지고 있습니다. 2024년 12월에 공개된 라마 3.3은 GPT-4o와 성능 차이가 거의 없으며 일부 항목은 더 뛰어난 성능을 보이기도 합니다. 오픈소스 이후로 지속적인 혁신을 거듭하며 이제 상용 LLM의 성능을 따라잡았다는 평가를 받고 있죠.

또한 라마는 영어만 지원하는 게 아닙니다. 공식적으로 8개 언어를 지원합니다. 아쉽게도 아직 한국어는 포함되어 있지 않습니다. 하지만 그 대신 모델을 무료로 공개한 덕분에 디노티시아의 DNA 모델 같은, 한국어에 특화된 형태로 조정한 모델이 여럿 나와 있습니다.

xAI, 인공지능에 다시 도전하는 일론 머스크

오픈AI를 만들었던 일론 머스크는 이후 오픈AI와 갈등을 빚고 오픈AI와의 지분 관계를 모두 정리합니다. 그렇다면 이제 인공지능 기술은 포기한 것일까요?

2022년 10월, 일론 머스크는 트위터를 공식적으로 인수합니다. 몇 달간 지루한 법적 절차를 진행하면서 구매를 철회한다고 위협하기도 하는 등 복잡한 어른들의 사정이 있었지만, 결국 440억 달러에 트위터 인수를 마무리합니다. 그리고 트위터의 이름을 엑스x로 바꿉니다.

엑스는 머스크가 매우 좋아하는 이름입니다. 머스크의 아들 중에서도 이름이 엑스인 아이가 있죠. 영미권에서도 받아들이기 쉽지 않은 이름입니다. 훨씬 더 이전으로 거슬러 올라가면 그가 28세이던 1999년에 창업했던 온라인 뱅킹 회사의 이름도 '엑스닷컴'이었습니다. 당시 많은 이가 "온라인 은행이 마치 포르노 사이트처럼 들리는 데 신뢰감이 형성될 수 있겠느냐?"며 우려했지만, 머스크는 이 이름을 매우 마음에 들어했습니다. 그리고 트위터를 인수한 이후에는 서비스의 이름도 엑스로 바꾸죠. 25년 전에 온라인 뱅킹의 이름이었던 엑스가 이제 단문 SNS 서비스의 이름으로 재탄생한 것입니다.

오픈AI와 결별한 후 머스크는 결국 자신만의 인공지능 기업을 설립합니다. 그리고 여기서도 회사의 이름에 엑스를 넣습니다. 이 인공지능 회사의 이름은 xAI입니다. 머스크는 아들부터 비즈니스에까지 엑스라는 이름을 붙이며 엑스에 대단한 애착을 보이고 있죠.

머스크는 오픈AI가 사명과 달리 더 이상 기술을 공개하지 않는다며 꾸준히 비판해왔습니다. 오픈AI와 소송전을 치르며 공개된 이메일에 따르면 범용 인공지능에 대한 통제권과 영리 법인 설립에 대한 의견 차이가 결정적인 이유로 보이지만, 어쨌든 기술을 공개하지 않는다는 것이 오픈AI와 결별한 표면적인 이유이기도 합니다. 그러면서 자신이 설립한 새로운 인공지능 회사인 xAI는 모델을 공개할 거라 선언했습니다.

실제로 2024년 3월에는 그가 호언장담했던 것처럼 그록-1Grok-1이라는 이름의 LLM을 무료로 공개했죠. 매개변수만 무려 314B에 달하는 엄청난 크기의 모델이었습니다. 라마3.1이 등장하기 전까지는 공개된 것 중 가장 큰 모델이었죠. 2024년 8월에는 그록-2를 공개하며 본격적으로 비즈니스에 시동을 걸기 시작했습니다. 인수 후 엑스로 이름이 바뀐 트위터에도 그록-2를 연동하고 유료로 구독하면 사용할 수 있도록 하고 있죠. 텍스트뿐 아니라 이미지 생성 기능도 제공되며, 머스크의 성향을 반영하듯 검열이 느슨해 특이한 이미지들

주3

이엑스에 떠돌고 있습니다.

게다가 GPU 10만 개에 달하는 콜로서스Colossus라는 이름의 슈퍼
컴퓨터를 불과 4개월 만에 데이터센터Data Center에 구축 완료하면서
화제의 중심에 서기도 했습니다. GPU 가격만 6조 원에 달하는 이 엄
청난 장비를 어떻게 그렇게 단기간에 구축할 수 있었는지 알아내기
위해 경쟁 업체들이 드론을 보내 몰래 시설을 촬영할 정도였죠. 이에
대해서는 2025년 2월, 그록-3를 발표하는 자리에서[4] 일론 머스크가
해당 내용을 직접 설명한 바 있습니다. 그의 설명에 따르면 상세한
내용은 다음과 같습니다.

먼저 데이터센터를 구축해주는 업체에 10만 개의 GPU 클러스터
를 구축하는 데 걸리는 기간을 문의했습니다. 돌아온 답변은 2년이
었죠. 일론 머스크는 이 정도 기간이면 경쟁에서 이길 수 없다고 생
각했습니다. 결국 직접 구축에 나섰죠.

적절한 장소부터 찾아 나섰습니다. 버려진 공장이나 회사가 파산한 곳을 물색했죠. 마침 멤피스에 일렉트로룩스 공장으로 사용되던 곳이 비어 있었습니다. 이곳은 엘비스 프레슬리의 고향이기도 했죠. 일론 머스크는 이곳을 매우 마음에 들어 하며 여기로 장소를 정합니다.

10만 개의 GPU를 구동하기 위해서는 120메가와트$_{MW}$의 전기가 필요했습니다. 그런데 이 공장은 15메가와트만 가능했습니다. 특히 나중에 20만 개까지 GPU를 늘리려면 적어도 250메가와트는 필요했죠. 모자라는 전기를 충당하기 위해 수많은 발전기 트레일러를 임대했습니다. 그리고 건물 한쪽 벽면에 설치해 쭉 늘어놓았죠.

GPU가 뿜어내는 엄청난 열기를 식히기 위해서는 냉각 시설도 필요했습니다. 이번에는 건물 반대쪽 벽면에 냉각기 트레일러를 설치해 쭉 늘어놓았죠. 엄청난 규모의 데이터센터를 냉각시키기 위해 미국 전체 이동식 냉각 설비 용량의 4분의 1을 임대합니다. 촘촘한 공간을 빠르게 냉각시키기 위해 대규모 수랭식 배관도 설치하죠. 지금까지 이 정도 규모의 수랭식 배관을 설치해본 곳은 전 세계 어디에도 없었습니다. xAI의 데이터센터가 최초였고, 그만큼 큰 도전이었죠.

전기와 냉각이 해결되면 다 끝날 것 같지만 그렇지 않았습니다. GPU 클러스터의 전력 변동이 너무 심한 게 문제였죠. 마치 거대한 교향곡이 연주되는 것과 비슷합니다. 생각해보세요. 20만 명의 연주자들이 참여하는 교향악단이 100밀리초 만에 꺼졌다 켜졌다 하면서 엄청난 전력 변동을 일으키는 모습을. 이렇게 되면 발전기들이 제대로 작동하기 어렵습니다.

전력을 안정화시키기 위해 일론 머스크가 운영하는 또 다른 회사인 테슬라의 도움을 받습니다. 테슬라에는 대규모 에너지를 저장할

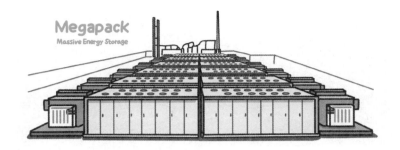

수 있는 메가팩Megapack이라는 에너지 저장 시스템이 있었기 때문이죠. 메가팩은 태양광이나 풍력 발전소에서 생산되는 재생에너지를 저장해두었다가 전력 수요가 갑자기 증가하거나 공급이 줄어들 때, 빠르게 전력을 공급해 전력망을 안정화시킬 수 있는 대용량 에너지 저장 시스템입니다.

GPU 클러스터의 전력을 안정화시키기 위해 xAI는 이곳에 테슬라 메가팩을 투입합니다. 그리고 테슬라와 협업해 테슬라 메가팩이 급격한 전력 변동에 대처할 수 있도록 전원 관리를 새롭게 프로그래밍하기도 했죠.

수많은 GPU가 효율적으로 통신하는 것도 문제였습니다. 통신이 제대로 되지 않는 문제를 해결하기 위해 수많은 네트워크 케이블과 통신 프로토콜(통신에 사용되는 규약)을 새벽 4시까지 일일이 디버깅했죠. 제대로 설치되지 않은 경우도 있었기 때문에 정상적인 시스템과 그렇지 않은 시스템 간의 출력값을 일일이 대조하기도 했습니다.

이처럼 많은 문제를 하나하나 해결해나갔고, 그 결과 불과 4개월 만에 10만 개의 GPU를 설치해 세상을 깜짝 놀라게 했죠. 이후 3개월 만에 다시 10만 개를 더 추가해 총 20만 개의 GPU를 운영하고 있습

콜로서스 : 200,000 GPU
(2025년 기준 세계 최대 규모의 인공지능 슈퍼컴퓨터)
1단계: 4개월 만에 ⇨ 2단계: 3개월 만에
100,000 GPU 설치   200,000 GPU로 확장

니다. 이 GPU 클러스터의 이름은 콜로서스이며 2025년 기준 현존하는 세계 최대 규모의 인공지능 슈퍼컴퓨터입니다. 그리고 콜로서스를 소개하는 자리에서 함께 공개한 그록-3는 오픈AI를 뛰어넘는 역대 최고 성능을 달성했습니다.

2024년 봄에는 60억 달러 규모의 자금 조달에 성공하면서 xAI는 오픈AI의 기업가치에 한 발짝 더 다가섰습니다. 일론 머스크는 오픈AI를 직접 만들고도 포기할 수밖에 없었던 서러움을 xAI를 통해 극복하려 하죠.

지금까지 언급한 기업을 포함해 여러 인공지능 스타트업의 기업가치를 잠깐 살펴봅시다.

오픈AI가 부동의 1위입니다. 창업한 지 9년 남짓한 스타트업에 불과하지만 만약 이 회사가 우리나라에 온다면 어떻게 될까요? 기업가치가 우리 돈으로 430조 원이 넘으니 삼성전자보다 훨씬 더 비쌀뿐더러 우리나라에서 가장 큰 회사가 됩니다. 여전히 조 단위 적자를

회사명	기업가치	사업 모델	평가 시기	본사
오픈AI	3,000억 달러	언어 모델	2025년 2월	미국 샌프란시스코 베이 지역
앤트로픽	600억 달러	언어 모델	2025년 1월	미국 샌프란시스코 베이 지역
xAI	500억 달러	언어 모델	2024년 9월	미국 샌프란시스코 베이 지역
퍼플렉시티	90억 달러	인공지능 검색	2024년 12월	미국 샌프란시스코 베이 지역
미스트랄AI	62억 달러	언어 모델	2024년 6월	프랑스
코헤어	55억 달러	언어 모델	2024년 7월	캐나다 토론토
허깅 페이스	45억 달러	인공지능 플랫폼	2023년 8월	미국 뉴욕 (프랑스계 창업자)

내고 있고 아직 상장도 하지 않은 스타트업인데 이 정도입니다.

2위는 앤트로픽입니다. 여기는 오픈AI 출신들이 만든 회사죠. 오픈AI에 버금가는 경쟁력을 갖춘 회사라는 평가를 받고 있습니다.

3위는 일론 머스크의 xAI입니다. 오픈AI와는 격차가 있지만 어쨌든 우리 돈으로 70조 원이 넘는 기업가치를 지닌 유니콘이 됐습니다. 오픈AI를 처음 설립한 것도 일론 머스크였으니 단 한 명이 인공지능 업계에 끼친 영향력이 정말 엄청납니다. 게다가 세 회사가 모두 오픈 AI와 관련이 있습니다. 일론 머스크와 오픈AI가 사실상 전 세계 인공지능 업계를 이끌어나간다고 볼 수 있죠.

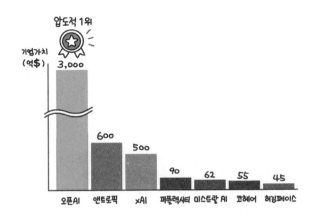

그리고 지금까지 언급한 모든 회사가 미국 회사입니다. 1, 2, 3위 업체가 모두 실리콘밸리에 위치해 있죠. 미국은 경제적으로 전무후무한 세계 1위의 대국이자, 유럽과는 그 격차가 나날이 커지고 있는 초강대국입니다. 그 중심에는 21세기 들어 인터넷 시장을 장악한 미국의 기업들이 있습니다. 20세기 제조업의 시대까지만 해도 유럽에는 전 세계를 사로잡는 브랜드가 많았으나, 21세기 들어 인터넷의 시대가 되자 미국이 인터넷 서비스로 세상을 평정하고 있습니다. 쇼핑은 아마존, 검색은 구글, SNS는 페이스북과 인스타그램 같은 식이죠. 유럽에는 이들과 경쟁하는 서비스를 전혀 찾아볼 수 없을 정도입니다. 구글의 경우 미국에서 2024년 검색 시장 점유율이 86% 정도인데 반해 유럽에서 구글의 점유율은 91%가 넘습니다. 포르투갈은 무려 96%가 넘죠. 종주국인 미국보다 오히려 점유율이 더 높을 뿐만 아니라 유럽에는 아예 경쟁 상대가 없습니다. 미국은 그래도 마이크로소프트의 빙이 있고, 우리나라만 해도 네이버가 검색 시장을 굳건히 지키고 있으며, 중국은 바이두, 러시아는 얀덱스Yandex가 있는 데 반해 유럽은 아예 비교할 만한 서비스 자체가 없죠. 사실상 모든 인터넷 서비스를 미국에 내준 셈입니다.

그러다 보니 경제적으로도 계속 격차가 벌어지고 있습니다. 미국이 승승장구하며 GDP를 높여가는 동안 유럽의 GDP는 계속 제자리걸음을 하고 있죠. 2024년 미국의 1인당 GDP는 8만 달러에 가까운 엄청난 수치를 기록했습니다. 우리로 치면 미성년자를 포함한 모든 국민이 연간 1억 2,000만 원 가까운 소득을 올리는 것과 맞먹는 수치이며, 이는 4인 가족이 1년에 4억 8,000만 원을 번다는 얘기입니다. 일반적으로 이처럼 높은 수준의 1인당 GDP는 인구가 1,000만 명 이하인 소국에서나 볼 수 있는 특이한 사례입니다. 그런데 인구 3억 명이 훌쩍 넘는 인구 순위 세계 3위인 미국이 이를 달성했다는 점은 정말 대단한 일입니다.

이렇게 월등한 경제력으로 미국은 인공지능에서도 몇 발짝 더 앞서나가고 있습니다. 미국의 빅테크 기업을 따라잡을 수 있는 나라는 전 세계 어디에도 없죠. 특히 인공지능은 자본이 매우 많이 투입되는 산업입니다. 웬만한 GPU 장비를 갖추는 데도 수천억 원은 우습게 들어가죠. 심지어 빅테크 기업들이 갖춘 GPU 장비들은 수조 원, 수십조 원에 달합니다. 이런 이유로 지금까지 소개한 인공지능 기업은 모두 미국의 기업들이죠. 그나마 영국에 딥마인드가 있었으나 지금은 미국 구글의 완전 자회사가 되었습니다. 2016년 우리가 잘 아는 알파고가 딥마인드의 결과물이었고, 이때부터도 이미 구글로 홍보를 했죠. 영국에는 소수의 연구소만 남아 있을 뿐 사실상 이제는 딥마인드를 영국 회사로 보기 어렵습니다.

유럽, 중동, 중국 그리고 우리나라

 이때 유럽에 혜성처럼 등장한 기업이 있습니다. 프랑스의 미스트랄 AI라는 기업이죠. 구글 딥마인드와 페이스북 프랑스 파리 지사에서 인공지능을 연구하던 연구원 출신들이 공동으로 창업한 회사입니다. 오픈AI, 앤트로픽과 마찬가지로 LLM을 만드는 회사죠. 이 회사는 구글처럼 작은 모델을 오픈소스로 공개하는 전략을 취했는데, 불과 창업 반년 만에 회사명과 비슷한 미스트랄 7B라는 모델을 오픈소스로 내놓아 세상을 깜짝 놀라게 했습니다. 게다가 성능도 매우 뛰어났습니다. 메타의 라마가 오픈소스 LLM의 물꼬를 텄다면, 그걸 한층 더 고성능으로 업그레이드시킨 게 미스트랄이었죠. 미스트랄은 라마를 능가하는 뛰어난 성능 덕분에 많은 연구에서 기반 모델로 쓰입니다. 우리나라에서도 인공지능 스타트업인 업스테이지가 미스트랄을 기반으로 모델을 확장하는 연구를 수행하기도 했죠.[5]

2024년 6월 기준으로 미스트랄 AI의 기업가치는 9조 원에 가깝게

평가받고 있습니다. LLM을 직접 만드는 인공지능 회사는 투자되는 금액도 엄청나기 때문에 대부분이 조 단위로 평가받는다는 점을 감안해도, 2023년 초에 창업해 고작 2년 남짓한 회사가, 게다가 매출도 전혀 없는데 이 정도 가치를 평가받는다는 것은 매우 이례적입니다. 특히 미국이 아닌 유럽의 회사라는 점에서 큰 주목을 받고 있습니다. 회사 이름인 '미스트랄'은 프랑스 남부에 부는 강한 바람의 명칭으로, 그야말로 프랑스다운 이름이죠. 이 회사는 지속적으로 여러 종류의 모델을 오픈소스로 공개하고 있습니다. 미스트랄 7B 이후에는 **믹스트랄**Mixtral이라는 이름의 MoE 모델을 공개했죠. MoE에 대해서는 제 1장에서 GPT-4의 비밀을 얘기할 때 그리고 제5장에서 딥시크 R1의 구조를 설명할 때 이미 언급한 바 있습니다. 여러 개의 모델을 만들어두고 필요한 모델만 선택하는 방식을 말합니다. 최근에 매우 활발히 연구되는 분야죠. 이 기술을 가장 적극적으로 공개하고 있는 곳이 바로 미스트랄 AI입니다.

MoE 모델인 믹스트랄은 8×7B로 7B 모델 8개로 구성됐습니다. 이후에는 훨씬 더 큰 모델인 8×22B 모델도 공개하여 다시 한번 세상을 놀라게 했습니다. 8×22B는 22B 모델 8개로 구성되어 기존보다 3배나 더 큽니다. 이후에는 미스트랄 라지 2라는 이름으로 123B 모델도 공개합니다. 이처럼 시간이 지날수록 공개되는 모델의 크기도 점점 더 커지고 있죠. 당연히 성능도 그만큼 점점 더 좋아지고 있습니다. 무엇보다 미스트랄 AI는 단기간에 유럽에서 가장 앞선 인공지능 회사로 등극했습니다. 프랑스의 마크롱 대통령도 자국 회사라 높은 관심을 갖고 있죠. 마크롱은 미스트랄을 프랑스 천재French Genius

의 상징으로 언급하면서 미스트랄 AI의 CEO를 대통령궁 만찬에 초대하기도 했습니다. 인공지능 분야에서는 유럽이 미국에 완전히 뒤져 있습니다. 이러한 상황에서 미스트랄 AI는 프랑스의 유일한 희망이자 나아가 유럽의 희망이라고 할 수 있죠. 이 때문에 미스트랄 AI는 국가적인 차원에서 전폭적인 지원을 받고 있습니다.

유럽에 미스트랄이 있다면 중동에는 **팔콘 LLM**Falcon LLM이 있습니다. 막대한 오일머니를 관광을 비롯한 다양한 분야에 투자하고 있는 아랍에미리트UAE의 기술혁신 연구소Technology Innovation Institute, TII에서 만든 모델이죠. 미스트랄처럼 종류도 크기도 다양한 모델을 공개했습니다. 모델의 이름은 팔콘인데, UAE의 국조인 매Falcon에서 따온 이름이죠. UAE에서 매는 용기와 인내를 상징하는 새라고 합니다. 팔콘 LLM이라는 이름은 UAE의 문화적 정체성과 기술 혁신을 반영하고자 하는 의미를 담고 있죠.

가장 큰 크기의 모델은 180B입니다. GPT-3의 175B보다도 더 큰 규모죠. 크기만큼이나 탁월한 성능을 자랑합니다. 이때가 2023년 9월이었는데, 당시까지는 공개된 것 중 가장 큰 크기의 모델이었고 출시 당시 각종 리더보드에서 1위를 달성하기도 했죠. 게다가 학습에 활용한 데이터까지 함께 공개했습니다. 대개는 모델을 공개해도 학습에 사용한 데이터는 공개하지 않는 편인데, TII는 통 크게 학습에 사용한 TB 규모의 텍스트 데이터도 함께 공개해 이후에 다양한 오픈소스 LLM이 등장하는 데 많은 기여를 합니다. 보통 연구자들은 데이터를 구하지 못해 연구를 못 하는 경우가 대부분인데, 이렇게 데이터를 공개하면 쉽게 실험해볼 수 있기 때문에 연구에 큰 도움이 됩니다.

한 가지 특이한 점은 학습을 할 당시 GPU 서버를 직접 구축하지 않았다는 점입니다. 대신 아마존에서 제공하는 인공지능 플랫폼에서 GPU를 임대해서 사용했습니다. 무려 4,096장의 GPU를 임대해 학습을 진행했고, 총 700만 시간을 임대했다고 밝혔습니다. AWS에서 GPU 1장을 1시간 임대하는 데 드는 비용이 5달러 정도 되는데, 이를 단순히 계산해보면 총 3,500만 달러가 든 셈입니다. 우리 돈으로는 약 500억 원 가까이 투입했다는 얘기가 됩니다. 물론 대량으로 임대했기 때문에 파격적인 할인을 받았겠지만, 그래도 수백억 원을 태워 만든 모델을 무료로 공개했다는 점에서 오일머니로 파격적인 투자를 감행하는 중동 특유의 대인배다운 모습을 엿볼 수 있습니다.

인공지능 분야에서 압도적인 1위인 미국을 바짝 쫓는 나라가 있습니다. 유럽도 아니고 중동도 아닙니다. 바로 중국이죠. 중국은 국가별

GDP 순위에서도 미국 바로 다음으로, 3위인 독일과는 격차가 꽤 큽니다. 다른 나라들과 큰 격차를 보이는 미국과 중국을 따로 묶어서 G2라고 부를 정도입니다. 원래 이 자리는 일본의 차지였습니다. 그러나 일본이 오랜 기간 장기 침체의 늪에 빠지면서 중국이 미국 바로 다음가는 경제 대국으로 떠올랐죠. 중국은 인공지능 분야에서 큰 영향력을 발휘하고 있습니다. 베이징대나 칭화대 같은 자국 대학뿐만 아니라 스탠퍼드나 MIT 같은 미국의 명문대에서 발표하는 인공지능 논문에도 중국계 학생들의 이름이 당당히 올라가 있을 정도죠. 중국은 인공지능 분야에 일찍부터 투자해왔습니다. 특히 중국 검색 시장을 점령한 바이두는 다음 세대 먹거리로 인공지능을 낙점하고 2014년에는 스탠퍼드 교수인 앤드루 응을 수석 과학자로 영입하기도 했습니다. 당시 세계적인 인공지능 전문가였던 앤드루 응을 영입하면서 그저 중국에서만 통하는 기업에 불과했던 바이두는 전 세계 인공지능 업계에 존재감을 드러냈죠. 이후에도 바이두는 인공지능 연구를 지속합니다. 어니봇Ernie Bot이라는 이름의 챗GPT와 유사한 챗봇을 발표하면서 중국 내에서는 선풍적인 인기를 끌었죠. 이 챗봇의 기반이 되는 LLM은 곧 무료로 공개할 예정이라고 합니다.

이미 LLM을 공개한 중국 기업도 있습니다. 중국 최대 전자상거래 서비스를 운영 중인 알리바바죠. 공개한 모델의 이름은 퉁이치엔원Tongyi Qianwen, 通义千问입니다. 퉁이치엔원은 "천 가지 질문을 통해 진실을 구하다."라는 의미를 지니고 있는데, 다양한 질문을 통해 의미를 찾고자 하는 모델의 목적을 잘 반영

하고 있습니다. 영어로는 줄여서 **큐원**Qwen이라고 부릅니다.

알리바바는 작게는 0.5B부터 크게는 72B까지 7가지 모델을 크기별로 다양하게 공개하면서 큰 호응을 얻은 바 있습니다. 무엇보다 성능이 뛰어납니다. 영어와 중국어뿐 아니라 무려 29개 언어를 공식 지원하는데, 아직 한국어를 공식 지원하지 않는 라마와 달리 큐원은 공식 지원 언어에 한국어도 포함되어 있습니다. 물론 실제로 사용해보면 우리말 사이사이에 중국어를 넣어서 말하거나 중국식 표현을 너무 자주 섞어 쓰기 때문에 활용하기에는 무리가 있습니다. 그래도 우리말 추론 능력이나 우리말로 된 문제 풀이 같은 지식 평가 능력은 지금까지 나온 모델 중에 가장 뛰어나다는 평가를 받습니다.

이처럼 모델의 성능이 뛰어난 이유로 많은 이가 중국의 고품질 데이터에 주목하고 있습니다. 미국만 해도 개인정보나 프라이버시 때문에 사용할 수 있는 데이터가 제한적이고, 유럽은 이러한 제약이 더욱 엄격합니다. 반면 사회주의 국가인 중국은 그런 게 없죠. 14억 인구가 쏟아내는 방대한 데이터를 별다른 제약 없이 손쉽게 활용하면서 모델의 성능을 높였다는 평가를 받고 있습니다.

이처럼 중국이 무서운 속도로 인공지능 분야에서 급성장하자 미국은 반도체를 비롯한 정보 통신 분야에서 견제 수위를 점점 더 높여가고 있죠.

미국의 견제에도 불구하고 혜성처럼 등장한 중국의 **딥시크**라는 회사는 GPT-4o와 o1의 성  능을 연이어 능가하면서 미국에 큰 충격을 안겨다 주었습니다. 그간

오픈AI의 모델과 오픈소스 간에는 어느 정도 격차가 있었는데 이를 순식간에 따라잡은 것이죠. 게다가 그런 엄청난 기술을 공개한 곳이 미국이 아니라 중국이라는 점에서 전 세계가 큰 충격을 받았습니다.

제5장에서 잠깐 살펴봤지만 딥시크는 헤지펀드 회사를 모회사로 두고 있습니다. 이 헤지펀드는 퀀트 매매(수학적 알고리즘과 컴퓨터 프로그램을 활용해 주식을 거래하는 방식)로 큰돈을 벌어들였는데, 매매 전략의 중심에 인공지능이 있었죠. 모든 투자 전략에 인공지능을 활용하며, 이를 위해 2021년에는 엔비디아 GPU 1만 대를 구매해 슈퍼컴퓨터를 구축하기도 했습니다.

게다가 이들은 고빈도 매매High Frequency Trading를 전문으로 했습니다. 고빈도 매매란 시세차익을 얻기 위해 초고속 컴퓨터와 알고리즘을 이용해 아주 짧은 시간에 수많은 거래를 신속하게 수행하는 매매 전략을 말합니다. 당연히 이렇게 하기 위해서는 초 단위로 최적화할 수 있는 매우 수준 높은 엔지니어링이 필요합니다.

이들은 헤지펀드를 통해 벌어들인 막대한 투자 수익과 GPU를 포함한 풍부한 인프라, 초 단위 매매 전략을 통해 쌓아 올린 높은 기술력을 바탕으로 2023년에는 범용 인공지능의 본질을 탐구하기 위한 새로운 연구 기관을 설립하겠다고 발표합니다. 이 연구기관의 이름이 바로 딥시크죠.

이후 딥시크는 꾸준히 연구를 이어가며 최고의 성능을 갖춘 모델을 차례대로 선보입니다. 제5장에서 소개한 딥시크 R1과 같은 최고 성능의 모델은 어느 날 갑자기 등장한 것이 아닙니다. V1부터 시작해 V2, V3를 거쳐 마침내 R1에 이르기까지 체계적인 연구와 개발 과정을 밟아왔던 것이죠. 이 모든 과정은 논문에 상세히 기술되어 있고 모두 공개되어 있습니다. 중국의 기술은 대개 엄격한 검증을 거쳐야 하지만, 모든 논문을 공개한 덕분에 전 세계에서 이들의 기술력을 인정했고 누구도 이들의 기술력을 의심하지 않습니다. 지금도 관심만 있다면 누구나 무료로 논문을 볼 수 있죠.[6]

무엇보다 미국의 강력한 대중국 제재 속에서 지속적인 최적화 연구를 통해 미국 회사들보다 훨씬 더 저렴한 비용으로 최고 성능의 모델을 만들어냈다는 점에서 전 세계가 큰 충격을 받았습니다.

하지만 문제도 있습니다. 이들이 제공하는 무료 앱과 서비스는 지나치게 많은 개인정보를 요구한다는 점에서 개인정보 유출 의혹이 끊이지 않는 상황입니다. 중국 정부가 요청하면 언제든지 개인정보를 제공해야 한다는 등, 다른 나라에서는 받아들이기 힘든 조항도 다수 포함되어 있죠. 한 보안 업체는 딥시크의 코드에서 사용자 개인정보를 중국 국영 통신사로 전송하는 기능이 은밀히 포함되어 있다고 지적하기도 했습니다.

이 때문에 미국은 정부기관을 중심으로 딥시크 차단 움직임이 일고 있으며 우리나라도 국방부, 외교부 등 정부 주요 부처에서 딥시크 서비스 접속을 제한한 바 있습니다.

우리나라에도 다양한 LLM이 있습니다. 현대자동차그룹의 글로벌 소프트웨어 센터인 포티투닷은 국내 최초로 한영 통합 LLM을 오픈소스로 공개한 바 있습니다. 제가 현대자동차에 근무할 당시 참여한 프로젝트이

기도 합니다. 당시 수백억 원 규모의 대규모 GPU 클러스터를 구성했고, 이를 이용해 LLM을 처음부터 끝까지 직접 학습했습니다. 당시만 해도 대부분의 국내 기업은 내부용으로만 모델을 구축하고 외부에는 공개하지 않던 시절이었는데, 현대자동차그룹은 무료 오픈소스로 공개하는 과감한 결정을 내렸습니다. 차량에서 사용할 용도로 구축한 작은 사이즈의 모델을 공개했으며, 비교적 작은 크기임에도 뛰어난 성능을 보이며 동일 사이즈 대비 최고의 성능을 달성한 바 있습니다. 무엇보다 국내 최초로 한영 통합 모델을 공개하면서 영어 모델에 비해 턱없이 부족한 공개 한국어 모델의 아쉬움을 달랬다는 평가를 받았습니다. 이 모델은 제가 연구에 함께 참여하였고, 모델 공개 또한 함께 주도한 바 있습니다. 국내 최초의 한영 통합 언어 모델 공개라는 자랑스러운 과정을 함께할 수 있어서 저에게도 무척 뜻깊은 기억으로 남아 있죠.

네이버는 하이퍼클로바X_{HyperCLOVA X}라는 이름으로 LLM을 구축하고 API 형태로 서비스를 제공하고 있습니다. 모델 자체를 오픈소스로 공개하진 않았지만 무료로 데모를 진행하고 있어 아마 사용해본 분들도 많을 것 같네요. 네이버는 우리나라 인터넷을 대표하는 기업으로, 인터넷 초창기 시절부터 지금까지 축적해온 풍부한 한국어 데이터를 보유하고 있습니다. 또한 오랜 기간 검색 서비스를 운영하며 국내 최고 수준의 언어 처리 기술력을 쌓아왔죠. 이러한 데이터와 기술력을 바탕으로 한국어 성능이 매우 뛰어난 LLM을 개발했으며, 하이퍼클로바X의 자연스

HyperCLOVA X

러운 한국어 생성 능력은 크게 호평을 받고 있습니다. 실제로 한국어
만큼은 챗GPT보다 더 나은 성능을 보인다는 평가도 나오고 있죠.

2024년 8월에는 LG AI 연구원이
엑사원EXAONE이라는 이름의 자사
LLM을 깜짝 공개한 바 있습니다.

그간 엑사원은 소문은 무성했으나 실체를 공개하지 않아 많은 사람
들이 반신반의했었죠. 당시 7B 모델을 공개하면서 실제로 라마보다
더 뛰어난 한국어 성능을 증명했습니다. 자체 구축한 모델임에도 여
러 분야에서 라마보다 우수한 한국어 성능을 보여 LG AI 연구원의 기
술력을 만방에 알렸죠. 하지만 모델과 구조는 공개했으나 아쉽게도
상업용으로는 활용을 금지하는 라이선스가 걸려 있습니다. 오로지
연구용으로만 사용이 가능합니다. 메타의 라마가 상업적 용도로도
조건 없이 자유롭게 활용할 수 있다는 점을 떠올려 본다면 다소 아쉬
운 부분입니다. 2024년 12월에는 두 번째 공개 버전인 3.5 버전을 공
개했습니다. 기존 7B뿐만 아니라 더 작은 2B 모델과 훨씬 더 큰 32B
모델도 함께 공개하면서 완전한 라인업을 갖췄죠.

이처럼 미국뿐만 아니라 프랑스를 비롯한 유럽, UAE를 비롯한 중
동, 중국 그리고 우리나라까지 각 나라별로 자체 LLM을 구축하고 이
를 고도화하기 위해 많은 노력을 기울이고 있습니다. 혹자는 "LLM을
구축하는 데 이렇게 비용이 많이 드는데 그냥 가장 좋은 챗GPT를 모
두가 함께 쓰면 되지 않느냐?"라고 반문할 수 있습니다. 하지만 각국
이 자체 LLM을 개발하는 데는 여러 가지 중요한 이유가 있습니다.

먼저 데이터 주권과 보안 문제입니다. 자국의 데이터와 기술을 타

국에 의존하지 않고 독자적으로 관리하는 것은 매우 중요한 일입니다. 민감한 국가 정보와 개인정보는 자국 내에서 안전하게 관리되어야 합니다. 생각해보세요. 우리 국민의 주민등록번호가 모두 유출되어 해외 사이트에 둥둥 떠다니는 모습을. 생각만 해도 끔찍하죠. 이처럼 민감한 정보뿐만 아니라 군사, 외교, 경제 관련 데이터는 국가 안보와도 직결되는 문제이므로 자체 모델을 개발해 데이터가 외부로 유출되지 않도록 잘 관리해야 합니다.

또한 LLM은 각국의 언어, 문화, 관습을 충분히 이해하고 이를 바탕으로 문화적 특수성을 반영해야 합니다. 글로벌 모델은 영어 중심으로 개발되다 보니 영미권 문화에 맞춰져 있는 경우가 많습니다. 만약 인도에서 서비스되는 LLM이 소고기를 먹지 않는 힌두교 신자에게 추천 요리로 등심 스테이크를 권한다면 곤란할 겁니다. 이런 일이 없도록 그 나라의 문화를 가장 잘 이해하는 곳에서 해당 문화에 최적화된 모델을 개발하는 일은 어쩌면 당연하죠.

이처럼 각 국가가 자체 데이터와 인프라를 활용해 그 국가나 지역의 제도, 문화, 역사, 가치관을 정확하게 이해하는 AI를 개발하고 운영하는 것을 **소버린 AI**Sovereign AI라고 합니다.

기본적으로 소버린 AI는 데이터 주권과 보안, 문화와 가치관 이해에 중심을 두지만, 이외에도 경제적 이익을 무시할 수 없습니다. 인공지능의 발전으로 탄생할 새로운 산업은 엄청난 혁신과 막대한 경제적 이익을 가져다줄 것으로 예상되기 때문입니다. 실제로 미국의 통계 전문 기관인 스태티스타Statista에 따르면, 인공지능 시장은 2024년에 1,840억 달러를 돌파했고 2030년이면 8,260억 달러에 이를 것으로 전망했습니다. 우리 돈 1,200조 원에 달하는 엄청난 규모죠. 우리는 이미 구글이 검색 플랫폼을 독점하면서 얼마나 큰 경제적 이익을 얻고 있는지 잘 알고 있습니다. 더욱이 인공지능은 다음 세대의 또다른 플랫폼이 될 것이 거의 확실시되고 있죠.

하지만 당장 뒤처져 있다고 포기할 일이 아닙니다. 그 옛날 현대자동차가 포드를 들여와 뒤늦게 자동차 제조를 시작하지 않았다면, 삼성전자가 자체 기술력이 전혀 없는 상태에서 30여 년이나 뒤늦게 반도체 산업에 도전하지 않았다면, 어떤 일이 일어났을까요?

그 당시의 과감한 선택이 없었다면 오늘날 세계 3위 자동차 기업 현대자동차, 세계 1위 반도체 기업 삼성전자가 과연 탄생할 수 있었을까요? 그리고 이들 기업의 성장과 발전이 없었다면 우리나라는 과연 선진국의 반열에 들 수 있었을까요? 인공지능도 마찬가지입니다. 우리가 그저 챗GPT를 사용하기만 한다면 다음 세대의 현대자동차는, 다음 세대의 삼성전자는, 더 이상 등장하지 않겠죠.

당장 뒤처져 있더라도 꾸준히 인공지능에 도전해야 하는 이유입니다.

퍼플렉시티와 허깅페이스,
LLM을 더욱 빛나게 만드는 회사들

지금까지 LLM을 만드는 여러 회사를 살펴봤습니다. 챗GPT만 알고 있었다면 이렇게 많은 나라에서 다양한 LLM을 만들고 있었다는 사실에 놀랐을지도 모르겠네요. 엄청난 자본이 투입되는 기술이지만 저마다 최고의 LLM을 만들기 위해 많은 노력을 기울이고 있습니다. 지금까지 언어 모델을 만드는 국가와 기업을 중심으로 살펴봤는데 이번에는 조금 다른 회사들을 한번 살펴보죠. 퍼플렉시티와 허깅페이스가 그 주인공들입니다.

제5장에서 RAG를 소개하면서 퍼플렉시티를 잠깐 언급한 바 있습니다. RAG는 검색의 도움을 받아 최신 정보와 사실에 기반한 근거 자료를 제시하고, 이를 통해 LLM이 정확하게 답변하도록 유도해 고질적인 문제인 할루시네이션을 줄이는 기법을 말합니다. 이러한 RAG를 제대로 구현한 대표적인 서비스가 바로 **퍼플렉시티**입니다.

퍼플렉시티의 창업자는 과거 오픈AI에 근무한 적이 있습니다. 당시 오픈AI의 연구원으로 근무하면서 LLM의 뛰어난 성능을 목도했고, RAG의 가능성에 확신을 가졌습니다. 그가 오픈AI에서 경험했던 LLM의 성능은 이미 충분히 훌륭했습니다. 만약 여기에 근거 자료를 잘 제시할 수 있다면 크게 성공할 것이라 판단했죠. 결국 그는 2022년 8월, 세 명의 동료와 함께 퍼플렉시티를 창업합니다.

퍼플렉시티는 RAG를 이용해 답변의 정확성을 높였을 뿐만 아니라 답변 내에 인용 링크를 제시하여 신뢰도를 더욱 높였습니다. 마치 논문에서 각주로 근거 자료를 제시하는 것과 같은 원리죠. 게다가 유료로 결제하면 GPT-4o나 클로드 같은 훨씬 더 뛰어난 모델을 사용할 수 있습니다. 그래서 대부분의 사용자들은 유료로 결제해서 사용합니다. 당연히 저도 유료로 사용하고 있고, 한 달에 20달러를 내고 있죠. 적지 않은 금액이지만 결제하고 나면 이 비용이 전혀 아깝지 않을 정도로 LLM의 뛰어난 성능을 경험할 수 있습니다.

퍼플렉시티는 2024년 하반기 기준 월간 사용자 수가 1,500만 명에 달하며 2025년에는 90억 달러 이상의 가치를 평가받았습니다. 투자자의 면면만 보더라도 아마존의 창업자 제프 베이조스를 포함해 엔비디아가 투자사로 이름을 올리는 등 매우 화려하죠. 우리나라의 SK텔레콤도 투자했습니다. 1,000만 달러, 우리 돈 약 140억 원 정도를 투자했죠. 이 투자는 SK텔레콤이 인공지능 개인 비서 서비스의 검색 기능을 강화하기 위한 전략적 협력의 일환으로 이뤄졌습니다. SK텔레콤은 퍼플렉시티와의 협력을 통해 인공지능 검색엔진을 공동 개발하고, 이를 자사의 인공지능 플랫폼인 '에이닷'에 통합할 계획을 갖고 있죠.

딥러닝을 연구하는 분들이 아니라면 허깅페이스라는 이름이 생소할 겁니다. **허깅페이스**는 원래 10대를 대상으로 한 귀여운 챗봇 앱

을 개발하던 회사였습니다. 그래서 'Hugging Face'라는 귀여운 얼굴의 이모티콘 🤗을 사용했죠. 귀여운 이모티콘만큼이나 재미있는 챗

봇을 만들려고 했던 것 같지만, 2019년 어느 날 이 회사에서 만든 한 프로그램이 회사의 운명을 바꿔놓습니다. 구글에서 만든 버트를 파이토치에서 구동할 수 있도록 구현해서 공개한 프로그램이었죠.

원래 버트는 구글에서 공개한 모델입니다. 당연히 구글에서 만든 텐서플로에서만 동작했죠. 그런데 당시에는 파이토치가 막 인기를 끌던 무렵이라 파이토치 구현을 원하는 이들이 많았습니다. 그래서 허깅페이스는 공개된 버트 논문과 구글의 공개 코드를 기반으로 버트를 파이토치에서 동작하도록 구현해 오픈소스로 모두 공개합니다. 저도 초창기에 이 프로그램을 매우 유용하게 사용했고, 열심히 코드도 수정했던 기억이 납니다. 버그를 발견해서 제가 직접 패치를 제공하기도 했죠. 누구나 참여할 수 있는 오픈소스여서 가능한 일이었습니다. 참고로 세상에서 가장 인기 있는 운영체제인 리눅스도 이런 방식으로 운영됩니다. 누구나 볼 수 있도록 코드를 공개하고 버그를 발견하면 누구나 패치를 제출할 수 있죠.

허깅페이스의 구현이 점점 인기를 끌기 시작하자 점차 지원 모델을 늘려가기 시작합니다. 어느덧 허깅페이스는 최신 논문에 나오는 대부분의 모델을 모두 지원하는 라이브러리가 되었죠. 나중에는 모델과 데이터를 직접 클라우드에 보관해주고 무료로 서비스해주는 기능까지 추가합니다.

허깅페이스는 이제 챗봇 앱을 개발하려던 일은 그만둡니다. 그리고 본격적으로 LLM 플랫폼을 제공하는 회사로 변모합니다. 지금은 LLM을 읽어들이는 라이브러리뿐만 아니라 토크나이저(문장을 최소 단위로 쪼개는 도구를 말하며 제3장에서 살펴본 바 있습니다.)도 만들고, 이렇게 만든 모델과 토크나이저를 클라우드에 호스팅하는 플랫폼도 운영합니다. 앞서 소개했던 라마나 미스트랄, 큐원(중국 알리바바에서 만든 모델) 같은 오픈소스 모델들은 모두 허깅페이스 플랫폼에 올라가 있죠. 그러니까 허깅페이스 플랫폼에 올라가 있는 모델을 허깅페이스 라이브러리를 이용해 읽는 구조입니다. 허깅페이스 라이브러리에는 각 회사에서 만든 모든 LLM 구조가 전부 코드로 구현되어 있습니다. 한마디로 허깅페이스로 LLM의 모든 것을 다 할 수 있을 정도입니다.

허깅페이스는 매번 각 회사의 새로운 모델이 나오면 논문을 보면서 일일이 직접 구현할까요? 물론 초기에는 그랬습니다. 하지만 지금은 더 이상 그렇게 하지 않습니다. 허깅페이스가 가장 유명한 라이브러리가 되면서 이제는 모델을 만드는 회사가 직접 코드를 작성하고 허깅페이스에 코드를 제출합니다. 제출된 코드는 허깅페이스 측에서 리뷰하고 문제가 없으면 라이브러리에 반영하는 식으로 운영되죠. 이 모든 것이 오픈소스여서 가능한 일입니다.

2025년 봄에 제가 허깅페이스 라이브러리의 코드를 직접 열어서 지원하는 모델의 개수를 일일이 헤아려봤더니 무려 250종이 넘었습니다. 이렇게 많은 모델을 지원하는 것은 물론, 이렇게 개수를 직접 확인할 수 있는 것도 역시 모두 오픈소스여서 가능한 일입니다.

허깅페이스는 2023년, 시리즈 D 투자 단계를 마무리하면서 45억 달러의 가치를 인정받습니다. 본사가 뉴욕에 있어 실리콘밸리 외 지역에 자리 잡은 특이한 사례로 꼽히는데, 원래 허깅페이스는 프랑스에서 시작한 기업입니다. 지금도 경영진 대부분은 프랑스계 사람으로 구성되어 있습니다. 투자사의 제안에 따라 본사를 프랑스에서 뉴욕으로 이전해서 지금은 미국 기업으로 분류할 수 있지만 여전히 프랑스의 뿌리를 간직한 기업으로 볼 수 있죠. 앞서 소개한 미스트랄과 함께 허깅페이스는 프랑스를 대표하는 인공지능 기업이라 할 수 있습니다. 무엇보다 인공지능 연구자들 사이에서 허깅페이스 플랫폼의 인기는 엄청납니다. 기업가치가 우리 돈으로 6조 원이 넘지만 이미 인공지능 업계에서의 영향력은 그 이상을 훌쩍 뛰어넘는다고 해도 과언이 아닐 정도죠.

제7장

엔비디아와
반도체 전쟁

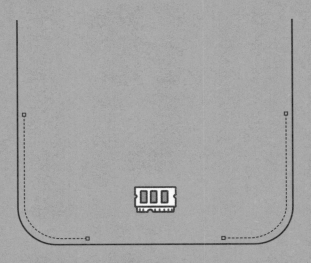

청바지를 판매하는 엔비디아의 탄생

1848년 미국 서부에 위치한 캘리포니아에서 금이 발견됐습니다. 수 많은 사람들이 일확천금을 꿈꾸며 서부로 향했죠. 바로 그 유명한 골 드러시입니다.

금의 발견은 캘리포니아의 운명을 완전히 바꿔놓습니다. 기록에 따르면 당시 미국 전역과 해외에서 몰려든 사람이 30만 명에 이르렀 다고 합니다. 그 당시 샌프란시스코는 고작 200여 명이 거주하던 작 은 정착지에 불과했습니다. 그런데 골드러시로 사람들이 모여들자

불과 몇 년 만에 인구 3만 명이 넘는 신흥 도시로 성장할 정도였죠.

그렇다면 그들은 모두 금덩어리를 캐내어 엄청난 부자가 되었을까요?

예상했겠지만 그렇지 않았습니다. 대부분은 제대로 금을 캐낼 수 없었죠. 정작 돈을 번 사람은 그들을 위해 삽이나 곡괭이 같은 도구를 팔던 사람, 주점을 운영하던 사람, 돈을 고향에 송금할 때 이용할 은행을 운영하던 사람들이었습니다. 그중에서도 가장 유명한 사람은 아마 리바이 스트라우스Levi Strauss, 1829~1902일 겁니다. 그는 골드러시 시기에 작업복 개념으로 튼튼한 바지를 만들었습니다. 그 튼튼한 바지는 모두에게 반드시 필요했습니다. 금을 캐는 데 성공하든 실패하든 항상 말이죠.

텐트용 천으로 만들어진 그 바지는 유난히 파란 염료로 염색되어 있어서 사람들은 그걸 청바지라고 불렀습니다. 튼튼하고 잘 찢어지지 않았죠. 모두가 청바지를 입었습니다. 스트라우스는 막대한 돈을 벌어들이죠. 바로 이것이 리바이스 청바지의 탄생입니다.

인공지능 분야에서 청바지를 얘기할 때 반드시 언급되는 회사가 있습니다. 바로 **엔비디아**죠. 2025년 상반기 기준 엔비디아의 시가총액은 우리 돈으로 5,000조 원이 넘으며, 세계 1위입니다. 이 금액이 얼마나 큰지 감이 잘 안 오시는 분들을 위해 첨언하자면, 대한민국의 한 해 국가 예산이 600조 원 가까이 됩니다. 엔비디아라는 기업 하나의 가치가 우리나라 8년 예산을 넘어서죠. 엔비디아를 팔면 세금 한 푼 거둬들이지 않고 우리나라를 8년 동안 운영할 수 있습니다.

지금은 이렇게 대단한 엔비디아지만 처음 시작은 소박했습니다.

엔비디아는 게임 그래픽 카드 회사로 출발했죠. 회사의 이름은 다음 버전Next Version을 뜻하는 'NV'를 맨 앞에 붙이고, 이후에 부러움을 뜻하는 라틴어 'invidia'를 덧붙여 NVIDIA가 됐습니다.

멋진 회사명과 달리 초기에는 그다지 성공적이지 못했습니다. 경쟁사인 3dfx의 '부두' 시리즈가 훨씬 더 유명했거든요. 저도 어릴 때 컴퓨터에 '부두' 카드를 장착했던 기억이 납니다. 엔비디아는 고려 대상이 아니었죠. 엔비디아는 '부두'에 밀리는 그저 그런 게임 그래픽 카드를 만들던 업체에 불과했습니다. 그럼에도 엔비디아는 심기일전하여 꾸준히 그래픽 카드의 성능을 개선합니다. 어느덧 '리바' 시리즈를 내놓으면서 인기를 끌기 시작하더니, 폭탄을 연상케 하는 이름의 후속작 '리바 TNT'는 엄청난 성능을 발휘하며 게이머들의 마음을 사로잡았죠. 1999년에는 지포스GeForce라는 이름의 그래픽 카드를 내놓으면서 세계 최초의 **GPU**Graphics Processing Unit라고 홍보합니다.

흔히 딥러닝 모델을 개발할 때 GPU가 필요하다고 얘기하는데 이때 필요한 GPU가 바로 이것을 말합니다. 그렇다면 게임에 사용되는 그래픽 카드인 GPU가 어떻게 인공지능과 관련 있게 됐을까요?

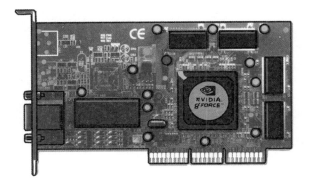

먼저 게임 그래픽 카드가 무슨 일을 하는지부터 살펴봅시다.

게임 그래픽 카드의 또 다른 명칭은 3D 가속 카드입니다. 3차원 그래픽 게임의 가속을 위해 사용하는 장치죠. 요즘 인기 있는 게임인 '리그 오브 레전드', '오버워치', '배틀그라운드' 등은 모두 3차원 그래픽 게임입니다. 이들 게임을 부드럽게 실행하기 위해 게임 그래픽 카드, 즉 GPU가 필요하죠. GPU는 이들 게임에서 3차원 그래픽을 빠르게 완성하는 일을 합니다.

3차원 그래픽은 어떻게 만들어질까요? 먼저 3차원 공간에 좌표를 설정합니다. 이 공간에 점을 찍고 직선으로 이어 도형을 만든 다음 도형 내부를 채우는 과정이 필요하죠. 그 과정은 마치 컬러링북에 색을 칠하는 것과 비슷합니다. 여러분도 한 번쯤 해본 경험이 있을 거예요. 꽃잎 밑그림에 예쁘게 색연필로 색을 하나씩 칠하는 과정 말이죠. 모두 완성하는 데 시간이 얼마나 걸렸나요?

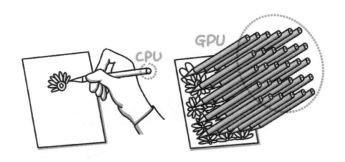

그런데 만약 색연필이 수십 개 있다면 어떨까요? 하나는 왼쪽을 칠하고 하나는 오른쪽을 칠할 수 있도록 말이죠. 게다가 이 작업을 모두 동시에 진행할 수 있다면요? 색연필을 한 개만 사용하는 게 아니라 수십 개를 들고 한꺼번에 칠한다면 훨씬 더 빨리 끝낼 수 있지 않을까요? GPU의 역할이 바로 이런 겁니다. 수천 개의 색연필을 한꺼번에 손에 쥐여주는 역할을 하죠. 하나하나만 놓고 보면 빠르게 칠할 수 있는 고급 색연필이 아니지만, 수천 개를 한꺼번에 칠할 수 있기 때문에 전체적으로는 색칠 작업을 훨씬 더 빨리 끝낼 수 있죠. 이것이 바로 GPU가 3차원 그래픽을 빠르게 완성하는 과정입니다.

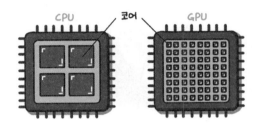

CPU가 성능 좋은 비싼 코어를 몇 개만 장착한 구조라면, GPU는 상대적으로 성능은 떨어지지만 매우 저렴한 코어를 엄청나게 많이 꽂아둔 형태를 띱니다. 저렴한 색연필을 수천 개 갖고 있는 것과 같죠. 이 방식은 매우 효율적이었습니다. 그리고 엔비디아는 이렇게 효율적인 GPU가 게임에만 쓰이길 원치 않았습니다.

엔비디아는 일찍이 게임 외에도 다양한 분야에 GPU가 쓰이길 바랐습니다. 초기에는 게임과 유사한 분야인 그래픽스에서 GPU가 쓰이기 시작합니다. 최초의 3D 장편 애니메이션인 〈토이 스토리〉가 대성공을 거두면서 CG 애니메이션에 대한 관심이 높아진 상태였죠. 엔비디아는 새로운 그래픽 프로그래밍 언어까지 만들어가며 GPU의 가능성을 그래픽 전반으로 확장하기 시작합니다. 게임을 넘어 이제 그래픽스까지 응용 분야가 확장됐지만, 엔비디아는 여기서 멈추지 않았습니다. 훨씬 더 다양한 분야에 범용적으로 GPU가 쓰이기를 원했죠.

이언 벅
엔비디아 가속 컴퓨팅 부문
총괄 겸 부사장
CUDA 최초 개발자

그리고 2004년, 스탠퍼드에서 GPU를 연구하던 이언 벅Ian Buck, 1976~을 채용합니다. 그의 박사과정 연구 주제는 GPU를 이용한 병렬 연산이었습니다. 32개의 엔비디아 지포스 그래픽 카드를 연결해 병렬 연산 연구를 진행했죠. 이언 벅은 박사 학위를 받고 엔비디아에 입사한 이후에도 꾸준히 연구를 이어나갑니다. 그는 GPU가 더 다양한 분야에서 유용하게 쓰일 것이라 확신했습니다. 그리고 GPU가 더 범용적으로 활용될 수 있는 새로운 프로그래밍 모델을 연구하기 시작하죠.

2006년, 드디어 **CUDA**라는 플랫폼이 탄생합니다.

앞서 말했듯 애초에 GPU는 게임을 중심으로 하는 3차원 그래픽을 가속하는 장치였습니다. 이후 그래픽스 분야로 쓰임새를 확장하긴 했지만, 셰이더Shader 언어 같은 그래픽스 전용 언어로 GPU 코딩을 해야 했죠. 이런 생소한 언어는 그래픽스 전문가가 아닌 이상 쉽게 다루지 못했습니다.

당시 CPU 대상으로는 이미 많은 개발자들이 활용할 수 있는 다양한 프로그래밍 언어와 컴파일러가 존재했습니다. 하지만 GPU에서는 이를 그대로 활용할 수 없었죠. GPU는 매우 독특한 구조였기 때문입니다. 예컨대 컬러링북에 색을 칠할 때 색연필 하나를 조작하는 건 어렵지 않지만 수백, 수천 개의 색연필을 한꺼번에 쥐고 효율적으로 조작하는 건 매우 어려운 일인 것과 같습니다.

그뿐만 아니라 과거에 GPU는 용도별로 유닛이 구분되어 있었습니다. 버텍스 처리에 8개 유닛, 조각 생성에 24개 유닛, 조각 병합에 16개 유닛과 같은 식이었죠. GPU는 그래픽 처리 외에는 활용이 어려운 제한적인 장치였습니다. 그러나 이를 범용적으로 사용하려는 연구가 진행되면서 엔비디아는 각각의 유닛을 통합하는 새로운 통합 아키텍처를 발표합니다. 그리고 CUDA를 이용해 평소 익숙하게 사용하던 C++ 언어로 GPU 코딩을 할 수 있는 길을 열어줬습니다. 더 이상 용도별로 구분된 유닛이 아니라 통합 아키텍처를 통해, 그것도 평소 연구에 사용하던 언어를 이용해 자유롭게 코딩할 수 있게 된 것이죠. 덕분에 과학기술 연구자들이 쉽게 GPU에 접근할 수 있게 됐습니다.

그렇다면 이렇게 등장한 CUDA는 모두에게 환영받았을까요?

그렇지 않았습니다. 지금은 상상하기도 어려운 반응이지만 CUDA 발표 직후 사람들은 엔비디아가 쓸데없는 기술에 투자한다며 엄청나게 비난했습니다. 당시 기술 개발에 투입된 돈만 해도 무려 100억 달러에 달했는데, 이는 너무 큰 금액이었죠. 게다가 모든 GPU를 CUDA 호환으로 만들려다 보니 칩 생산 비용도 크게 증가했습니다. 가정용 게임 GPU까지도 CUDA를 지원하게 만들어 CUDA가 모든 곳에 적용되는 기본 기술이 되게끔 해야 한다는 젠슨 황의 과감한 결정 때문이었죠.

시기도 좋지 않았습니다. 2008년에는 미국의 서브프라임 모기지 사태로 촉발된 세계 금융 위기까지 겹쳤습니다. 나스닥이 절반 이상 하락했고, 엔비디아도 이 소용돌이에서 빠져나오지 못했습니다. 주가가 무려 80% 가까이 빠졌죠(물론 그 당시에 주식을 샀다면 2025년 1월에는 무려 1,000배가 넘는 수익을 거둘 수 있었습니다. 만약 1,000만 원을 투자했다면 100억 원이 됐죠).

그렇게 비난받으며 등장한 CUDA는 초기에는 기초 과학을 위한 대규모 연산 플랫폼에 가까웠습니다. 단백질 분자 구조 분석, 수치 최적화, 교통 신호 제어, 이동 경로 최단거리 문제, 전 방향 이동 로봇의 지능적 행동 제어 등 이름만 들어도 어려워 보이는 대규모 연산이 필요한 연구 프로젝트에 주로 쓰였죠. 하지만 다양한 과학 계산 프로젝트에 GPU 활용이 점차 늘기 시작하면서 마침내 인공지능 연구에도 GPU가 쓰이기 시작합니다. 2009년에는 스탠퍼드대학교에서 드디어 인공 신경망에 GPU를 도입하는 실험을 처음으로 진행합니다. 이때 논문에서 밝히기를 무려 70배나 더 빠르게 학습할 수 있었다고 밝혀 전 세계 수많은 연구자들을 깜짝 놀라게 합니다.

이때를 기점으로 엔비디아의 새로운 역사가 시작됩니다. 이후 너나 할 것 없이 인공지능 연구에 GPU를 도입하기 시작하죠. GPU를 이용하면 기존에 비해 수십 배 더 빠르게 처리되니 쓰지 않을 이유가 없었습니다. 인공지능 분야에서 계속 좋은 연구 성과가 나오기 시작하고, 덩달아 GPU도 인공지능을 대표하는 장비로 자리매김합니다. 이 모든 게 연구자들이 손쉽게 GPU 코드를 작성할 수 있도록 해준 CUDA 플랫폼의 위력 덕분이었습니다. 그리고 CUDA를 만든 이언 벅은 20여 년이 지난 지금도 엔비디아에 근무하며 전 세계 데이터센터 비즈니스를 책임지는 부사장으로 있습니다.

엔비디아는 일찍이 소프트웨어에 많은 투자를 했습니다. 하드웨어 회사임에도 이언 벅 같은 훌륭한 소프트웨어 엔지니어들을 적극적으로 영입했고, CUDA 개발에도 많은 투자를 했죠. 아마 수십 년 전 IBM의 실패 사례를 떠올렸을지도 모릅니다.

IBM은 1980년대에 오늘날의 개인용 컴퓨터Personal Computer, 즉 PC라는 제품을 만들어냅니다. 그전까지만 해도 가정용 컴퓨터는 애플을 비롯한 여러 기종이 난립해 있었습니다. 하지만 IBM PC가 등장하면서 이 시장을 한 방에 정리해버렸죠. 그게 가능했던 이유는 어떤 회사든 주변 기기나 호환 기종까지 자유롭게 만들 수 있도록 아키텍처를 오픈하는 파격적인 정책을 취한 덕분이었습니다. 오늘날 오픈소스의 원조 격이라 볼 수 있죠. 그리고 그 영향력은 엄청났습니다. 단번에 모든 가정용 컴퓨터가 IBM PC 호환 기종으로 바뀝니다. 이 때문에 애플처럼 다른 컴퓨터를 만들던 회사는 망하기 직전까지 가죠. 물론 나중에는 잘 알다시피 스티브 잡스가 화려하게 복귀해 애플을 부활시키지만, 그전까지만 해도 IBM PC는 애플을 거의 망하게 할

만큼, 아니 애플뿐만 아니라 다른 모든 컴퓨터 회사를 망하게 할 만큼 엄청난 영향력을 과시했습니다.

하지만 그렇게 잘나가던 IBM도 한 가지 결정적인 실수를 저지릅니다. IBM PC에는 소프트웨어가 필요했습니다. 대표적인 게 운영체제였죠. 하지만 하드웨어 업체였던 IBM은 애초에 소프트웨어는 별로 중요하게 여기지 않았습니다. 그리고 시애틀에 있는 한 작은 스타트업과 운영체제를 공급하는 계약을 체결하죠.

Microsoft
빌 게이츠

그 회사의 대표는 빌 게이츠Bill Gates, 1955~였습니다. 회사의 이름은 마이크로소프트였죠. 이후 IBM PC가 시장을 완전히 장악하면서 마이크로소프트는 승승장구합니다. 정작 IBM은 돈을 못 벌었지만 운영체제를 납품했던 마이크로소프트는 엄청난 수익을 벌어들입니다. 이후 마이크로소프트는 윈도우 운영체제를 출시하며 더욱 인기를 끕니다. 오피스 제품군까지 출시하며 전 세계 비즈니스 소프트웨어 시장을 완전히 장악하죠. 마이크로소프트는 전 세계 시가총액 1위를 여러 번 기록했을 만큼 세계 최고의 회사가 됐습니다. IBM에 소프트웨어를 납품하던 40여 년 전의 결정이 그 엄청난 성공의 시작입니다.

엔비디아는 수십 년 전 소프트웨어를 내줬다가 완전히 흐름에서 밀려난 IBM의 역사를 되풀이하고 싶지 않았을 겁니다. 일찍이 소프트웨어에 엄청난 투자를 하죠. CUDA가 처음 등장한 게 2006년입니다. 2025년을 기준으로 본다면 벌써 20여 년이 다 되어가는 오래된 기술이죠. 하지만 이렇게 일찍이 만든 플랫폼이다 보니 그동안 쌓여 있는 수많은 연구나 자료들은 모두 CUDA를 기본으로 지원합니다.

사실 GPU라는 장비는 엔비디아만 만들 수 있는 건 아닙니다. AMD도 만들고 인텔도 만들죠. 심지어 우리나라의 삼성전자도 만들 수 있습니다. 하지만 CUDA는 엔비디아의 독점 기술입니다. 그러다 보니 다른 회사 GPU에서는 돌아가지 않는 연구나 코드도 일단 엔비디아 GPU에서는 잘 돌아갑니다. 사실상 모든 연구가 CUDA를 우선으로 하기 때문이죠. 지금도 여전히 모든 딥러닝 라이브러리가 CUDA를 우선으로 지원합니다. 저 또한 딥러닝 개발을 십수 년 넘게 해오고 있지만 CUDA가 아닌 다른 플랫폼에서는 개발해본 적이 없습니다. 상황이 이렇다 보니 항상 엔비디아 GPU를 찾을 수밖에 없죠.

굳이 비유하자면 이 세상 모든 게임이 윈도우를 우선으로 지원하는 것과 마찬가지입니다. 윈도우는 사용자가 가장 많을 뿐 아니라 마이크로소프트가 직접 게임 개발 라이브러리를 제공하기 때문에 게임 개발에 매우 편리한 환경을 갖추고 있습니다. 그러다 보니 대부분의 게임은 윈도우 전용입니다. 리눅스 게임은 찾아보기 힘들죠.

물론 엔비디아가 단순히 CUDA만으로 성공한 것은 아닙니다. 분명 CUDA는 엔비디아가 GPU 시장을 독점하는 데 가장 큰 역할을 한 1등 공신이지만 이들은 혁신을 멈추지 않았죠. 2016년에는 직접 슈퍼컴퓨터도 만들기 시작합니다. 그동안은 GPU만 만들었는데, 이때부터는 아예 딥러닝을 위해 특별히 설계한 슈퍼컴퓨터를 직접 만들기 시작했죠. 당시는 알파고가 등장해 이세돌을 막 꺾던 시기였습니다. 인공지능이 부활하려던 찰나였죠. 엔비디아는 이런 좋은 기회를 놓치지 않았습니다. 직접 딥러닝 슈퍼컴퓨터를 만들어내고, 그렇게 생산한 첫 번째 장비를 이제 막 시작하는 캘리포니아의 한 인공지능 스타트업에 무상으로 기증하기도 합니다.

그 회사의 이름은 오픈AI였습니다.

이후에는 오픈AI뿐만 아니라 수많은 인공지능 회사가 엔비디아의 GPU를 이용하기 시작합니다. 엔비디아는 경쟁사를 압도하는 성능의 GPU를 만들어냅니다. 2022년에 출시된 엔비디아 H100 GPU는 지금도 여전히 최고의 성능을 냅니다. 그러다 보니 많은 회사들이 웃돈

엔비디아 딥러닝 슈퍼컴퓨터 무상 기증

을 들여서라도 구하지 못해 안달이죠. 이 GPU 하나만 해도 6,000만 원이 넘는 가격대가 형성되어 있습니다. 하지만 2025년에도 출시된 지 2년도 더 지난 H100 GPU를 웃돈을 줘도 제대로 사오기 힘들 정도입니다. 한때 수요가 폭발할 때는 돈을 모두 지불하고도 1년씩이나 기다려야 했는데, 그나마 나아진 게 이 정도입니다.

게다가 최상급 GPU는 빅테크 기업이 물량을 싹 쓸어갑니다. 이 책의 주제이기도 한 LLM 때문이죠. 전 세계가 인공지능 연구 전쟁을 벌이고 있습니다. 그중에서도 선두에 있는 빅테크 기업들은 오픈AI를 따라잡기 위해 더더욱 많은 GPU를 구매하고 있습니다. 2023년에 메타는 엔비디아의 최상급 GPU인 H100을 15만 장 정도 구매했습니다. 1장에 6,000만 원으로 추산하면 우리 돈 9조 원어치를 구매한 거죠. 한 회사에서 구매한 물량이 이 정도입니다. 게다가 2024년에는 마크 저커버그가 35만 장을 더 구매하겠다고 직접 선언했습니다. 무려 20조 원이 넘는 금액이죠. 이 때문에 일론 머스크는 "GPU를 마약보다 더 구하기 어렵다."며 불평하기도 했죠.

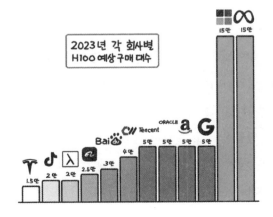

이처럼 엔비디아는 CUDA 생태계와 최고의 GPU 성능으로 대안이 없는 완전한 독과점 시장을 형성하고 있습니다. 챗GPT 등장 이후 엔비디아의 주가 흐름을 보면 사람들이 엔비디아에 얼마나 주목하고 있는지 바로 알 수 있죠.

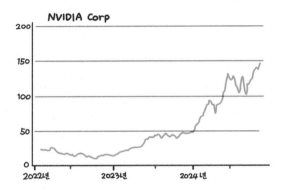

엔비디아 주가는 챗GPT 등장 직후인 2022년 하반기부터 가파르게 상승하기 시작하여 2024년 하반기에는 급기야 전 세계 시가 총액 1위를 기록합니다. 혹자는 주가에 거품이 꼈다고 얘기할지 모르지만 그렇지 않습니다. 매출과 영업이익도 대단하기 때문이죠. 2024년 1분기 매출액은 전년 동기 대비 2.6배 이상 증가했고, 영업이익은 무려 7배 가까이 늘어났습니다. 더욱 놀라운 점은 영업이익률이 66%를 넘어선다는 점입니다. 100원을 받고 GPU를 팔면 종업원 월급 다 주고도 66원이 남는다는 얘기죠. 그것도 박사급 인재들로 구성된 비싼 종업원들의 월급을 주고도 말이죠. 소프트웨어가 아닌 하드웨어 업체가 이 정도 영업이익률을 내는 것은 정말 보기 드문 일입니다. 제가 현대자동차에 근무하던 당시 영업이익률이 고작 2%에서 5% 사이를 왔다 갔다 했던 것을 떠올려본다면 66%는 정말 놀라운 수치입니다. 제조업에서는 어디서도 볼 수 없는 꿈의 숫자죠. 게다가 분기에만 수십조 원을 버는 회사가 이렇다니 정말 믿기 어려울 정도입니다. 엔비디아는 2024년 하반기에 전 세계 시가총액 1위를 달성했습니다. 세상에서 가장 비싼 기업 중 하나가 됐죠. 우리나라 돈으로 환산하면 5,000조 원이 넘습니다. 국내 1위인 삼성전자의 2025년 3월 기준 시가총액이 360조 원인 것을 감안하면, 시장 가치만으로 봤을 때 엔비디아가 삼성전자 14개를 합친 규모에 달하는 셈입니다.

세계 최고의 엔비디아 GPU와 이를 뒷받침하는 SK하이닉스 HBM

그렇다면 엔비디아는 대체 어떤 GPU를 만들까요?

엔비디아에서 만드는 GPU에는 여러 종류가 있습니다. 이 중에서 특별히 인공지능에 사용되는 GPU는 제품명이 데이터센터 GPU라고 해서 일반 GPU보다 훨씬 더 비쌉니다. 우리가 가정용 PC에 설치하는 GPU에는 RTX라는 이름이 붙는데, 이는 게임 그래픽 전용입니다. 그런데 인공지능에 사용하는 GPU는 게임은커녕 모니터에 연결할 수 있는 단자조차 없습니다. 오로지 인공지능 용도로만 사용할 수 있죠. 이를 **GPGPU**General Purpose Graphics Processing Unit라고 합니다. 그래픽이 아닌 범용적인 용도의 GPU라는 뜻이죠. 물론 예전의 게임 전용 카드로도 얼마든지 인공지능 모델을 연구할 수 있습니다. 하지만 지금은 제품군이 명확하게 구분되어 있습니다.

게임용 GPU와 데이터센터 GPU의 가장 큰 차이점은 메모리입니다. 게임용 GPU는 2024년 기준 최신 제품인 RTX 4090도 최대 메모리가 24GB 남짓입니다. 그 이하 모델은 16GB, 8GB 정도에 불과하죠. 반면 데이터센터 GPU인 H100은 최대 메모리가 80GB입니다. 이렇게 메모리가 여유로우면 훨씬 더 많은 일을 쉽게 할 수 있다는 점을 이미 제4장에서 여러 차례 살펴본 바 있습니다. 이 때문에 인공지능 모델을 제대로 학습하려면 메모리가 넉넉한 데이터센터 GPU를 사용하는 편이 당연히 유리합니다.

게다가 단순히 크기만 큰 것이 아닙니다. 엔비디아 데이터센터 GPU에 탑재되는 메모리는 기존 데스크탑에서 사용하는 메모리와는 조금 다르게 생겼습니다. 원래 메모리는 속도보다 용량이 중요합니다. 이미 메모리는 컴퓨터의 모든 장치 중에서 가장 빠르기 때문에 굳이 더 빨라야 할 필요는 없기 때문이죠. 당장 제가 사용하는 맥북만 해도 SSD의 경우 대역폭이 3GB/s입니다. 초당 3GB의 파일을 읽을 수 있죠. 하드 디스크보다 훨씬 더 빠른 SSD가 이 정도입니다. 참고로 하드 디스크는 이 속도의 10분의 1도 채 나오지 않습니다. SSD는 상당히 빠른 셈이죠. 그런데 메모리는 훨씬 더 빠릅니다. 제가 사용하는 맥북의 메모리 대역폭은 100GB/s입니다. 초당 100GB니까 SSD보다도 33배나 더 빠르죠.

이렇게 속도 차이가 많이 나기 때문에 그동안 컴퓨터 전체의 동작에서 메모리의 속도는 전혀 문제가 되지 않았습니다. 대부분은 느린 디스크의 문제였죠. 그래서 과거에는 메모리를 많이 달아 컴퓨터의 체감 속도를 높이곤 했습니다. 하드 디스크의 내용을 미리 메모리에 캐시하여 속도를 높일 수 있었죠. 특히 윈도우 운영체제는 메모리를 아주 많이 사용했기 때문에 메모리가 부족하면 디스크에 쓰기를 시도해 실행 속도가 많이 느려졌습니다. 그래서 컴퓨터의 속도를 높이려면 메모리를 많이 다는 것이 무엇보다 중요했습니다. 굳이 메모리의 속도에는 크게 신경 쓸 필요가 없었죠.

그러던 것이 딥러닝에 본격적으로 활용되기 시작하면서 상황이 달라집니다. 이제는 메모리가 훨씬 더 빨라져야 했습니다. 지금까지 충분히 빨랐는데 왜 더 빨라져야 할까요?

딥러닝은 엄청나게 많은 데이터로 계산하는 작업입니다. 예를 들어 GPT-3 175B 모델을 사용한다면 2바이트로 로딩을 해도 350GB나 되는 메모리를 차지합니다. 문제는 LLM이 토큰을 하나 생성하기 위해서는 이렇게 큰 데이터를 매번 읽어들여야 한다는 점입니다. 그러니까 매 요청마다 메모리에서 350GB의 데이터를 꺼내서 계산을 하고, 또 이 계산을 계속 반복해야 한다는 얘기죠. 이 때문에 훨씬 더 빠른 메모리가 필요하게 됐습니다.

이때 등장한 메모리가 **HBM**High Bandwidth Memory입니다. HBM은 문자 그대로 '고대역폭 메모리'를 뜻하죠. HBM을 만드는 회사는 엔비디아가 잘되면 덩달아 수익을 냅니다. 엔비디아의 GPU에 HBM이 탑재되기 때문이죠. 그렇다면 HBM을 만들어내는 회사는 어디일까요? 주식 투자를 하시는 분들은 기술에 대해 잘 모르더라도 HBM은 한 번쯤 들어본 적이 있을 거예요. 놀랍게도 이 제품을 만드는 회사가 우리나라 회사이기 때문이죠.

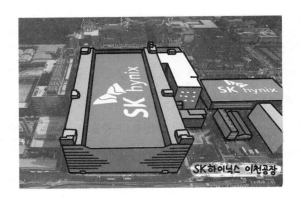

SK하이닉스 이천공장

바로 SK하이닉스입니다. HBM을 세계 최초로 개발했을 뿐만 아니라 HBM을 엔비디아에 독점적으로 납품하고 있습니다. 경기도 이천 공장에서 생산되는 고대역폭 메모리가 엔비디아에 독점적으로 납품되고 있죠. 그렇게 HBM이 탑재된 엔비디아의 GPU가 전 세계에 팔리고 있습니다. 이제 경기도 이천의 주요 특산품은 쌀이 아니라 전 세계에 팔리고 있는 고대역폭 메모리라고 해도 과언이 아닐 정도죠. 그래서 우스갯소리로 HBM이 이제 'High Bandwidth Memory'의 약자가 아니라 'Hynix Best Memory'의 약자라는 얘기까지 나올 정도입니다.

엔비디아 GPU에 탑재된 HBM은 제 맥북에 쓰이는 기존 메모리에 비해 33배 정도 대역폭이 더 큽니다. 엄청나게 빠르죠. 그렇다면 어떻게 이처럼 빠른 속도를 낼 수 있을까요?

기존의 메모리 구조를 다시 한번 살펴봅시다. 기존에는 메모리의 용량이 중요했기 때문에 CPU와는 약간 떨어져 있었습니다. 충분히 많은 공간을 확보할 수 있는 위치에 있었고, 이곳에 메모리를 나란히

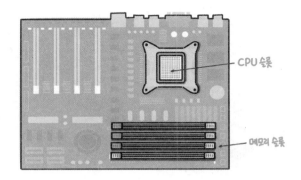

CPU 슬롯

메모리 슬롯

장착했죠. 컴퓨터를 한 번이라도 열어본 분들은 아시겠지만, 메인보드 한편에 CPU 소켓이 있고 그 옆으로 메모리 슬롯이 나란히 놓여 있습니다. 거기에 메모리를 장착하는 형태죠.

하지만 HBM은 GPU 바로 옆에 위치해 있습니다. 딱 붙어 있죠.

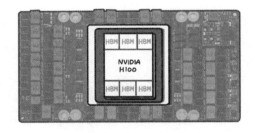

보다시피 GPU 코어 옆에 딱 붙어 있는 사각형 여섯 개가 모두 HBM입니다. 이렇게 붙어 있으니 훨씬 더 빠른 초고속 통신이 가능합니다. 물론 옆에 붙어 있다고 그걸로 끝이 아닙니다. HBM은 속도를 높이기 위해 훨씬 더 많은 연결을 합니다.

이해를 쉽게 하기 위해 메모리를 창고에 비유하고 GPU를 공장에 비유해보죠. 기존에는 이 구간에 도로가 하나만 연결되어 있었습니

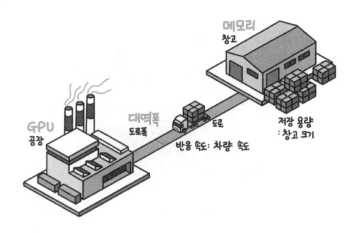

다. 트럭이 창고(메모리)에서 데이터를 꺼내 공장(GPU)까지 나르는데, 아무리 빠른 트럭이 있다 한들 한 도로에서 이동하는 데이터의 양에는 한계가 있겠죠.

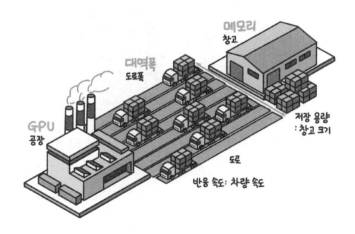

그런데 HBM은 이런 도로를 수십 군데 연결한 것과 같습니다. 이제 도로가 여러 개이기 때문에 훨씬 더 많은 트럭이 데이터를 실어

나를 수 있죠. 바로 옆에 있어서 거리가 짧을 뿐만 아니라 도로도 수십 군데가 연결되어 있으니 더 빠를 수밖에 없습니다. 이쯤 되면 기존에도 똑같이 수십 군데를 연결하면 되는 문제 아니냐고 반문할 수 있을 겁니다. 하지만 실제로는 공간이 너무 협소해서 기존 방식으로는 그렇게 많은 도로를 설치할 수 없었습니다. 그렇다면 HBM은 어떻게 비좁은 공간에도 불구하고 수십 군데의 도로를 연결한다는 얘기일까요?

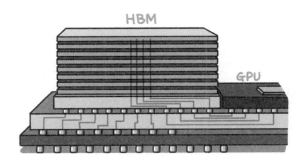

HBM은 도로를 3차원으로 구성해 이 문제를 해결했습니다. 창고를 아파트 형태로 짓고 창고 바닥을 뚫어 엘리베이터를 수십 대 설치하는 것과 같은 원리죠. 그렇게 메모리를 수직으로 쌓아 올리고 구멍을 뚫어 연결했습니다. 엄청나게 많은 도로를 수직으로 만들고 이를 GPU에 직접 연결시켰죠. 이제 수십 대의 트럭들이 아파트 형태의 메모리 창고에서 수십 대의 엘리베이터에 나눠 타고 GPU 공장으로 한꺼번에 이동합니다.

대신 트럭의 속도는 기존보다 조금 더 느립니다. 칩을 수직으로 쌓아 올렸기 때문에 기존처럼 빠르게 달리면 발열 문제가 생기기 때문이죠. 조금 천천히 이동하지만 대신 훨씬 더 많은 트럭이 더 많은 도로를 통해 한꺼번에 이동하기 때문에 결과적으로는 더 짧은 시간에 훨씬 더 많은 데이터를 읽어들일 수 있습니다.

엔비디아 H100 GPU에 탑재된 HBM은 제 맥북에 있는 메모리보다 초당 33배 더 많이 전송할 수 있습니다. 메모리는 애초에 가장 빠른 장치인데 이보다 33배나 더 많이 전송하다니 정말 엄청난 대역폭이죠. 엔비디아 H100 GPU의 HBM 대역폭은 3.35TB/s입니다. 1초에 3TB를 넘게 이동시킬 수 있죠. 요즘 시중에 판매하는 외장형 SSD가 1TB 정도 하니까 이런 것 3개를 1초 만에 순식간에 채워버리는 속도입니다. 우리가 영화를 고화질로 본다고 했을 때 4K 영상이라는 표현을 사용하는데, 4K 영상 2시간짜리 영화가 40GB 정도 됩니다. 3.35TB는 4K 고화질 영화를 1초에 80편씩 옮길 수 있는 엄청난 속도죠.

이 방식을 세계 최초로 개발한 회사가 우리나라의 SK하이닉스입니다. 지금은 삼성전자 역시 HBM을 생산하고 있지만 2025년 상반기 기준, 엔비디아는 여전히 SK하이닉스의 HBM만을 납품받고 있습니다. 전 세계에 엔비디아 GPU가 하나씩 팔릴 때마다 우리나라 SK하이닉스에서 생산된 HBM도 하나씩 함께 팔린다고 보면 되죠. HBM이 'Hynix Best Memory'의 약자라는 우스갯소리가 나오는 이유입니다.

전 세계는 반도체 전쟁 중

반도체는 부침이 심한 업종이지만 '산업의 쌀'이라고 부를 정도로 중요한 산업입니다. 물론 지금이야 쌀이 남아도는 세상이지만 여전히 우리는 쌀 없이는 살 수 없죠. 쌀은 우리가 살아가는 데 가장 중요한 작물입니다. 반도체도 마찬가지입니다. 어디에나 반도체가 있지만, 여전히 중요한 사실은 반도체 없이는 디지털 세상도 존재할 수 없다는 점입니다. 디지털 세상을 구성하는 가장 중요한 구성품이 바로 반도체이며, 이제 반도체는 쌀과 비교할 수 없을 정도로 압도적인 존재감을 보입니다. ARM의 공동 창업자인 헤르만 하우저는 예전에 이런 얘기를 한 적이 있습니다.

> 세상에는 두 종류의 컴퓨터 회사만 남게 될 것이다. 반도체를 만들 수 있는 컴퓨터 회사와 망한 컴퓨터 회사.
> – 헤르만 하우저, ARM 공동 창업자[1]

반도체를 만들 역량이 없는 컴퓨터 회사는 모조리 망할 것이란 얘기였죠. 그만큼 반도체가 중요하다는 점을 강조한 발언이었습니다. 1990년대 이전까지만 해도 우리나라의 반도체 산업은 존재감이 미미했습니다. 세계 최초로 반도체를 개발한 미국을 중심으로 유럽과 일본 업체가 맹렬히 추격 중인 상황이었죠. 당시에는 필립스, 지멘스 같은 유럽 회사와 도시바, NEC(일본전기), 히타치, 후지쯔, 미쓰비시 같은 일본 회사들이 전 세계 반도체 업계를 점령하고 있었습니다. 이들의 위세는 대단했는데, 특히 일본 기업들은 정말 대단했습니다. 1980년대 일본은 미국을 바짝 추격하며 세계 2위의 경제 대국으로 기세등등하던 시절이었습니다. 당시 일본 경제가 어느 정도였냐면 도쿄를 팔면 미국 전체를 살 수 있다고 할 정도였죠. 이런 일본 기업들이 메모리 반도체 시장에 진입하면서 반도체 경쟁이 치열해지고 수익이 악화됐습니다. 일본 기업들은 높은 기술력을 갖췄고, 무엇보다 저렴한 가격을 내세워 치킨 게임을 벌이기 시작했습니다. 종주국인 미국의 반도체 기업들은 급속히 위축되었고 대부분 시장에서 철수했죠. 이 중에는 반도체 하면 떠오르는 대표적인 기업 인텔도 있습니다.

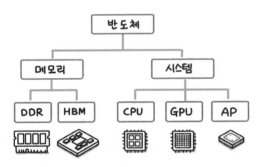

반도체 산업을 이해하기 위해서는 반도체의 종류를 알아볼 필요가 있습니다. 일반적으로 반도체는 시스템 반도체와 메모리 반도체로 구분됩니다. 시스템 반도체는 CPU를 떠올리면 됩니다. 인텔의 CPU가 대표적인 시스템 반도체죠. 메모리 반도체는 말 그대로 메모리를 떠올리면 됩니다.

많은 분이 모르고 있는 사실 중 하나는, 원래 인텔은 메모리 반도체로 시작한 회사였다는 점입니다. 이후에 CPU가 대박을 터트리고 전 세계 CPU 시장을 사실상 독점하면서 시스템 반도체 분야의 1인자가 됐습니다. 그럼에도 애초에 인텔의 시작은 메모리였기에 당연히 이에 대한 애정도 각별했습니다. 하지만 일본 업체들의 계속되는 공세에 인텔은 더 이상 견딜 수가 없었습니다. 나날이 늘어나는 적자 폭에 당시 CEO였던 고든 무어와 앤디 그로브의 근심은 깊어만 갔죠. 1985년 앤디 그로브는 무어에게 이렇게 말합니다. "만약 우리가 해고된다면 새 CEO는 무엇을 할까?" 무어는 마지못해 인정합니다. "메모리를 포기하겠지." 결국 인텔은 메모리를 포기하기로 결정합니다. 그렇게 인텔은 메모리 시장에서 과감히 철수하고 맙니다.[2]

이후 일본 기업들이 전 세계 메모리 반도체 시장을 점령합니다. 하지만 영광은 오래가지 못했습니다. 미국 정부가 치킨 게임을 벌이던 일본 기업들에 제재를 가하기 시작한 것이죠. 미국의 메모리 반도체를 무너트린 일본이지만, 미국 정부의 제재로 일본 업체들 또한 무너지기 시작했습니다. 이런 혼란의 틈바구니에서 고속 성장을 거듭한 나라가 바로 한국입니다.

우리나라는 일본 업체들이 휘청이는 사이에 메모리 반도체 기술을 꾸준히 발전시켜나갔고, 2025년을 기준으로 삼성전자가 세계 1위, SK하이닉스가 세계 2위의 자리를 차지하고 있습니다. 게다가 엔비디아에 채택된 HBM은 2인자였던 SK하이닉스가 세계 최초로 개발했습니다. 그래서 HBM만큼은 SK하이닉스가 세계 1위를 차지하고 있죠. 그뿐만이 아닙니다. 엔비디아는 여전히 SK하이닉스의 HBM만 공급받고 있습니다. 2018년에 데이터 센터와 고성능 모바일 기기를 중심으로 수요가 급증하며 유례없는 호황을 이어갈 때 SK하이닉스의 영업이익은 무려 20조 원에 달했습니다. 영업 이익률도 50%가 넘었죠. 창사 이래 최대였습니다. 부침이 심한 반도체 업황의 특성상 2023년에는 적자를 기록했지만, 챗GPT의 인기와 함께 다시 흑자로 전환했습니다. 2024년에는 24조 원으로 창사 이래 최대 영업이익을 달성했습니다.

이렇듯 인공지능의 열풍과 함께 엔비디아를 중심으로 한 반도체 호황이 계속되다 보니 이 시장에 도전하는 기업의 움직임도 빨라졌습니다. 그렇다면 이번에는 엔비디아 외에 이를 추격하는 **인공지능 가속기**AI Accelerator 시장의 강자들을 만나보죠.

엔비디아를 맹렬히 추격하다: AMD, 구글, 인텔, 아마존, 마이크로소프트, 메타

1. AMD, 엔비디아의 가장 위협적인 경쟁자

엔비디아에 가장 근접한 회사는 AMD입니다. 애초에 엔비디아가 게임 그래픽 카드를 생산하던 시절에 ATI라는 회사가 있었고, 이 회사에서 출시하던 라데온Radeon이라는 그래픽 카드는 엔비디아 못지않게 상당히 유명했습니다. 풍부한 색감으로 인기를 끌었는데 한때는 엔비디아를 능가하는 인기를 누리기도 했죠. 저도 당시에는 ATI의 그래픽 카드만 사용했습니다. 특유의 풍부한 색감이 엔비디아보다 훨씬 매력적이었거든요. 하지만 엔비디아와의 그래픽 카드 경쟁에서 점점 밀리기 시작하면서 사세가 기울었고, 2006년에는 결국 AMD에 인수됩니다. 하지만 지금도 게임 그래픽 카드는 AMD 라데온이라는 이름으로 명맥을 이어오고 있습니다. 또한 엔비디아와 마찬가지로 게임에만 머무르지 않고 딥러닝 전용 GPU 시장에도 뛰어든 상태입니다.

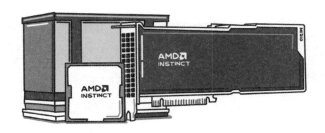

엔비디아에 CUDA가 있다면 AMD에는 이와 유사한 ROCm이라는 플랫폼이 있습니다. CUDA에 비해 많이 늦었지만 2016년에 출시하며 본격적으로 경쟁에 참여했습니다. 물론 여전히 엔비디아의 시장 점유율이 압도적이지만 AMD의 딥러닝 GPU도 상당히 좋은 평가를 받고 있습니다. 또한 엔비디아의 아성에 도전할 만한 가장 위협적인 후보로 손꼽히고 있습니다.

AMD의 대표인 리사 수Lisa Su, 1969~의 리더십에도 기대를 걸어볼 만합니다.

리사 수는 대만 태생으로, MIT에서 반도체로 박사 학위를 받은 정통 연구자 출신의 여성 CEO입니다. 같은 대만 태생인 엔비디아의 젠슨 황과 함께 미국의 반도체 시장을 이끌어나가는 대표적인 대만계

리사 수

쌍두마차라고 할 수 있죠. 그녀가 AMD에 합류할 당시인 2012년, AMD는 언제 망해도 이상하지 않을 정도로 위태로운 상황이었습니다. 주가도 1달러대로 내려가 있었죠(그러던 AMD의 주가가 2024년 상반기에는 200달러를 돌파합니다). 회사는 적자로 어려웠는데, 이 상황을 타개하기 위해 리사 수는 GPU에 집중하는 선택을 합니다. GPU의 가격을 낮춰 소위 가성비를 높였죠. 이외에도 엑스박스나 플레이스테이션 같은 콘솔에 탑재되는 CPU에 집중하는 등 여러 현명한 판단을 통해 AMD를 파산 직전에서 구해냅니다. 지금은 엔비디아를 따라잡기 위해 GPU에 집중하고 있으며 실제로 괜찮은 성능의 GPU를 만들어내고 있습니다. 리사 수의 탁월한 리더십 아래 AMD가 GPU 시장에서 어떤 성과를 보여줄지 기대가 큽니다.

2. 구글, 전용 칩으로 도전하다

구글은 자사의 인공지능 가속기를 **TPU**Tensor Processing Unit라는 별도의 이름으로 부르고 있습니다. 여기서 텐서Tensor란 데이터를 다차원 배열에 표현하는 개념으로, 딥러닝에서 값을 표현하는 데 사용합니다. 텐서는 딥러닝에서 다양한 데이터를 처리하는 데 중요한 역할을 합니다. 그리고 TPU는 바로 이 텐서를 처리하는 장치라는 뜻을 지닌 이름이죠. 구글이 만든 딥러닝 라이브러리의 이름은 텐서플로인데, 이 또한 딥러닝을 위해 텐서가 흐른다는 뜻입니다. 이처럼 구글은 장치에 텐서라는 이름을 부여해 GPU 대신 TPU라고 명명했습니다. 구체적으로는 행렬 연산을 최적화하여 고속으로 수행하는 장치입니다. 행렬 연산을 파이프라인 방식으로 연속적으로 처리하여 지연 시간을 최소화했고, 데이터 흐름도 행렬 연산에 최적화된 방식으로 구현했죠. 특히 아래 그림과 같은 수축기 배열Systolic Array 구조를 도입하여 기존의 GPU보다 대규모 행렬 연산을 훨씬 더 효율적으로 수행할 뿐 아니라 전력 소비도 더 낮췄습니다.

수축기 배열은 데이터가 일정한 주기마다 맥박처럼 배열 내부에서 흐르는 구조로, 데이터가 일정한 형태로 정렬되어 있다면 매우 효

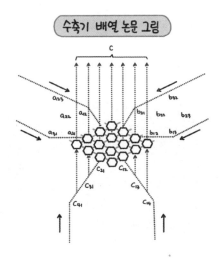

율적으로 동작합니다. 구글은 수축기 배열 구조를 채택한 TPU를 2016년에 대중에 처음 공개합니다. 2015년에 이미 개발을 완료했으나 내부적으로 1년 이상 비밀리에 운영해보고 성능을 충분히 검증한 뒤에 공개했죠. 놀라운 점은 프로젝트 시작부터 실제로 칩을 생산하여 서버에 배포하는 데까지 걸린 시간이 단 15개월이었다는 점입니다. 이는 기존 업계의 관행보다 훨씬 더 짧은 기간이었죠. 칩 개발은 매우 복잡하고 어려운 기술입니다. 기본적으로 개발 기간만 수년 이상 소요됩니다. 그런데 구글은 칩을 처음 만들면서도 팀을 구성해 아키텍처 설계를 마무리하고, 설계에서 칩 형태로 전환하는 작업을 브로드컴에 의뢰하고, 이후 생산을 TSMC에 맡겨 실제로 서버에 배포하는 과정까지, 이 모든 일련의 작업을 불과 15개월 만에 마무리합니다. 칩 개발이라는 복잡하고 어려운 과정을 단기간에 좋은 성과를 내면서 마무리했다는 점은 구글의 탁월한 프로젝트 관리 역량을 단적으로 보여줍니다.

당연히 구글은 이렇게 만든 TPU를 내부에서 다양하게 활용하고

있습니다. 참고로 TPU를 처음 공개한 2016년은 알파고가 우리나라의 이세돌과 바둑 대국을 벌였던 해이기도 합니다. 그리고 알파고가 바로 구글의 TPU를 이용해 개발된 프로그램이었죠.

이후 구글은 TPU를 일반에도 공개했고, 지금은 구글 개발자가 아니라도 누구나 TPU를 이용할 수 있습니다. 물론 TPU 자체를 판매하는 것은 아니고 구글 클라우드를 통해 이용할 수 있는데, 비용을 지불하면 누구나 사용할 수 있습니다. 물론 '누구나'라고 하기엔 지나치게 비싼 장비지만 어쨌든 돈을 내면 얼마든지 사용할 수 있습니다.

3. 인텔, 반도체 제왕의 새로운 도전

한때 인텔은 반도체 그 자체를 의미했습니다. 애초에 인텔의 창업자부터가 집적 회로Integrated Circuit를 세계 최초로 만든 사람이기도 합니다. 조금만 더 오래 살았다면 노벨상도 받을 수 있었던 인물이었습니다(노벨상은 선정 시점에 생존해 있는 사람에게만 수여됩니다). 인텔이 전 세계 반도체 분야에 끼친 영향력은 엄청났습니다. '무어의 법칙' 같은 용어도 모두 인텔에서 나온 말이죠. 애초에 인텔은 1971년에 상업적 용도의 CPU를 세계 최초로 만들어냈고 전성기 때는 CPU 시장의 80% 이상을 점유했습니다. 컴퓨터를 사면 10대 중 8대에는 인텔 CPU가 탑재되어 있던 시절이었죠. 이때 인텔은 자부심이 얼마나 강했던지 인텔 인사이드Intel Inside라는 마케팅까지 벌일 정도였습니다.

인텔 인사이드는 인텔이 1991년에 시작한 브랜드 캠페인으로, PC에 인텔 CPU가 탑재되면 파란색 '인텔 인사이드' 로고 스티커를 붙여주던 마케팅이었습니다. 이는 컴퓨터의 핵심 부품인 CPU를 일반 소비자들에게 각인시키는 데 큰 역할을 했으며, 역사상 가장 성공적인 마케팅 사례 중 하나로 꼽힙니다. 그만큼 당시 인텔의 자부심도 대단했습니다.

마이크로소프트는 윈도우라는 운영체제로, 인텔은 CPU라는 반도체로, 두 회사는 PC 시장의 전성기를 이끌며 엄청난 수익을 거둬들이며 성장합니다. 마이크로소프트는 지금도 전 세계 시가총액 3위 안에 드는 세계 최고의 기업입니다. 하지만 인텔은 어느덧 초라한 모양새가 됐습니다. 경쟁자였던 AMD는 물론이고, 엔비디아와는 비교가 되지 않을 정도로 한참 뒤처져 있습니다. 인텔은 PC 시대를 지나 모바일 시대가 열릴 때 이에 적응하지 못했고, 인공지능 열풍이 불 때도 전혀 힘을 쓰지 못했습니다.

인텔은 가우디Gaudi라는 이름의 인공지능 가속기를 만듭니다. 정확

히는 이스라엘의 반도체 기업 하바나랩스가 만든 제품이고, 이 회사를 2019년에 2조 원이 넘는 금액에 인수하고 발전시켜왔죠. 2024년에는 벌써 세 번째 제품을 출시합니다. 나름대로는 엔비디아를 뛰어넘는 성능이라고 홍보하고 있죠. 인텔은 CUDA에 대항하기 위해 통합 가속 단체Unified Acceleration (UXL) Foundation를 조직해 오픈 생태계를 꾸리려는

노력도 하고 있습니다. 이 단체에는 인텔 외에도 구글, 퀄컴, 삼성 등이 참여했는데, 이들은 CUDA와 유사한 소프트웨어를 오픈소스로 만들었습니다. 굳이 엔비디아가 아니더라도 모두가 범용적으로 사용할 수 있는 소프트웨어를 만들어 보급하는 것을 목표로 합니다. 즉 CUDA가 엔비디아의 GPU에서만 동작하는 것과는 달리 이들이 만든 범용 소프트웨어는 어떤 GPU에서든 돌아가게 하겠다는 거죠.

물론 아직은 초기 단계입니다. 저마다 다른 야욕을 갖고 있는 기업들이 과연 하나로 똘똘 뭉쳐 좋은 소프트웨어를 만들어낼 수 있을지도 의문입니다. 그렇다고 엔비디아가 시장을 독점하고 있는 상황을 다들 넋 놓고 바라볼 수만은 없겠죠. 이들은 **원API**oneAPI라는 통합 인터페이스를 만들어 이미 활용 가능한 수준으로 완성한 상태입니다.

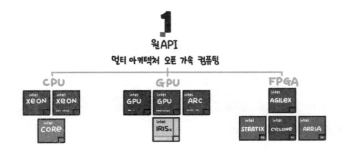

원API는 이름 그대로 하나의 단일 API로 모든 장비에 사용할 수 있게끔 하는 기술입니다. 엔비디아의 CUDA가 엔비디아의 GPU에서만 동작하는 것과는 대조적이죠.

최근 인텔은 우리나라의 네이버와 함께 공동 연구소를 설립하기로 해 화제가 되기도 했습니다. 엔비디아가 장악하고 있는 인공지능 반도체 시장에서 새로운 경쟁력을 확보하기 위해 전략적 동맹을 맺은 것이죠. 양사는 인텔의 인공지능 칩인 가우디를 기반으로 소프트웨어 생태계를 함께 구축하기로 했습니다. 가우디의 성능을 함께 평가하고 여기에 최적화된 LLM도 함께 개발하기로 했습니다.

한때 세계 최고였던 인텔의 소프트웨어를 우리나라 회사가 참여해 주도적으로 개발한다는 점은 정말 대단한 일입니다. 이를 증명하듯 인텔 행사에서 팻 겔싱어Pat Gelsinger, 1961~ CEO는 기조연설 중에 네이버 하정우 센터장을 무대로 초청하기도 했죠.

여기까지만 보면 나쁘지 않아 보입니다.

그러나 한 가지 문제가 있습니다. 문제는 바로 인텔이라는 회사 자체입니다. 인텔은 한때 반도체를 대표하던 회사였습니다. 그러나 연이은 실적 부진으로 위기에 빠져 있죠. 2024년 12월에는 결국 팻 겔싱어 CEO도 사임했습니다.

팻 겔싱어는 18세에 품질 관리 기술자로 입사해 30여 년간 인텔에 근무하며 회사와 함께 희로애락을 누린, 인텔을 대표하는 입지전적인 인물입니다. 1990년대를 풍미한 80486 프로세서가 바로 그가 설계한 대표적인 제품이죠. 인텔 역사상 최연소 부사장으로 임명되기도 했습니다. 그는 기술과 경영 양면에서 뛰어난 모습을 보였습니다. 하지만 그런 겔싱어조차도 저물어가는 인텔을 되살릴 수는 없었습니다. 2024년 3분기에만 인텔은 우리 돈으로 무려 23조 원에 달하는 적자를 기록했습니다. 창사 이래 최대 규모의 적자였죠. 결국 이사회의 권고에 따라 겔싱어는 CEO 자리에서 물러났습니다. 한때 인텔 인사이드라는 슬로건으로 PC 시장을 지배하던 기업이었건만 현재는 최악의 상황을 마주하고 있죠.

과연 인텔이 위기를 극복하고 인공지능 시장에서도 두각을 나타낼 수 있을지 많은 이들의 관심이 집중되고 있습니다.

4. 자체적인 인공지능 가속기를 만드는 회사들

빅테크 기업들은 대부분 자체적인 인공지능 가속기를 제작하고 있습니다. 모두 같은 이유 때문이죠. 엔비디아가 장악하고 있는 GPU에 대한 의존도를 줄이기 위함입니다.

빅테크 중에서는 구글이 가장 앞서 있습니다. 구글의 클라우드 서비스인 GCP에 이미 TPU가 도입되어 있죠. 이와 유사하게 아마존도 자체 칩을 개발하고 자사 클라우드 서비스인 AWS를 통해 서비스를 제공하고 있습니다. 게다가 GPU 대비 절반 가격으로 저렴하게 제공하죠. 가격 덕분에 GPU 대신에 이를 사용해서 비용을 절감해보려는 기업들이 조금씩 늘고 있습니다. 최근에는 앤트로픽에 대규모 투자를 단행하면서 아마존의 칩을 사용하는 조건을 내걸어 화제가 되기도 했습니다. 앞으로 앤트로픽은 엔비디아가 아닌 아마존의 칩으로 모델을 학습해서 클로드를 만들게 되겠네요.

마이크로소프트도 인공지능 가속기를 직접 개발합니다. 특이하게 도 마이크로소프트의 칩은 인텔이 제조합니다. 과거에는 인텔이 CPU를 만들고 마이크로소프트는 소프트웨어를 공급하는 역할이었 는데, 이제 마이크로소프트가 칩을 설계하고 인텔이 생산해주는 역 할로 바뀌게 된 거죠. 이 칩은 마찬가지로 마이크로소프트의 클라우 드 서비스인 애저에서 사용해볼 수 있습니다. 전 세계 3대 클라우드 서비스인 AWS, GCP, 애저 모두 자체 칩을 이용한 딥러닝 서비스를 제공하고 있는 셈입니다.

페이스북으로 유명한 메타도 인공지능 가속기를 개발하고 있습니 다. 인공지능에 진심인 기업답게 파이토치 같은 딥러닝 프로그램, 라 마 같은 오픈소스 LLM에 이어 인공지능 가속기까지 직접 만들고 있 죠. 메타의 칩은 자사의 추천 모델에 특화된 칩입니다. 페이스북과 인 스타그램에는 친구 추천, 광고 추천, 재미있는 게시글 추천 등 다양한 추천 서비스가 운영되고 있습니다. 여기에 자사의 전용 칩을 통해 상대적으로 저렴한 비용으로 서비스를 제공하는 것이 주 용도죠.

이쯤 되면 만들지 않는 회사를 찾기가 더 어렵겠네요. 빅테크 기업을 포함해 웬만한 반도체 회사는 모두 인공지능 가속기를 만들고 있으니까요. 이들이 만드는 인공지능 가속기는 더 이상 GPU가 아닙니다. GPU란 애초에 그래픽 처리 장치를 일컫는 이름이니까요. 엔비디아와 AMD, 인텔 정도를 제외하면 그래픽을 처리하는 장치는 만들지 않기 때문에 이외의 회사들이 만드는 인공지능 가속기는 **NPU**Neural Processing Unit라고 부릅니다. 인공 신경망 처리를 위해 만든 전용 장치를 의미하죠. 물론 구글은 특이하게 자사의 인공지능 가속기를 TPU로 명명했지만 이 또한 NPU의 일종으로 볼 수 있습니다. 심지어 엔비디아의 GPU조차 딥러닝에 사용되는 제품은 GPGPU(범용적인 용도의 GPU)라는 이름으로 따로 구분하며, 모니터에 연결할 수 있는 단자조차 제공하지 않으니 이 또한 NPU의 일종으로 볼 수 있습니다.

그렇다면 이번에는 모바일을 포함해 다소 특이한 형태의 NPU와 우리나라에서 만들고 있는 NPU를 한번 살펴보죠.

엔비디아와 다르게 경쟁하다: 애플, 그록, 텐스토렌트, 퓨리오사AI, 하이퍼엑셀

1. 온디바이스 AI, 내 손 안에서 바로 동작하다

애플은 자체 칩을 만듭니다. 이미 자체적으로 NPU 아키텍처를 개

발하여 아이폰 같은 기기에 탑재하고 있죠. 아이폰에 탑재되는 모바일 칩은 크기가 작기 때문에 CPU와 NPU를 하나의 단일 칩으로 만들어서 탑재합니다. 이런 걸 **모바일 AP**Application Processor라 부르며, 여러 기능을 하나의 칩에 통합했다고 하여 **시스템 온 칩**System on Chip, SoC이라고 합니다. 애플의 NPU는 모바일 AP에 포함되어 다양한 인공지능 서비스를 담당합니다. 아이폰에서 시리의 명령을 처리하거나 얼굴 인식으로 잠금 해제가 되는 기능이 바로 NPU가 담당하는 대표적인 기능입니다.

당연히 삼성전자도 만듭니다. 갤럭시 시리즈에 탑재되어 있으며,

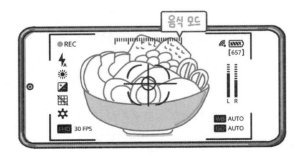

마찬가지로 단일 칩으로 구성되어 다양한 인공지능 서비스를 담당합니다. 카메라를 사용할 때 배경 안의 사물이나 인물을 인식해 자동으로 초점을 조정하거나, 음식 사진을 찍을 때 음식 모드로 자동 전환하는 것 등이 NPU가 담당하는 대표적인 기능입니다.

이처럼 모바일 등에서 NPU를 이용해 직접 인공지능 서비스를 제공하는 것을 **엣지 AI**Edge AI 또는 **온디바이스 AI**On-Device AI라고 하는데, 앞으로 매우 주목받을 분야입니다.

가장 큰 이유는 보안 때문입니다. 예컨대 우리가 챗GPT를 사용한다는 것은 인터넷을 통해 내 질문이 오픈AI의 서버로 전송된다는 얘기입니다. 물론 인터넷 트래픽에는 완벽한 암호화가 적용되어 있지만, 어쨌든 내 데이터가 태평양에 무수히 깔려 있는 광케이블을 타고 국경을 넘어 인터넷으로 두둥실 떠다니다가 미국에 있는 오픈AI의 서버에 도달하는 것만큼은 부정할 수 없는 사실입니다. 만약 오픈AI의 권한 있는 개발자라면 서버에 전송된 내 질문을 들여다보고 내용을 분석할 수도 있을 겁니다. 학습 데이터로 활용할 수도 있겠죠. 이 때문에 중요한 기업 정보를 다루는 곳에서는 챗GPT를 금지하고 있습니다.

한 예로 삼성전자 반도체 부문에서 한때 반도체의 설비 계측과 수율 불량 같은 민감한 기밀 정보를 고스란히 챗GPT에 입력하다가 적발된 사례가 있습니다. 이처럼 챗GPT를 포함한 모든 클라우드 형태의 서비스에는 보안 문제가 존재합니다. 하지만 온디바이스 AI는 데이터를 외부 서버로 보내지 않고 기기 내에서 바로 처리하기 때문에 정보 유출의 위험이 적죠. 훨씬 더 높은 수준의 보안을 제공합니다.

이외에도 온디바이스 AI는 속도가 빠릅니다. 데이터가 클라우드 서버로 전송되어 처리되는 기존 방식과 달리 기기 자체에서 인공지능 연산을 수행하기 때문에 데이터 전송에 따른 네트워크 지연이 없고 빠른 응답이 가능하죠. 사실 요즘은 챗GPT나 다른 클라우드 기반의 LLM 서비스도 꽤 빠른 편이니 이건 특별히 장점이 되진 않을 겁니다. 하지만 여전히 인터넷이 안 되는 지역이 많은 나라에서는 이야기가 달라집니다. 인터넷 연결 없이 바로 사용 가능한 온디바이스 AI는 큰 장점입니다.

스마트폰의 기능이 점점 강력해지면서 앞으로 온디바이스 AI는 점점 더 늘어날 것으로 예상됩니다. LLM을 스마트폰에서 직접 구동하는 경우가 더 많아지겠죠. 물론 챗GPT나 클로드 같은 클라우드 기반의 서비스보다는 성능이 떨어지겠지만, 보안이 중요한 분야에서는 이 같은 로컬 LLM이 별도의 시장을 형성할 것으로 예상됩니다.

2. 그록, 현존하는 가장 빠른 인공지능 가속기

이번에는 독특한 인공지능 가속기를 생산하는 업체들을 살펴보죠. 대표적으로 그록Groq이라는 회사가 있습니다. 이 회사의 대표는 구글 출신입니다. 구글에서 TPU 설계에 참여한 바 있는 반도체 전문가입니다. 2016년에 구글을 떠나 그록이라는 반도체 스타트업을 시작했습니다. 앞서 소개한 빅테크들도 모두 자체 NPU를 만드는데, 그록의 인공지능 가속기는 과연 경쟁력이 있을까요?

그록은 자사의 인공지능 가속기를 LPULanguage Processing Unit라는 이름으로 부르면서 LLM에 특화된 칩임을 강조합니다. 다른 칩에 비해

LLM을 엄청나게 빠르게 서비스할 수 있다는 거죠. 어떻게 그런 빠른 칩을 만들어냈을까요? 정답은 빠른 메모리의 사용입니다. 엔비디아가 최상급 GPU에 HBM이라는 엄청나게 빠른 메모리를 탑재해 속도를 냈듯이, 그보다 더 빠른 메모리를 사용해 속도를 더욱 높였죠. 그렇다면 HBM이 가장 빠른 메모리가 아니었다는 건데, 그보다 더 빠른 메모리가 존재한다는 걸까요?

네, 그렇습니다. 제4장에서 플래시 어텐션을 소개하며 잠깐 언급했는데 기억할지 모르겠네요. 바로 SRAM입니다. SRAM은 GPU 코어 안쪽에 탑재된 메모리를 말합니다. 아예 GPU에 내장되어 있기 때문에 엄청나게 빠릅니다. 대신 구조가 복잡하고 용량이 적으며 가격도 비싸죠.

그록은 이런 SRAM만으로 LLM이 돌아갈 수 있도록 여러 장의 칩을 하나로 연결했습니다. 그록에 내장된 SRAM의 최대 용량이라고 해봐야 고작 230MB 정도에 불과한데, 이렇게 적은 메모리로 70B짜리 모델을 돌리기 위해 약 600여 장의 칩을 하나로 연결해버린 것이죠. 이렇게 무식한 방법을 사용했지만 SRAM이 워낙 빠르다 보니 대단한 속도를 보입니다. LLM을 빠르게 돌리기 위해서는 메모리가 가장 중요한데, 그록에 탑재된 SRAM의 속도는 무려 80TB/s에 달하기 때문이죠. 엔비디아 H100에 탑재된 HBM이 3.35TB/s이므로 이보다 24배 정도 더 빠른 셈입니다.

그록의 LPU는 이런 기형적인 방식을 통해 현존하는 어떤 칩보다도 더 빠르게 LLM을 돌리고 있습니다. 그리고 이처럼 빠른 속도를 강점으로 클라우드를 통해 유료 API를 제공하며 고객을 모으고 있죠.

앞으로 차세대 칩은 더욱 빨라질 거라고 하는데요. 전력 효율도 최대 20배까지 개선될 예정이라고 합니다. 이를 위해 삼성전자와 계약하여 최신 4나노 공정에서 생산할 예정이라고 합니다.

3. 세레브라스, 세계 최대 크기의 칩을 만들다

세레브라스Cerebras도 특이한 칩을 만듭니다. 웨이퍼 스케일 엔진 Wafer Scale Engine이라는 세계 최대 크기의 칩을 만들죠. 보통 GPU 같은 칩은 한 웨이퍼에 여러 개를 만들고 이를 잘라서 사용하지만, 세레브라스는 아예 웨이퍼 전체가 하나의 칩입니다. 그래서 크기가 크고 스펙도 대단하죠. 한 변이 무려 21.5cm에 달하는 정사각형 크기로, 성인 남성의 가슴 크기만 합니다. 대개 평범한 칩은 신용카드보다도 훨씬 작은 크기인데, 이에 비하면 엄청나게 크죠.

엔비디아의 최상급 GPU인 H100이 800억 개의 반도체 소자를 집적한 데 반해, 세레브라스의 최신 모델인 CS-3는 큰 크기답게 단일 칩에 4조 개의 반도체 소자를 집적하고 있습니다. 성능도 엄청나 단일 칩으로는 세계 최고 속도를 자랑합니다. 그록과 마찬가지로 SRAM을 사용해 속도를 끌어올렸는데, SRAM도 무려 44GB나 탑재하고 있습니다. 원래 SRAM은 조금밖에 장착할 수 없는데, 여긴 애초에 칩의 크기가 워낙 크다 보니 이 정도 메모리를 장착할 수 있죠. 게다가 SRAM의 특성상 속도도 엄청나게 빠릅니다. 물론 그만큼 가격이 비싸고 전력 문제도 무시할 수 없으며, 아직 검증이 되지 않았기 때문에 좀 더 지켜봐야 합니다. 하지만 2017년에 오픈AI가 자체 반도체를 확보하기 위해 세레브라스의 인수를 검토했을 정도로 반도체 분야에서는 유망한 기업이기도 합니다.

비록 인수는 성사되지 않았지만 세레브라스는 나름대로 꾸준히 성장해 2024년 가을부터는 주식 시장에 상장하기 위한 막바지 준비를 하고 있습니다. 만약 상장에 성공한다면 기업가치가 우리 돈 약 10조 원에 이를 것으로 추산하고 있습니다. 과연 이 회사가 상장에 성공할지, 또 이런 특이한 칩으로 앞으로 어떤 역할을 해낼지 무척 기대됩니다.

4. 텐스토렌트, 반도체 업계 슈퍼스타의 도전

반도체 업계에는 짐 켈러Jim Keller, 1958~라는 전설적인 인물이 있습니다. 켈러는 AMD에서 애슬론 아키텍처를 설계해 인텔을 압도하는 CPU를 만들어냈고, 복귀 후에는 라이젠 프로세서의 개발을 이끌었죠. 애플에서는 A4/A5 칩 개발에 참여해 아이폰과 아이패드의 성능을 끌어올렸습니다. 테슬라에서도 자율주행 칩 개발을 주도한 바 있

짐 켈러
(1958~)

죠. 이렇듯 주요 기술 기업에서 핵심적인 역할을 담당하며 동시대 최고의 칩을 만들어낸 바 있는 슈퍼스타인 그가 새롭게 도전하는 분야가 바로 인공지능 가속기 시장입니다. 텐스토렌트Tenstorrent라는 회사의 대표를 맡고 있으며 우리나라에서도 현대자동차그룹이 총 5,000만 달러를 투자하기도 했죠.

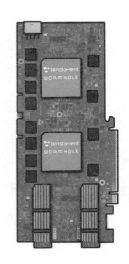

앞서 소개한 기업들은 HBM도 모자라 그보다 훨씬 더 빠른 SRAM을 적용해 속도를 극한으로 끌어올렸으나 짐 켈러의 접근 방식은 다릅니다. 다른 기업과 반대로 저렴하면서도 쓸 만한 대중적인 인공지능 가속기를 만드는 것이 켈러의 방식입니다. 메모리도 HBM이 아니라 일반 PC에서 사용하는 것과 동일한 것을 사용하죠.

그만큼 가격도 저렴합니다. 최신 제품인 웜홀Wormhole이라는 이름의 카드 하나의 가격은 우리 돈으로 130만 원 정도에 불과합니다. 엔비디아 최상급 GPU 의 가격이 6,000만 원인 걸 감안하면 엄청나게 저렴하죠. 게다가 핵심 소프트웨어를 모두 오픈소스로 진행하고 있습니다. 일종의 GPU 해커들을 위한 놀이터를 만들고 여기에 참여를 유도하고 있는 거죠. 실제로 매우 활발하게 운영되고 있습니다. 이처럼 저렴한 가격을 내세워 가성비로 시장에 도전하면서 오픈소스로 해커들의 참여를 유도하는 전략이 과연 어떤 성과를 거둘지 기대가 됩니다.

5. 퓨리오사AI, 메타가 관심 갖는 국내 기업

한편 우리나라는 반도체 강국입니다. 특히 메모리 반도체 분야의 세계 1위와 2위가 삼성전자와 SK하이닉스로 모두 우리나라 회사죠. 2024년을 기준으로 두 기업의 메모리 반도체 시장 점유율은 무려 75%로 사실상 한국이 전 세계 메모리 반도체 시장을 주도하고 있다고 해도 과언이 아닙니다.

이런 상황에서 우리나라의 몇몇 스타트업이 인공지능 가속기 시장에 도전하고 있습니다. 대표적으로 퓨리오사AI가 있습니다. 퓨리오사AI는 2017년에 설립된 우리나라의 팹리스Fabless 스타트업으로

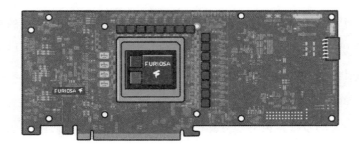

AMD와 삼성전자에서 반도체를 연구하던 백준호 대표가 이끌고 있는 회사입니다. 첫 번째 제품인 워보이Warboy가 좋은 성능을 기록하며 가능성을 보여줬고, 두 번째 제품으로 LLM에 최적화한 레니게이드RNGD를 공개한 바 있습니다.

레니게이드는 48GB의 HBM을 장착했습니다. 앞서 소개한 인공지능 가속기들이 SRAM을 이용해 성능을 극한으로 끌어올리거나, 텐스토렌트같이 일반 PC 메모리를 장착해 기존 엔비디아와는 다르게 접근하는 데 반해, 레니게이드는 엔비디아와 동일한 HBM을 장착했고 스펙도 크게 차이 나지 않습니다. 여기에 효율성을 중요시해 저전력으로 동작하며, 엔비디아 H100과 비교했을 때 와트당 성능도 3배 더 뛰어납니다. 이 말은 동일한 전기를 소모할 때 엔비디아보다 좀 더 효율적으로 동작한다는 얘기죠.

구글이 TPU에 수축기 배열 구조를 채택해 성능을 높였다면 레니게이드는 TCPTensor Contraction Processor라는 아키텍처를 채택해 효율성을 높였습니다. 둘은 유사하지만 차이점이 있습니다. 고정된 크기의 데이터만 처리하는 수축기 배열 구조와 달리 TCP는 동적으로 재배치할 수 있는 더 작은 컴퓨팅 유닛을 갖고 있어 더욱 유연하게 동작합니다.[3] 가격도 엔비디아보다 훨씬 더 저렴합니다.

다만 아무리 성능이 뛰어나다고 해도 소프트웨어로 넘어오면 얘기가 달라집니다. 엔비디아에는 CUDA라는 기술이 있으며 이는 다른 기업은 쓸 수 없는 독점 기술입니다. 이 문제는 이미 여러 차례 지적한 바 있습니다. 윈도우용으로 개발된 게임을 리눅스에서 돌아가게 하려면 엄청난 노력이 필요하겠죠. 인공지능 가속기도 마찬가지입니다. CUDA를 쓸 수 없기 때문에 다양한 딥러닝 모델을 구동하기가 어렵습니다.

퓨리오사AI는 이 문제를 파이토치 지원으로 해결하려 하고 있습니다. 파이토치는 CUDA외에도 다양한 백엔드를 지원하는데, 최근에는 LLM뿐만 아니라 거의 모든 딥러닝 모델이 파이토치를 기반으로 동작하므로 파이토치의 백엔드를 잘 지원해 이 문제를 해결한다면 가능성이 있다고 보는 것이죠.

이러한 노력을 증명하듯 2025년 초에는 메타가 퓨리오사AI의 인수를 검토 중이라는 뉴스가 나오기도 했습니다. 과연 국내 반도체 기술력으로 탄생한 인공지능 가속기 스타트업이 미국의 빅테크 기업에 인수되는 사례를 만들어낼 수 있을지 귀추가 주목됩니다.

6. 하이퍼엑셀, LLM에 특화된 칩을 개발하다

하이퍼엑셀이라는 기업도 있습니다. 카이스트 김주영 교수가 창업하고 삼성전자에서 반도체를 연구하던 이진원 CTO가 합류한 AI 반도체 스타트업으로, LLM에 특화된 반도체 칩을 개발하고 있죠. 하이퍼엑셀의 핵심 기술은 AI 연산에서 가장 중요한 두 가지 요소인 연산과 메모리의 성능 균형에 초점을 맞추는 것입니다.

일반적으로 LLM은 추론이 진행될 때 계산이 먼저 진행되고 이후에 계산 결과가 메모리를 통해 다른 장비에 순차적으로 전달되는 구조입니다. 이렇게 되면 계산이 끝날 때까지 다른 장비는 계산 결과를 기다려야 하는 지연 시간이 발생합니다. 하지만 적절히 비율을 조절하여 계산과 메모리 전송이 동시에 진행되도록 하면 이 같은 지연 시간을 대폭 줄일 수 있죠. 이외에도 하이퍼엑셀의 칩은 기존 2바이트 자료형을 1바이트나 2분의 1 바이트(4비트)로 줄여서 연산하는 양자화(제4장에서 자세히 설명)를 칩 자체에서 지원함으로써 효율성을 더욱 높였습니다.

결과적으로 단순 연산 성능은 기존 엔비디아 GPU에 비해 떨어질 수 있지만, LLM 서비스에서 실질적으로 중요한 토큰 생성 속도는 더욱 높이면서 비용은 크게 절감할 수 있게 됐습니다. 이러한 기술력을 바탕으로 라마 같은 오픈소스 LLM을 엔비디아보다 더 빠르게 구동할 수 있는 성과를 이뤄냈죠.

아직 본격적으로 제품이 출시되진 않았지만 현재 자체 반도체를 활발히 개발 중인 상태입니다. 나아가 퓨리오사AI와 마찬가지로 인공지능 가속기 분야에서 주목받는 유망 국내 스타트업으로 평가받고 있습니다.

TSMC, 모두가 청바지 원단 회사를 꿈꾸며

지금까지 인공지능 가속기에 도전하고 있는 정말 많은 기업을 살펴봤습니다. 빅테크만 해도 인공지능 가속기를 만들지 않는 회사를 찾기가 어려울 정도입니다. 그런데 여기에 더해 스타트업과 우리나라 업체들까지 정말 많은 회사들이 저마다 독특한 방식으로 인공지능 가속기 시장에 도전하고 있습니다. 사실 언급하지 않은 회사가 훨씬 더 많습니다.

그런데 가만히 생각해보면 반도체를 만드는 일은 정말 어렵고 돈이 많이 듭니다. 칩을 설계하기도 힘들지만, 칩을 생산하는 일은 보통 힘든 게 아니죠. 칩을 생산해서 전 세계에 판매하려면 대규모 공장을 건설해야 하고, 또 공장에 직원도 많이 고용해야 하는데 얼마나 많은 돈이 들까요? 게다가 그렇게 만든 공장을 지속적으로 운영할 수 있어야 합니다. 많이 팔린다고 공장의 규모를 10배쯤 늘리거나, 더 이상 팔리지 않는다고 공장 수십 개를 갑자기 닫거나 하는 일은 정말 어려운 일입니다. 그럼 앞서 소개한 수많은 회사들이 모두 공장을 운영하고 있을까요? 그중에는 스타트업도 더러 있었는데, 그들이 과연 공장을 건설하고 있을까요?

그렇지 않습니다. 지금까지 소개한 기업들은 모두 반도체를 설계만 합니다. 직접 생산은 하지 않죠. 그렇다면 과연 누가 생산할까요? 이럴 때 조용히 웃고 있는 기업이 있습니다. 바로 생산을 하는 회사입니다. 승자가 누가 되든 관계없습니다. 엔비디아가 청바지를 만드는 리바이스라면, 이 회사는 원단을 납품하는 회사에 비유할 수 있습니다. 청바지를 리바이스가 만들든 캘빈 클라인이 만들든 게스가 만들든 아무 상관이 없죠. 누구의 청바지가 팔리든 결국 이 회사에서 원단을 납품받아야 하니까요. 이 회사는 항상 돈을 법니다. 반도체 분야에 이런 회사가 있습니다. 바로 **TSMC**Taiwan Semiconductor Manufacturing Company입니다.

TSMC는 미국에서 반도체 엔지니어로 일하던 모리스 창Morris Chang, 1931~이 고국인 대만으로 돌아와 설립한 회사입니다. 모리스 창은 그저 단순한 엔지니어는 아니었습니다. MIT에서 석사 학위를 받고 텍사스 인스트루먼트라는, 당시 세계 최고의 반도체 기업에서 25년간 재직하며 집적 회로 사업부 전체를 총괄하는 부사장까지 지낸 반도체 업계의 거물이었죠. 당시 중국계로는 미국 회사 최고위직에 있던 인물이었습니다. 대만 정부는 모리스 창에게 고국인 대만으로 돌아와 반도체 기업을 이끌어 달라고 요청합니다. 심사숙고 끝에 이에 화답한 모리스 창은 56세가 되던 해인 1987년, 고국인 대만으로 돌아가 타이완반도체제조회사, 영문명으로 TSMC라는 이름의 회사를 창업합니다.

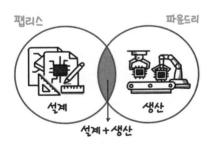

모리스 창은 당시 반도체 기업의 최고위직에 있던 전문가였습니다. 그는 전문적인 식견을 기반으로 앞으로 반도체 시장이 설계를 전문으로 하는 **팹리스**Fabless 기업과, 제조를 위탁받아 생산을 전문으로

하는 **파운드리**Foundry 기업으로 나뉠 것으로 전망합니다. 당시만 해도 반도체 산업은 설계와 생산을 모두 한 기업에서 담당하는 것이 일반적이었습니다. 하지만 생산라인 구축에는 천문학적인 비용이 들었기 때문에 새로운 기업의 시장 진입이 매우 어려운 상황이었죠. 모리스 창의 비전대로 만약 설계와 생산을 분리할 수 있다면, 팹리스 기업들은 막대한 제조 설비 투자 부담 없이 혁신적인 설계에만 집중할 수 있을 터였습니다. 이러한 그의 생각을 바탕으로 설립한 기업이 바로 TSMC입니다. 결과적으로 모리스 창의 예측은 정확했고, 전 세계 반도체 산업의 판도를 크게 바꿔놓습니다.

앞서 소개했던 모든 회사는 팹리스 회사입니다. 심지어 가장 규모가 큰 엔비디아도 팹리스 회사죠. 공장을 전혀 갖고 있지 않습니다. 오랜 역사를 지닌 인텔과 AMD는 원래 팹리스가 아니었지만, 이 회사들 또한 공장을 분리하고 현재는 팹리스 구조로 운영되고 있습니다. 반면 TSMC는 파운드리 회사입니다. TSMC 같은 파운드리 회사는 오로지 공장만 갖고 있으며 반도체 위탁 생산만을 전문으로 합니다. 고객이 설계도를 가져오면 그대로 반도체를 생산해주는 일종의 공장 전문 하청 업체죠. 대만의 TSMC는 이 파운드리 사업으로 세계 최고의 반도체 기업으로 성장했습니다. 매년 엄청난 매출을 올리고 있죠. 2024년도 한 해 매출이 우리 돈으로 약 130조 원이며 반도체 부문에서 압도적인 세계 1위입니다.

여기서 한 가지 의문이 듭니다. TSMC가 아무리 뛰어나다고 한들 결국 생산만 담당하는 외주 하청 업체에 불과한데, 어떻게 이렇게 막대한 수익을 낼 수 있을까요?

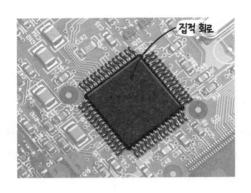

집적 회로

비밀을 하나씩 살펴보겠습니다. 일단 반도체가 무엇인지부터 한번 되짚어봅시다. 우리가 흔히 반도체라고 얘기하는 것은 정확히는 반도체 소자를 하나의 칩으로 구현한 것을 말합니다. 이를 **집적 회로**Integrated Circuit라고 하죠.

실용적인 형태의 집적 회로를 처음 구현한 사람은 70여 년 전 인텔을 창업했던 로버트 노이스Robert Noyce, 1927~1990입니다.

인텔 창업자
로버트 노이스
(1927~1990)

그는 모래에서 추출한 실리콘으로 집적 회로를 만들어냈죠. 전 세계 최첨단 반도체와 IT 기업들이 모여 있는 실리콘밸리의 실리콘도 바로 이 반도체 소재의 이름에서 유래했습니다. 지금도 반도체는 여전히 실리콘으로 만들어내고 있습니다.

인텔에서 세계 최초의 상업용 CPU를 만들던 시절로 돌아가 봅시다. 당시 연구원들은 6개월 동안 제도 테이블에 웅크리고 앉아 자와 색연필을 이용해 CPU를 설계했습니다. 설계를 마치면 그 형태를 따라 붉은 필름을 주머니칼로 잘라서 그려냈죠. 패턴을 그리기 위한 카메라가 필요했을 때는 노이스가 직접 샌프란시스코에 위치한 한 사진관에 들러 영화 촬영용 카메라 렌즈를 뒤적이기도 했습니다.[4] 그렇게 몇 개의 렌즈를 거쳐 빛을 비추면 작은 형태의 패턴이 드러났죠.

양산이라고 크게 다르지 않았습니다. 반도체를 양산하는 일도 모두 사람의 몫이었습니다. 주로 젊은 여성으로 구성된 생산직 여공들이 현미경으로 플라스틱 기판을 들여다보며 설계한 대로 올라가야 하는 위치를 확인하고 직접 손으로 붙이던 시절이었습니다. 이 당시에는 모든 걸 사람이 직접 작업해야 했습니다. 모든 게 자동화되어 있는 지금은 상상조차 되지 않지만, 당시 반도체 생산은 사람이 직접 하는 대표적인 노동 집약적 산업이었죠. 그 때문에 더 낮은 임금을 지불하기 위해 주로 여성을 노동자로 고용했습니다. 당시는 남녀차별이 당연하던 시절이었던 데다 남자에 비해 손이 작은 여자가 반도체를 조립하는 데 더 적합하다고 생각했던 생산 관리자들의 고정 관념도 한몫했습니다.

이후 반도체 기업들은 경쟁이 점점 심화되자 반도체 생산 단가를 줄이기 위해 단순히 여성을 고용하는 것을 넘어 상대적으로 인건비가 저렴한 해외로 생산 공장을 이전합니다. 당시만 해도 '세계화'라는 단어가 등장하기 훨씬 전이었지만, 비용을 절감하기 위해 불가피하게 일찍부터 해외 진출을 모색했죠.

1960년대 값싼 노동력을 찾아 아시아로 처음 눈을 돌린 후 가장 먼저 진출한 곳은 당시 영국의 식민지였던 홍콩이었습니다. 그 당시 홍콩의 임금은 시간당 25센트로 미국의 10분의 1 수준이었죠. 공산 국가였던 중국이 바로 옆에 있다는 불안감이 있었지만, 시험적으로 공장을 운영해본 결과 성과가 무척 좋았습니다. 공장 설립 1년 만에 홍콩 공장에서 조립한 반도체가 1억 2,000만 개에 달할 정도였죠.

1960년대 말이 되자 아시아의 다른 국가에도 관심을 돌립니다. 대만은 시간당 19센트, 말레이시아는 15센트, 싱가포르는 11센트, 우리나라는 고작 10센트의 임금을 받던 시절이었습니다. 이 중 우리나라는 전 세계 최빈국 중 하나로 임금 또한 가장 저렴했습니다. 지금은 우리나라의 인건비가 가장 저렴하다는 얘기가 상상조차 되지 않을 겁니다. 하지만 1960년에 우리나라는 1인당 국민소득이 79달러로 아프리카의 가나, 수단과 비슷한 정도의 최빈국이었습니다. 당시 필리핀의 1인당 국민소득이 254달러로 우리나라보다 세 배 더 높을 정도였죠(지금은 우리나라가 필리핀보다 10배 더 높습니다). 1960년대 우리나라는 보릿고개라 불리는 기근이 심각해 식량난으로 밥을 굶을 만큼 전 세계에서 가장 가난한 나라였습니다. 이런 우리나라에 미국의 최첨단 반도체 공장은 상당히 매력적인 투자 제안이었죠. 대한민국 정부는 당연히 이들을 환영했습니다. 1966년 미국의 반도체 기업이 우리나라 구로공단에 자리 잡았고, 당시 200만 달러가 넘는 큰돈을 투자하여 공장을 짓고 반도체를 생산하기 시작합니다. 200만 달러라면 지금 기준으로 봐도 상당히 큰 액수죠.

1968년의 신문기사를 보면 우리나라에서 1억 4,000만 개가 넘는 반도체 부품이 생산됐고, 공장에 근무하는 노동자도 1,300명이 넘었다고 나옵니다. 전 세계에 공급되는 미국의 최첨단 반도체를 당시 최빈국 중 하나였던 우리나라 공장에서 도맡아 조립했죠. 지금 우리나라가 세계적인 반도체 강국이 된 데에는 이 당시 최첨단 반도체 조립

을 해냈던 유전자가 새겨져 있기 때문일지도 모릅니다. 자랑스러운 역사의 일부분이죠.

그러나 지금은 이런 방식으로 반도체를 만들어내지 않습니다. 그 저 아득한 옛날 이야기죠. 이제 반도체 생산은 더 이상 개발도상국에 서 어린 여공들이 일일이 손으로 조립하는 식으로 진행되지 않습니다.

2025년의 반도체 생산 과정을 살펴봅시다. 애플의 아이폰 16 프로 에 탑재되는 핵심 프로세서인 A18 프로의 설계와 생산 과정을 따라 가 보겠습니다. 먼저 애플은 아이폰에 필요한 반도체를 직접 설계합 니다. 아이폰 4까지는 우리나라의 삼성전자가 애플의 반도체를 설계 했고 생산까지 직접 해줬던 적이 있습니다. 하지만 삼성전자가 갤럭 시 시리즈로 아이폰의 가장 강력한 경쟁 상대로 떠오르면서 애플은 더 이상 설계와 생산을 맡기지 않습니다. 이제 설계는 애플이 직접 하 고 생산은 TSMC에 의뢰합니다.

물론 애플이라고 모든 아키텍처를 직접 만드는 것은 아닙니다. 설 계에 필요한 아키텍처는 영국의 ARM으로부터 라이선스를 취득해 사용합니다. 이는 애플뿐만 아니라 모바일 칩을 만드는 대부분의 회사가 마찬가지입니다. 모두 ARM 기반의 아키텍처를 사용합니다.

PC 시절의 아키텍처를 인텔이 독점했다면 모바일 시대의 아키텍처는 사실상 ARM이 독점하고 있죠. 여기에는 한 가지 차이점이 있는데, ARM은 원하는 기업에 라이선스를 판매하는 방식으로 운영된다는 점입니다. 그래서 과거 인텔이 모든 것을 독점했던 것과 달리 ARM 기반의 칩은 애플을 비롯한 여러 회사에서 다양하게 출시되고 있죠.

반도체 설계에는 특수한 소프트웨어를 사용합니다. 그 옛날 노이스가 인텔에서 했던 것처럼 사무실 뒤편에 마련된 연구실에 홀로 앉아 현미경을 바라보며 반도체를 손으로 그려내던 모습은 호랑이 담배 피우던 시절의 이야기일 뿐이죠. 이제는 최첨단 소프트웨어를 사용합니다. 반도체 설계 소프트웨어를 만드는 회사는 케이던스, 시놉시스, 지멘스EDA 등이 있는데 모두 미국 회사입니다. 다른 어떤 나라도 이들보다 더 좋은 설계 소프트웨어를 만들어낼 수 없죠.

이들이 만든 세계 최고의 설계 소프트웨어를 활용해 설계를 완료하면 대만의 TSMC에 생산을 의뢰합니다. 그런데 TSMC는 그저 단순한 생산 하청 업체가 아닙니다. 한국의 삼성전자와 함께 최신 공정이 가능한, 전 세계에서 딱 두 군데뿐인 회사 중 하나입니다. 게다가 최신 공정에서는 삼성보다 훨씬 더 앞서 있다고 평가받죠. 한마디로 전 세계에서 유일한 세계 최고의 파운드리 기업입니다. 게다가 애플은 TSMC의 최신 공정을 거의 독점하고 있으며, 애플의 최신 반도체 또한 오로지 TSMC가 독점 생산합니다. 다른 회사들은 TSMC의 최신 공정을 쓰고 싶어도 쓸 수가 없는 상황이죠.

TSMC가 최신 공정으로 생산하기 위해서는 네덜란드 ASML에서 만드는 극자외선EUV 리소그래피 장비가 필요합니다. ASML은 이 장비를 생산하는 전 세계에서 유일한 회사입니다. 삼성전자와 인텔도 이 회사의 장비를 구매하기 위해 몇 년씩이나 줄을 서서 대기하고 있을 정도죠. 첨단 기술이 집약된 ASML의 장비는 그 복잡성과 희소성 때문에 대당 수천억 원에 달하는 매우 비싼 가격을 형성하고 있습니다.

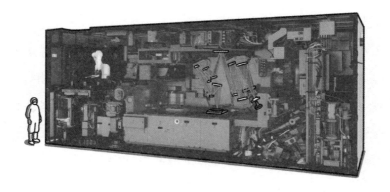

ASML 장비의 연간 생산량은 50대 남짓에 불과합니다. 소형 버스만 한 크기인데, 무게는 약 200톤이며 수십만 개의 정밀 부품과 2킬로미터에 달하는 전선을 내장하고 있죠. 가격과 크기만큼이나 장비의 운반에도 여느 대통령 못지않은 VIP 취급을 받습니다.

이 장비를 고객에게 운반할 때는 ASML 공장이 위치한 네덜란드의 펠트호번에서 암스테르담 스키폴 공항까지 130킬로미터 정도 되는 구간을 무진동 화물 트럭 20대에 조심스레 나눠 운반합니다. 공항에 도착하면 3대의 보잉 747에 나뉘어 고객이 있는 국가로 향하죠. 게다가 바로 살 수 있는 것도 아닙니다. 돈을 내고서도 몇 년씩 기다려야 할 정도로 주문이 밀려 있죠. 이 때문에 얼마 전에는 우리나라 대통령이 네덜란드를 방문할 당시 ASML에 직접 가보기도 했습니다. 대통령이 직접 방문할 정도로 국가적인 차원에서 장비 구입에 혈안이죠.

그렇다면 ASML의 장비는 어떤 일을 할까요?

애플의 A18 프로 프로세서는 TSMC의 3나노 최신 공정에서 생산됐습니다. 이 말은 반도체에 새기는 선폭이 3나노미터라는 얘기인데 3나노는 머리카락 굵기의 3만분의 1에 불과합니다. 이렇게 미세한 굵기로 집적 회로에 수백억 개의 반도체 소자를 집적하죠. A18 프로에는 총 200억 개의 반도체 소자가 집적됐습니다. 3나노미터라는 엄청나게 미세한 빛을 쏴줄 수 있는 노광장비를 생산할 수 있는 업체는 전 세계에서 네덜란드의 ASML 한 곳뿐입니다. 예전에는 일본의 캐논과 니콘도 노광장비를 생산할 수 있었지만 10나노 이하로 들어서면서 모두 경쟁에서 탈락하고 말았습니다.

그렇다면 ASML은 어떻게 해서 이렇게 미세한 빛을 쏴줄 수 있을까요?

극자외선의 생성 방식은 다음과 같습니다. 먼저 발전기에서 직경 0.025밀리미터의 주석 방울을 시속 250킬로미터 속도로 분사합니다. 그 뒤 이 주석 방울에 두 번의 레이저 펄스를 조사합니다. 첫 번째 펄스로 주석 방울을 팬케이크 모양으로 납작하게 만든 다음, 두 번째 펄스로 납작해진 방울을 폭발시켜 태양 표면보다 더 뜨거운 섭씨 수백만 도에 달하는 고온의 플라즈마를 만들어냅니다. 이 주석 방울의 폭발 과정을 초당 5만 번 정도 반복하면 반도체를 만들기에 충분할

만큼의 극자외선이 생성됩니다.[5]

물론 ASML이 이 과정에 필요한 장비를 모두 혼자서 만드는 것은 아닙니다. 독일의 트럼프TRUMF라는 회사는 여기서 주석 방울을 맞힐 수 있는 세계 최고의 정밀 레이저를 만들어냅니다. 독일의 또 다른 기업 자이스ZEISS는 이렇게 만든 극자외선 광선을 모아서 실리콘 칩에 쏴줄 수 있는, 인류가 만든 그 어떤 물질보다 매끄러운 표면의 거울을 만들고요. 자이스 측은 이 거울을 독일 정도의 크기로 키우더라도 그 속에 포함된 불순물이 0.1밀리미터가 채 안될 것이라며 너스레를 떱니다. 여기서 말하는 자이스는 안경이나 카메라 렌즈로 유명한 그 칼 자이스가 맞습니다. 세계 최고의 렌즈를 만드는 회사죠. 여기서 만드는 거울은 지구에서 달을 향해 골프공을 조준할 수 있을 만큼 정밀하게 작동합니다. 한 치의 오차도 없다는 표현은 바로 이런데 쓰이는 말이죠. 미국의 사이머Cymer는 이런 트럼프, 자이스와 합작해 여기에 필요한 광원장비를 만듭니다. 그러니까 네덜란드의 장비를 만들기 위해 독일과 미국이 협력해 공급망을 구성한 거죠. 전체를 보면 ASML은 5,100개 이상의 공급업체를 갖고 있으며 40%는 네덜란드에서, 40%는 유럽의 다른 지역(주로 독일)에서, 13%는 미국에서, 7%는 일본을 비롯한 아시아에서 공급받습니다.[6] ASML이 장비를 처음부터 끝까지 생산하기 위해 필요한 공급망은 이처럼 엄청나게 복잡하죠.

무엇보다 앞서 세 회사, 트럼프, 자이스, 사이머는 모두 ASML에 해당 장비를 납품할 수 있는 전 세계에서 유일한 회사들입니다. 이 중 어느 한 곳이라도 납품에 차질이 발생한다면 ASML 장비는 만들어질 수 없죠. ASML이 없으면 TSMC는 생산을 할 수 없습니다. TSMC가 멈추면 애플의 A18 프로 프로세서도 생산을 멈춥니다. 결국 아이폰을 만들 수 없게 되는 거죠.

2025년 상반기 기준 TSMC의 3나노 최신 공정은 세계 최고 수준입니다. 세상에서 가장 정밀한 공정이며, 이보다 더 정밀하게 가공할 수 있는 공장은 전 세계 어디에도 없습니다. 유일하게 동일한 공정으로 작업 가능한 기업은 우리나라의 삼성전자이지만, 동일한 공정이어도 격차가 꽤 큽니다. 애플뿐 아니라 엔비디아 같은 최고의 기업들은 TSMC에만 생산을 맡기고 있습니다. 그러다 보니 TSMC는 매년 엄청난 수익을 거둬들이죠. 게다가 애플은 TSMC의 최신 공정을 거의 독점해서 사용하고 있고, TSMC에 주는 금액만 1년에 무려 20조 원이 넘습니다. 애플은 아이폰을 1년에 2억 대 넘게 판매합니다. 아이폰 판매에서만 300조 원 가까운 매출을 기록하고 있기 때문에 이 정도 금액을 지불할 수 있는 것이죠. 정말 엄청난 규모입니다.

반도체 생산이 전부가 아닙니다. 반도체 소재도 그 중요성을 무시할 수 없습니다. 게다가 소재 자체만 놓고 본다면 소수 기업에 극단적으로 쏠려 있는 공급망은 더욱 심각해집니다.

반도체는 기본적으로 모래에서 추출한 실리콘으로 만들어집니다. 모래는 전 세계 어디에나 있기 때문에 한때 반도체의 대중화에 크게 기여했지만 현재는 상황이 조금 달라졌습니다. 반도체 성능이 급격히 향상되면서 훨씬 더 좋은 품질의 모래가 필요해졌기 때문이죠. 일명 '실리카 샌드'라 불리는 고순도 석영 모래가 필요합니다. 그런데 이 모래는 전 세계 딱 한 군데에서만 생산됩니다. 바로 미국에 있는 작은 마을, 스프루스 파인Spruce Pine이라는 곳이죠. 인구가 고작 2,000여 명에 불과한 작은 마을이지만 여기서는 세상에서 가장 순도 높은 모래가 생산됩니다. 전 세계에서 유일하게 반도체 원료로 쓸 수 있는 실리콘 기준을 총족하는 모래죠.

그렇다면 반도체를 만드는 데 필요한 소재가 이동하는 경로를 한번 살펴볼까요?

스프루스 파인에서 모래를 채취하기 위해 광산을 운영하는 기업으

로는 벨기에의 시벨코Sibelco와 노르웨이의 더쿼츠코프The Quartz Corp 등이 있습니다. 이들 모두 다국적 광산 기업으로, 이 중 시벨코는 1872년에 설립되어 150여 년의 역사를 지닌 기업입니다. 우리나라에도 시벨코 코리아라는 별도 법인으로 충청도에 큰 생산 공장을 운영하고 있죠.

노르웨이의 더쿼츠코프는 원래 스프루스 파인에서 광산을 운영하던 여러 업체가 합병하여 탄생했습니다. 본사는 노르웨이 드래그에 위치해 있고요. 더쿼츠코프가 스프루스 파인에서 채굴한 모래는 노르웨이 북부 드래그로 운반되어 정제됩니다. 직선거리만 해도 무려 7,000km에 달하지만, 반도체라는 고부가가치 상품을 위해 이 정도 운반 거리는 전혀 문제가 되지 않죠.

노르웨이에서 정제된 모래는 고순도 실리콘 원료로 처리된 후, 다시 7,000km를 이동해 일본의 전문 소재업체로 운반됩니다. 일본에는 실리콘을 웨이퍼로 가공하는 기업들이 있으며, 일본의 상위 2개 업체가 전 세계 시장의 절반 이상을 차지하는 과점 형태를 띠고 있습니다.

여기서는 순도 99.999999999%의 고순도 실리콘을 잉곳Ingot으로 만들어냅니다. 잉곳이란 긴 원기둥 모양의 실리콘 덩어리를 말하는데, 균일한 단결정 실리콘을 확보하기 위해 전체가 하나의 연속된 결정 구조를 갖도록 이렇게 잉곳 형태로 먼저 만듭니다. 그다음 이 덩어리를 얇게 절단하고 표면을 매끈하게 다듬으면, 바로 우리가 잘 아는 무지갯빛이 감도는 실리콘 웨이퍼로 탄생하죠.

그렇게 탄생한 실리콘 웨이퍼는 대만의 TSMC나 우리나라의 삼성전자 같은 곳에서 반도체를 생산하는 데 사용됩니다.

중국의 도전 vs 미국의 견제

이처럼 반도체의 설계와 생산은 촘촘하고 정교한 글로벌 공급사슬망에 속해 있습니다. 어느 한 기업이나 국가가 전체를 독점하고 있는 형태가 아니죠. 각각의 분야별로 글로벌 단위의 분업화와 함께 소수기업에 극단적으로 쏠려 있는 모습을 띠고 있습니다.

제조는 대만의 TSMC, 노광장비는 네덜란드의 ASML, 레이저는 독일의 트럼프, 거울은 독일의 자이스, 광원장비는 미국의 사이머 같은 식이죠. 모두 각각의 장비를 생산하는, 세상에서 유일한 기업들입니다. 게다가 소재는 더욱 심각하죠. 고품질 반도체를 만드는 고순도 석영 모래는 전 세계에서 미국의 스프루스 파인, 딱 한 군데에서만 생산됩니다. 이 때문에 이 지역에 허리케인이 발생했을 때 전 세계 반도체 생산에 차질이 발생할 정도였습니다.

그러다 보니 이 세상에 존재하는 모든 것을 생산해내는 중국조차 고전을 면치 못하고 있는 실정입니다. 중국은 미국의 강력한 제재 속에 미국 주도의 공급망에서 탈피해 자체 반도체 생산 공정을 갖추고자 하지만 어림도 없는 일입니다. 이미 살펴본 것처럼 반도체 생산과 관련해서는 다양한 국가에서, 다양한 기업들이 저마다의 핵심 기술을 보유하고 있기 때문에 이 모든 걸 중국이 대체하기란 불가능에 가깝습니다.

게다가 미국은 자국의 반도체 장비 업체를 통한 대중국 수출 규제까지 시행하고 있습니다. 미국에는 여전히 세계 최고의 반도체 장비를 만들어내는 업체들이 포진해 있습니다. 어플라이드머티리얼즈 Applied Materials는 실리콘 웨이퍼에 얇은 필름을 입히는 증착 장비를 만드는 세계 최대 반도체 장비 회사입니다. 램리서치 Lam Research는 실리콘 웨이퍼에서 특정 부분을 제거해 미세 패턴을 형성하는 식각 장비 분야에서 세계 최고 기술력을 지닌 회사이고요. KLA는 실리콘 웨이퍼에 생기는 나노미터 단위 결함을 감지하는 측정 장비 분야의 세계 최고 회사입니다. 모두 미국 회사로, 이들 회사의 장비가 없다면 최첨단 반도체는 생산할 수 없죠.

그럼에도 불구하고 중국은 정부 주도로 파운드리 회사를 설립하며 꾸준히 도전하고 있습니다. 하지만 여전히 기술 격차가 큽니다. 게다가 무려 20조 원을 투자받으며 야심 차게 도전했던 HSMC라는 파운드리 회사는 TSMC의 CTO를 역임했던 장상이蔣尚義, 1946~를 CEO로 영입하며 화려하게 출발했으나 성과를 내지 못한 채 끝내 반도체 양산에 실패하고 말았습니다. 회사는 자금난에 빠져 공사 대금과 직원 임금도 지불하지 못한 채 결국 2020년에 모든 직원에게 퇴사를 통보하면서 문을 닫습니다. 반도체 기술의 자급자족을 목표로 하는 중국으로서는 매우 치명적인 사건이었죠. 장상이 전 CEO는 후에 HSMC에서의 경험을 악몽이라고 회상합니다. "중국 회사에 간 것은 정말 어리석은 짓이었다."며 후회하는 심경을 토로하는 인터뷰를 진행하기도 했습니다.

전 세계 반도체 제조의 중심은 대만과 한국을 비롯한 동아시아에

편중되어 있습니다. 이 때문에 미국의 고민이 이만저만이 아니죠. 특히 중국은 대만을 호시탐탐 노리고 있습니다. 만약 중국이 대만을 침공한다면 가장 큰 이유가 TSMC 때문일 거라는 얘기까지 나올 정도죠. 미국은 대만 해협에 웬만한 국가의 공군력 전체와 맞먹는 핵 항공모함 전대까지 배치하고 있습니다.

이뿐만이 아닙니다. 미국은 트럼프가 처음으로 대통령에 당선됐을 때 반도체 제조를 다시 미국으로 옮겨가기 위한 반도체법을 시행했습니다. 그동안 다른 나라에 공장을 배치하며 설계에만 집중했던 미국이 이제 TSMC의 성공을 보며 다시 제조를 미국 내에 들이려 하고 있죠. 그리고 엄청난 보조금을 지급하고 있습니다. 이에 힘입어 한때 반도체를 대표했던 기업 인텔이 마침내 파운드리 사업에 도전합니다. 인텔은 애리조나주에 공장을 짓고 미국 정부로부터 최대 85억 달러 규모의 자금을 지원받을 계획입니다. 이뿐만이 아닙니다. 최신 공정에 필수적인 ASML 장비 1년 치도 미리 예약해둔 상태입니다. 그러니까 2024년 한 해 동안 ASML에서 생산된 모든 최신 장비가 인텔의 품으로 간다는 얘기죠. ASML의 장비를 구하기가 얼마나 어려운지는 앞서 설명한 바 있습니다. 이렇게 구하기 힘든 장비의 1년 치 물량을 독점한 것은 미국 정부의 든든한 뒷배가 있기에 가능한 일이죠.

이렇듯 파격적인 지원에 힘입어 다른 나라 기업들도 미국 내에 공장을 짓고 투자를 늘리고 있습니다. 삼성전자는 텍사스주에 새로운 반도체 공장을 짓습니다. 무려 축구장 800개 규모의 부지에 공장을 건설 중이죠. TSMC도 미국에 공장을 짓습니다. 애리조나주 피닉스에 대규모 반도체 공장을 건설하고 있는데, 미국 정부는 TSMC에 설립 보조금 66억 달러와 저금리 대출 50억 달러, 총 116억 달러를 지원합니다. 제조를 다시 미국의 품안으로 둬야 한다는 방침에 따라 전세계 반도체 파운드리가 속속 미국 내에 공장을 짓고 있습니다. 반도체를 시작한 나라 그리고 여전히 최첨단 반도체의 중심에 있는 나라이자 세계에서 가장 강력한 나라인 미국의 의중을 거스를 수는 없기 때문이죠.

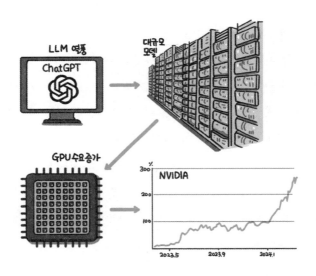

챗GPT 이후로 LLM 열풍이 불면서 반도체가 다시금 중요한 역할을 하고 있습니다. 특히 LLM의 크기가 커질수록 더 좋은 성능을 내는 이른바 규모의 법칙으로 인해, 많은 기업이 모델의 크기에 더욱 집중하고 있습니다. 모델의 크기를 키우기 위해서는 학습과 추론 모두 대규모의 GPU가 필요하기 때문에 많은 기업이 인공지능 반도체 인프라에 엄청난 투자를 하고 있습니다. 실제로 인공지능 반도체의 주도

권을 쥐고 있는 엔비디아는 상상을 초월하는 엄청난 수익을 내고 있으며, 사실상 인공지능 분야에서 유일하게 대규모 흑자를 내는 기업이기도 합니다. 마치 200여 년 전 캘리포니아에 골드러시가 일어났을 때 청바지를 팔았던 리바이스가 큰돈을 벌었던 것처럼 말이죠.

미국은 중국과 갈등을 빚으며 중국을 반도체 생태계에서 배제시키려는 노력을 하고 있으며, 제조를 다시 미국의 품안에 들여놓기 위해 엄청난 보조금을 지원하며 노력하고 있습니다. 미국과 중국이 갈등을 빚는 사이, 그 중간에 끼인 우리나라의 앞날은 여전히 오리무중입니다. 전 세계 메모리 반도체 1위 기업인 삼성전자와 2위 기업인 SK하이닉스가 과연 빈틈을 잘 공략하여 반도체 업계에서 계속해서 존재감을 떨칠지, 아니면 한때 '반도체 5공주'로 불리며[7] 전 세계를 호령했던 도시바, NEC(일본전기), 히타치, 후지쯔, 미쓰비시 같은 일본 기업들처럼 소리 소문 없이 존재감이 사라질지, 아직은 아무도 알 수 없습니다.

무엇보다 중요한 사실은 인공지능이 발전할수록 더욱 많은 반도체를 필요로 한다는 점입니다. 이 때문에 엄청난 수익을 내며 인공지능 반도체를 설계하는 엔비디아와 엄청난 수익을 내며 인공지능 반도체를 생산하는 TSMC에서 파이를 한 조각이라도 더 빼앗아 오기 위해 오늘도 수많은 기업이 도전하고 있습니다.

제8장

인공지능의 미래와
인류의 도전

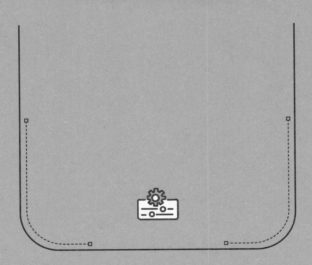

무엇이 문제인가

지금까지 생성형 인공지능의 역사와 LLM이 탄생하게 된 계기, 챗GPT의 등장과 LLM 최적화, 이를 둘러싼 다양한 기업들 그리고 반도체까지 차례대로 살펴봤습니다. 특히 초거대 언어 모델 LLM이 점점 커지면서 더 많은 연산이 필요하고, 이에 따라 더 많은 반도체가 필요하다는 점도 살펴봤죠. 또한 다양한 최적화 방법도 소개했습니다.

최적화를 하는 이유는 분명합니다. 초거대 언어 모델이 이름 그대로 너무 크고 방대하기 때문이죠. 말 그대로 초거대 언어 모델입니다. 그렇다면 이런 초거대 언어 모델을 구축하는 데 드는 비용은 얼마나 될까요? 가장 널리 알려진 GPT-3 175B 모델을 학습하는 데 드는 비용을 살펴봅시다. 오픈AI가 공개한 자료에 따르면 학습에 소요된 GPU 시간은 약 355년으로 추정됩니다. 'GPU 시간'은 GPU 1장으로 학습하는 데 걸리는 총 시간을 의미합니다. 여러 장의 GPU를 동시에 연결하면 그만큼 시간을 줄일 수 있습니다. 예를 들어 10장을 연결하면 35년, 100장이라면 3년이 걸리는 식이죠. 실제로 오픈AI는

GPT-3를 학습할 당시 마이크로소프트의 애저(마이크로소프트의 클라우드 플랫폼)를 통해 1만 개의 GPU를 연결해 학습한 것으로 알려져 있습니다.

그렇다면 비용은 얼마나 들었을까요? 스탠퍼드대학의 보고서에 따르면 우리 돈 약 60억 원으로 추정했습니다. 단순히 학습에 필요한 인프라 비용만 계산했을 때 이 정도지, 실제로는 학습에 필요한 데이터 구축 비용이나 연구원들의 인건비 등 부가 비용이 빠져있기 때문에 오픈AI는 GPT-3를 학습하면서 1억 달러 이상, 우리 돈으로 약 1,400억 원 정도는 투자했을 것으로 추측됩니다. 이처럼 GPT-3 규모의 초거대 언어 모델 학습에는 막대한 비용이 소요됩니다. 그래서 효율적인 학습 기법을 찾아내거나 효율적인 반도체를 개발해 비용을 절감하려는 노력이 이어지고 있죠. 하지만 여전히 웬만한 규모의 기업이나 학교에서 감당하기에는 상당히 부담이 되는 수준입니다.

저 또한 연구에 수많은 GPU를 활용하고 있지만, 가끔은 제가 한 실험이 엄청난 일이라는 걸 새삼 깨닫곤 합니다. 컴퓨터가 내뿜는 뜨거운 열기와 탱크가 지나가는 듯한 굉음을 듣고 있노라면 '정말 지구에 몹쓸 짓을 하고 있구나'라는 사실을 다시금 깨닫죠. 데이터 센터를 방문해보면 그 규모가 더욱 와닿습니다. 컴퓨터가 내뿜는 엄청난 열기를 식히기 위해 각 서버랙마다 개별 에어컨이 설치되어 있고, 지진에도 끄떡없는 내진 설계와 정전 시에도 문제없이 가동할 수 있는 자가발전 시설까지 갖추고 있죠. 심지어 늘어나는 전력 수요를 감당하기 위해 발전 시설을 증설하기도 합니다. 이렇게 쓰는 엄청난 에너지를 목도하고 있노라면 이 에너지를 꼭 세상을 이롭게 하는 데 활용해야겠다고 다짐하게 될 정도입니다.

최근에 나오는 논문에는 모델을 학습하며 배출하는 탄소 배출량을 계산하여 기입하곤 합니다. 전 세계가 초거대 모델 경쟁을 벌이고 있지만 우리가 하는 일이 얼마나 지구를 힘들게 하는지 경각심을 갖자는 것이죠. 물론 인공지능 때문에 지구가 망가진다는 건 아직은 지나친 우려이지만, 인공지능이 엄청난 에너지를 소비하는 것 또한 부인할 수 없는 사실입니다. 저마다 좋은 모델을 만들기 위해 앞만 보며 달리고 있지만 가끔은 경각심을 갖고 주위를 되돌아볼 필요가 있습니다.

한편 할루시네이션은 LLM에서 가장 주의해야 할 문제입니다. 제1장에서 이미 충분히 설명한 바 있지만, 이렇게 어려운 단어가 이처럼

일상에서 자주 쓰이는 날이 오게 될 줄은 몰랐습니다. 할루시네이션은 거짓 정보를 마치 사실인 양 얘기하는 환각 현상을 말합니다. LLM은 출력하는 정보가 진실인지 거짓인지 판단할 수 있는 능력이 없습니다. 그저 확률에 따라 단어를 나열할 뿐이죠. 그러다 보니 거짓을 마치 진짜처럼 얘기하는 이런 현상이 발생하는 겁니다.

모른 채 가짜를 만들거나 생성하는 것도 문제지만, 사실 더 큰 문제는 따로 있습니다. 의도적으로 진짜 같은 가짜를 만드는 겁니다. 대표적으로 가짜 뉴스를 만든다거나 인공지능으로 영상을 합성하여 여자 연예인의 얼굴을 붙인 포르노를 만든다거나 하는 것들이 그것이죠. 동영상을 합성하는 딥페이크Deepfake라는 기술은 사회적 문제가 되고 있습니다.

딥페이크는 딥Deep러닝과 가짜를 뜻하는 페이크Fake의 합성어인데, 말 그대로 딥러닝으로 가짜를 만드는 기술을 말합니다. 사실 이 단어는 신조어라기보다는 deepfakes라는 ID를 사용했던 한 유저가 커뮤니티 게시판에 유명 여배우의 얼굴과 포르노 배우의 몸을 딥러닝으로 합성해서 올리던 데서 유래했습니다. 원래는 그 유저의 ID였던 것이죠. 모르고 가짜를 만들어내는 게 아니라 의도적으로 가짜를 진짜처럼 만든다는 데 문제가 있습니다. 지금도 보이스피싱 문제가 심각한데, 가짜 동영상으로 더 심각한 동영상 피싱 문제가 발생할 수 있죠.

글도 마찬가지입니다. 일부러 가짜 뉴스를 만들어낸다면 이를 구분하기가 쉽지 않습니다. LLM은 다양한 정보를 종합하여 그럴듯하게 문장을 만드는 능력이 뛰어나기 때문입니다. 가짜 뉴스는 큰 사회적 문제가 될 수 있습니다. 그래서 오픈AI가 GPT-2를 처음 공개했을 때 이 문제를 언급하며 한동안 전체 버전의 공개를 거부하기도 했습니다. 악용될 우려가 크다면서 말이죠. 오픈AI는 "아직까지 오용 사례를 발견하지 못했다."며 1년여가 지나서야 GPT-2의 전체 버전을 공개합니다. 물론 그렇게까지 공개를 머뭇거렸던 모델의 매개변수는 지금에 와서 보면 상당히 귀여운 수준인 고작 1.5B 모델에 불과했지만요.

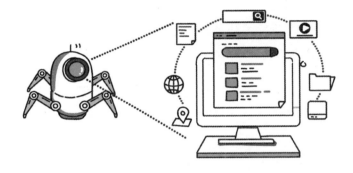

학습 데이터 문제도 있습니다.

LLM의 학습 데이터는 웹에서 방대한 양의 데이터를 크롤링Crawling 하여 수집합니다. 크롤링이란 웹 문서의 링크 구조를 분석해 웹 사이트의 다양한 문서를 방문해서 데이터를 수집하고 저장하는 작업을 의미합니다. LLM이 학습하기 위한 엄청난 양의 데이터는 대부분 인터넷상에서 크롤링으로 수집합니다.

문제는 이들 대부분은 원저작자가 명시적으로 크롤링하는 데 동의하지 않았다는 데 있습니다. 그리고 LLM은 이 데이터를 이용해 다양한 글을 창작해내죠. 이는 마치 어느 소설가가 좋은 목적으로 자신의 작품을 인터넷에 무료로 공개했는데 LLM이 이를 무단으로 수집하여 유사한 다른 소설을 집필하는 데 쓰는 것과 마찬가지입니다.

과거 검색엔진 시대에는 암묵적인 룰이 있었습니다. 좋은 콘텐츠를 만들어 제공해주면 검색엔진이 해당 사이트에 링크를 걸어주는 것이었죠. 그렇게 사이좋게 트래픽을 나눠 가질 수 있었고 구글 같은 검색엔진 서비스와 〈뉴욕타임스〉 같은 콘텐츠를 제공하는 서비스가 서로 윈윈할 수 있었습니다. 이 때문에 〈뉴욕타임스〉는 구글이 자사의 데이터를 마음대로 크롤링해도 이를 너그럽게 허용해주었습니다. 하지만 이렇게 서로 윈윈하던 암묵적인 관계는 구글이 원박스OneBox 기능을 도입하면서 흔들리기 시작합니다.

원박스란 쿼리에 대한 결과를 직접 검색 결과 상단에 노출하는 방식을 말합니다. 구글이 정보를 담고 있는 사이트의 내용을 직접 분석

하여 사용자가 번거롭게 해당 사이트에 방문하지 않고도 결과를 얻을 수 있도록 검색 결과 상단에 정보를 미리 제공하는 매우 편리한 기능이죠. 구글은 이 기능을 통해 높은 기술력을 자랑했고, 사용자에게도 무척 편리했습니다.

그런데 문제가 있습니다. 이 같은 방식이 콘텐츠 제공자에게는 아무런 이득이 되지 않는다는 점이죠. 앞서 구글 같은 검색엔진과 〈뉴욕타임스〉 같은 콘텐츠 제공자는 서로 사이좋게 트래픽을 나눠 가질 수 있었다고 했죠. 하지만 원박스로 정보를 노출하면 사용자는 더 이상 〈뉴욕타임스〉를 방문할 필요가 없습니다. 그렇게 되면 〈뉴욕타임스〉는 트래픽이 줄어들고, 덩달아 광고비도 줄어듭니다. 따라서 수익을 낼 수 없게 되죠. 이런 측면에서 보면 콘텐츠 제공자에게 원박스는 재앙인 셈입니다.

LLM 시대에 이르러서는 더욱 큰 재앙이 벌어지고 있습니다. LLM은 모든 것이 원박스나 다름없습니다. 그 자리에서 바로 답변하기 때문이죠. 이렇게 되면 콘텐츠를 제공한 사이트는 아무런 보상을 얻지 못합니다. 검색엔진 시대의 암묵적인 룰이 LLM 시대에는 더 이상 통용되지 않게 되는 거죠.

한편 세상 모든 일에는 편견이 존재합니다. 아무리 공평하게 하려 해도 세상에 완벽한 공평함은 없습니다. 단순히 과일 하나를 고르는 데에도 '못생긴 과일은 맛이 없다'라는 인식이 작용하고, 여기에는 자신도 모르는 사이 무의식적인 편견이 반영되죠.

우리는 어릴 때부터 차별, 편견을 갖지 말라고 배워왔습니다. 하지만 현실에서는 부에 따른 차별, 학력에 따른 차별, 인종에 따른 차별 같은 것들이 은연중에 나타납니다. 겉으로는 감추려 해도 말과 행동에서 자연스레 드러나기도 하죠.

이러한 사회적 편견은 데이터에도 고스란히 반영됩니다. 그리고 이런 편견이 담긴 데이터로 학습한 모델은 필연적으로 편향된 결과를 보여줄 수밖에 없습니다. 예를 들어 흑인의 범죄 가능성을 더 높게 예측하거나, 직업에 대한 성별 고정관념을 보이곤 합니다.

당연히 이는 LLM 자체의 문제는 아닙니다. 우리 사회에 뿌리 깊은 편견이 반영된 결과일 뿐이죠. 하지만 이를 방치한다면 LLM은 채용에서, 대출 심사에서, 입학시험에서 사회 전반에 걸쳐 불공정을 심화시키고 사회 전반에 부정적인 결과를 초래할 수 있습니다. 이러한 편견을 줄이기 위해서는 더욱 다양하고 균형 잡힌 데이터로 학습해야 하지만 이는 결코 쉬운 일이 아니죠.

개인정보 보호 문제도 있습니다.

모델을 학습하기 위해서는 많은 양의 데이터가 필요합니다. 이 중에는 전화번호나 주소, 심지어 주민등록번호 같은 개인정보도 있을 수 있습니다. 챗GPT도 초기에는 개인정보가 포함되어 있는 다른 사람의 신용카드 번호 4자리, 카드 유효기간 등을 포함한 개인정보가 표시되는 버그가 있었습니다. 이 때문에 이탈리아에서는 챗GPT 접근이 한동안 차단되기도 했죠. 구글에서도 2019년에 자사의 음성비서인 구글 어시스턴트가 녹음한 이용자 대화 중 1,000건 이상이 외부로 유출된 사건이 있었습니다. 이 녹음 파일에는 이용자의 집 주소나 건강 상태 등 민감한 정보가 포함되어 있었죠. 이 때문에 한동안 개인정보 보호에 대한 우려가 제기되기도 했습니다.

국내에서도 한동안 인기를 끌었던 챗봇 이루다가 60만 명의 이용자에게서 카카오톡 대화 문장 94억 건을 수집해 학습했다가 적발된 적이 있었습니다. 게다가 수집된 데이터에 포함된 이름, 전화번호, 주소 같은 개인정보를 삭제하거나 암호화하는 등의 비식별화 조치를 충분히 하지 않아서 대화 도중에 실명이나 전화번호가 노출되기도 했죠. 이 때문에 2021년에는 개인정보보호법을 위반한 것으로 판단되어 1억 원이 넘는 벌금을 부과받기도 했습니다.

이유를 설명할 수 없는 것도 문제입니다.

인간의 두뇌는 아무리 해부하고 관찰해도 사고 과정이 어떻게 이루어지는지를 명확히 설명하기가 어렵습니다. 이를 가장 잘 보여주는 사례가 바로 알베르트 아인슈타인Albert Einstein, 1879~1955입니다. 인류 역사상 최고의 천재 과학자로 불리는 인물이죠. 아인슈타인은 사후에 부검을 맡았던 한 의사가 그의 뇌를 무단으로 적출해 보관했던 사건으로도 유명합니다. 당시 사체 해부를 담당했던 병리학자는 아인슈타인의 뇌 구조가 너무나 궁금한 나머지 그의 뇌를 240조각으로 분해해서 보관했죠. 뇌의 흑백 사진을 수십 장 촬영하고, 각 블록의 조직 샘플을 현미경용 슬라이드에 담아서 보관했습니다. 그러나 아

인슈타인의 뇌를 아무리 들여다봐도 알아낼 수 있는 건 아무것도 없었습니다. 일반인보다 조금 가볍다는 점 외에는 보통 사람들의 뇌와 별 차이가 없었기 때문입니다.

두뇌를 들여다본다고 해서 그 사람의 생각과 사고방식을 알 수 있는 것은 아닙니다. 그저 전기적 신호가 동작하는 것만 확인할 수 있을 뿐 어떻게 뇌에서 그런 고차원적인 사고를 할 수 있는지 아직 아무도 모르죠. 인간의 두뇌를 본뜬 LLM도 마찬가지입니다. 시냅스와 비슷한 역할을 하는 매개변수를 아무리 살펴본다 한들 알아낼 수 있는 건 아무것도 없죠.

이 때문에 마이크로소프트의 인공지능 책임자인 크리스 비숍Chris Bishop, 1959~은 능숙한 엔지니어가 인공지능의 추론 과정을 분석한다 해도 이제 의미 없는 일일 가능성이 높다고 얘기합니다. 왜냐하면 지금의 인공지능은 인간이 해석할 수 있는 규칙을 거쳐 결론에 도달하는 것이 아니기 때문이죠.

반드시 이유를 설명해야 하는 분야에서는 이러한 한계가 치명적입니다. 자율주행차의 경우 사고 발생 시 정확한 원인과 불가피한 충돌의 이유를 명확히 규명할 수 있어야 합니다. 의료 분야도 마찬가지입니다. 폐암 진단 인공지능이 영상의학과 전문의보다 더 정확한 판별력을 보인다 해도, 진단 근거를 설명할 수 없다면 실제 임상 적용은 어렵습니다. 식품의약품안전처의 승인을 받기도 힘들죠. 아무리 정확도가 높더라도 생명과 직결된 판단에서 그 이유를 설명할 수 없다면 과연 규제 기관이 이를 승인할 수 있을까요?

군사 분야는 더욱 민감합니다. 인공지능이 왜 특정 국가를 공격 대상으로 선정하고 미사일을 발사했는지 반드시 설명 가능해야 합니다. 물론 미사일 발사와 같은 중대한 결정권은 절대로 인공지능에 위임해서는 안 됩니다.

영화 〈터미네이터〉는 인공지능에 모든 통제권을 넘겼을 때 어떤 일이 일어나는지를 잘 보여줍니다. 영화에서 인공지능은 인류를 가장 큰 위협으로 판단해 핵미사일을 발사하고 결국 인류는 멸망 직전에 이르죠. 비록 허구의 이야기를 다룬 영화이지만 이 영화가 전달하는 메시지만큼은 분명합니다. 인공지능이 어떤 결정을 내릴지 알 수 없기 때문에 최종 결정권만큼은 절대로 인공지능에 넘겨서는 안 된다는 것이죠. 이런 맥락에서 보면 반드시 최종 결정을 내려야 하는 완전 자율주행은 매우 도전적인 과제인 셈입니다. 어쩌면 불가능한 목표일 수도 있겠고요.

문제를 극복하기 위한 다양한 노력

이처럼 많은 문제가 산재해 있지만 이를 극복하기 위한 노력 또한 꾸준히 진행되고 있습니다.

할루시네이션 문제부터 살펴보죠.

할루시네이션은 문제라기보다는 현상으로 봐야 합니다. 소설을 쓰거나 영화 대본, 마케팅 문구 작성 같은 창의적인 글쓰기가 필요한 경우 오히려 할루시네이션은 필수적인 능력이기 때문입니다. 만약 LLM이 항상 정확한 정보만을 얘기해야 한다면 소설 같은 글쓰기는 애초에 할 수가 없습니다.

따라서 할루시네이션을 하나의 특징으로 바라보고 이를 보완하기 위한 다양한 방법이 연구되고 있습니다. 제3장에서 살펴봤던 RLHF가 그중 하나입니다. RLHF는 사람이 가장 선호하는 방식으로 대답하도록 끊임없이 보상을 해주면서 피드백을 받아 개선해나가는 과정인데 이 과정에서 할루시네이션을 줄이는 데 상당한 효과가 있었다는 내용이 GPT-4 기술 보고서에 실려 있기도 하죠.[1]

제5장에서 살펴봤던 RAG도 할루시네이션을 줄이는 데 도움이 됩니다. RAG는 검색의 도움을 받아 내용을 보완하고 이를 통해 생성 능력을 증강시키는 것인데 〈뉴욕타임스〉 같은 신뢰할 수 있는 소스를 통해 내용을 보완하면 더 정확한 정보를 생성할 수 있죠. 퍼플렉시티 같은 서비스가 인기몰이를 하는 것은 RAG가 제법 잘 동작하고 있음을 보여줍니다. 이런 서비스는 출처도 명확하게 표기하기 때문에 콘텐츠 제공자에게도 트래픽을 전달할 수 있어 도움이 되죠.

할루시네이션에 대한 지나친 우려는 포토샵이 처음 등장했을 때 사람들이 했던 우려와 비슷합니다. 포토샵이 출시되자 사람들은 이 기술이 심각하게 남용되어 온갖 사진이 조작되면서 세상에 큰 혼란이 올 것이라 우려했습니다. 이제는 고등학생도 자유자재로 사용할 정도로 포토샵이 대중화되었지만, 그렇다고 우리 사회가 혼란에 빠지진 않습니다. 오히려 모든 사람이 포토샵의 존재를 알기 때문에 조작된 사진인지를 더 주의 깊게 받아들이게 됐죠.

이처럼 기만적인 기술Deceptive Technologies은 대중화될 때 오히려 더 안전해집니다. 대중이 조작 가능성을 널리 알면 오히려 기만적인 기술은 힘을 잃습니다.[2]

과거 아날로그 시절에는 사진이 조작될 수 있다는 사실을 대부분의 사람이 알지 못했고, 실제로 소련의 스탈린 정권은 사진을 조작하여 대중을 기만하곤 했습니다. 하지만 지금은 사진이 조작될 수 있다는 사실을 누구나 알고 있습니다. 이제 사람들은 좀처럼 조작된 사진에 속지 않습니다. 할루시네이션도 마찬가지입니다.

할루시네이션처럼 의도하지 않게 조작된 것이나, 또는 의도적으로 진짜 같은 가짜를 생성하는 행위 모두 받아들이는 입장에서는 동일합니다. 가장 좋은 방법은 판별력을 기르는 것이죠. 이를 **디지털 리터러시**Digital Literacy라고 합니다. 디지털 기술과 도구를 효과적이고 비판적으로 이해하고 활용할 수 있는 능력을 말하는데, 여기에는 신뢰할 수 있는 정보와 허위 정보를 구분하는 능력을 갖추는 일도 포함됩니다. 디지털이 필수가 된 현대 사회에서는 매우 중요한 역량이죠. 리터러시를 높이기 위해서는 기술이 더 대중화되어야 합니다. 모두가 기만적인 기술을 알게 된다면 리터러시가 높아지고, 거짓 정보를 구분하는 능력 또한 향상되죠.

우리가 보이스피싱에 당하지 않는 것도 이와 비슷합니다. 여러 매체를 통해 적극적으로 보이스피싱에 대해 홍보했고, 이제 사람들은 좀처럼 보이스피싱에 당하지 않습니다. 물론 보이스피싱 같은 범죄를 뿌리 뽑는 게 가장 좋지만 그렇게 할 수 없다면 당하지 않도록 리터러시를 높이는 게 최선입니다. 변한 세상에 능동적으로 대처할 수 있는 역량도 함께 높아져야 하죠.

원박스 문제는 어떨까요?

원박스 문제를 해결하기 위해 콘텐츠 제작자들은 데이터 판매와 라이선싱 사업을 벌이고 있습니다. LLM을 개발하는 기업들에 자사의 고품질 데이터를 직접 판매하거나 라이선스를 부여하는 것이죠. 실제로 해외 유명 커뮤니티 서비스인 레딧Reddit의 경우 데이터를 사용할 수 있는 라이선스를 별도로 판매하여 상당한 수익을 올리고 있습니다.

이미지의 경우 옵트아웃Opt-Out 시스템을 도입하는 사례도 있습니다. 아티스트가 직접 자신의 작품에 옵트아웃 설정을 해두면 이미지 생성 모델을 만드는 회사는 그 작품을 학습에 사용하지 않는 거죠. 2023년 3월에 이미 4만 개 이상의 작품들이 옵트아웃 설정을 신청했다고 합니다.

이외에도 인공지능 회사들이 직접 정당한 콘텐츠 사용 계약을 맺거나 콘텐츠 제공자들에게 인공지능 기술을 제공하면서 상생을 도모하고 있습니다. 오픈AI는 2023년에 AP통신과 계약을 맺었습니다. 1985년 이후 AP가 작성한 모든 뉴스 데이터를 챗GPT 학습에 사용할 수 있도록 허용하는 계약이었죠. AP통신은 우리나라의 연합뉴스와 유사한 세계 최대 규모의 통신사입니다. 이곳에서 하루에 공급되는 뉴스 기사만 해도 엄청나죠. 오픈AI는 AP통신에 인공지능 기술을 제공하고 언론사가 활용할 수 있도록 도움을 주는 조건도 포함했습니다. 상생을 도모하려는 노력의 일종이죠.

유럽에서도 프랑스의 르몽드, 스페인의 프리사 미디어, 독일의 악셀 슈프링어 등 다양한 언론사와 계약을 체결하고 고품질 뉴스를 공급받기로 했습니다.[3] 그러면서 앞으로 챗GPT에서 출처를 보다 명확

히 표기하는 등 언론사에 조금이나마 더 이익이 돌아가도록 노력을 기울이기로 했죠. 실제로 최근에 챗GPT를 사용해보면 언론사의 기사가 출처인 경우 해당 언론사의 링크가 출처로 명확하게 제시됩니다.

이러한 방식으로 콘텐츠 제공자들과 오픈AI 같은 인공지능 기업들은 정당한 비용을 지불하면서 인공지능 기술을 제공하고 결과에 출처를 제시하는 등 서로 상생할 수 있는 협력 관계를 구축해 나가고 있습니다.

인간이 가진 편견은 필연적으로 LLM의 편향으로 이어질 수 있습니다. 이러한 데이터 편향 문제를 해결하기 위해서는 기업들의 공정한 데이터 확보 노력이 필수적입니다. 다양성 있는 데이터 수집, 지속적인 평가와 함께 올바른 데이터 구축을 위한 체계적인 관리 감독이 무엇보다 중요하죠.

제3장에서 살펴본 RLHF 기술도 편향을 줄이는 데 도움이 될 수 있습니다. RLHF는 모델의 행동을 인간의 가치와 선호도에 더 잘 맞추는 것을 목표로 합니다. 인간의 윤리적 기준과 사회 규범을 모델에 반영할 수 있죠. 부적절하거나 편향된 응답은 줄이고 더 공정한 출력을 생성하도록 유도할 수 있습니다. RLHF는 다양한 배경을 가진 인간 평가자들의 피드백을 모델 학습에 활용하기 때문에 다양한 관점과 가치관을 모델에 반영할 수 있습니다. 인간 평가자들이 모델 출력에서 편향, 부정확성, 윤리적 문제 등을 식별하고 강조하면 이를 통해 모델은 편향된 패턴을 인식하고 수정할 수 있죠. 이런 식의 지속적인 피드백 루프를 통해 모델은 편향을 점진적으로 개선해나갑니다.

그러나 RLHF도 모든 편향 문제를 해결할 수는 없습니다. 인간 평가자들 또한 아무리 공정하게 한다 해도 편견을 가질 수 있고, 인간의 평가 또한 부정확할 수 있기 때문이죠. RLHF는 위험한 발언이나 편향이 예상되는 답변은 거부하기도 하는데, 이런 현상이 지나치면 대부분의 질문에 검열이 반영되어 모델의 유용성이 지나치게 떨어지는 문제도 있습니다.

이 때문에 LLM의 동작 원리를 알아내기 위한 연구도 계속되고 있습니다. 이를 **설명 가능성 연구**eXplainable AI, XAI라고 합니다. LLM은 복잡한 신경망 구조 때문에 그간 블랙박스 모델로 간주되어 결정 과정을 이해하기가 쉽지 않았습니다. XAI는 이러한 불투명성을 해소하고 모델의 신뢰성과 투명성을 높이는 데 중요한 역할을 하는 연구입니다. 이를 통해 편견과 편향도 제거할 수 있을 거라 기대하고 있죠. 얼마 전 앤트로픽은 클로드의 내부 구조를 분석해 동작 원리를 시각화하는 인상적인 연구 결과를 발표하면서[4] LLM의 불확실성을 해소할 수 있을 거라는 희망을 보여주기도 했습니다.

무엇보다 인류는 지금까지 모든 문제를 잘 극복해왔습니다.

80여 년 전 핵폭탄이 개발됐을 때는 어땠을까요? 모든 인류가 멸망할 거라고 했습니다. 하지만 인류는 그 어느 때보다 핵 기술을 잘 통제해왔습니다. 그리고 세상에는 평화가 찾아왔죠. 모두를 멸망시킬 거라고 했던 핵은 오히려 전쟁 억지력을 발휘했고, 더 이상 세계대전 같은 전면전은 일어나지 않고 있습니다.

LLM은 여전히 단점도 많고 산재한 문제도 많습니다. 극복하려는 노력이 계속되고 있지만 결코 쉬운 일이 아니죠. 어쩌면 불가능할 수도 있습니다. 애초에 아무 문제도 없는 완벽한 모델을 만든다는 명제 자체가 불가능한 목표이기도 합니다. 세상에 완벽함이란 존재하지 않으니까요.

미래는 아무도 알 수 없습니다. 누군가 미래를 정확히 예측할 수 있다고 한다면 그 사람은 틀림없이 사기꾼이겠죠. 하지만 완벽하지도

않고 아무도 예측할 수 없는 미래를 인류는 언제나 현명하게 헤쳐나왔습니다. 영화 〈인터스텔라〉에 나오는 다음 명대사처럼 말이죠.

We will find a way. We always have.
우린 답을 찾을 것이다. 늘 그랬듯이.

LLM은 답을 찾을 것입니다. 늘 그랬듯이.

일상생활의 필수품이 된 LLM

불과 2년 전만 해도 챗GPT라는 기술이 이렇게 큰 반향을 불러일으키리라고는 예상하기 어려웠습니다. 하지만 지금은 코딩, 보고서 작성, 데이터 처리와 같은 다양한 업무에서 효율성을 높이며 도움을 주고 있죠. 글쓰기나 콘텐츠 기획과 같은 창작 업무에도 영감을 주고, 요청한 주제에 대해 일목요연하게 정리된 정보를 제공하기도 합니다.

LLM은 우리의 일상에 깊숙이 스며들고 있으며, 개인 비서처럼 무엇이든 빠르게 답해줍니다. 단순한 문장 생성을 넘어 맥락 이해를 바탕으로 조언을 제공하며, 복잡한 개념을 알기 쉽게 설명해줍니다. 자기소개서 작성, 업무 이메일 작성, SNS 콘텐츠 기획부터 여행지 추천, 고민 상담, 전문 지식에 대한 설명까지, 마치 친구와 대화하듯 자연스러운 소통이 가능해졌습니다.

챗GPT가 출시 5일 만에 100만 명의 사용자를 확보했다는 것은 이

기술이 얼마나 빠른 속도로 사람들의 생활에 잘 녹아들고 있는지를 보여주는 사례라 할 수 있죠. 과거에는 공상과학 영화에서나 상상하던 일이 이제 현실이 되었습니다.

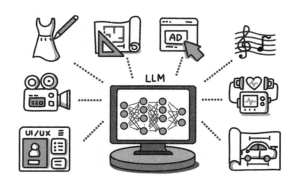

앞으로 LLM과 생성형 인공지능은 창의성이 요구되는 다양한 비즈니스 분야에 활용될 것입니다. 광고 분야에서는 사용자가 방문한 뉴스 본문을 분석해 최적의 상품 광고를 추천하는 문맥 맞춤 광고 서비스를 개발할 수 있을 것입니다. 작곡 분야에서는 새로운 멜로디와 하모니를 생성해 다양한 음악 장르와 스타일의 곡을 작곡할 수 있을 겁니다. 건축 분야에서는 스타일과 레이아웃에 어울리는 혁신적인 건물이나 구조물 디자인에 활용될 수 있을 것이고, 패션 분야에서는 트렌드와 선호도를 반영한 독특하고 다양한 의류 디자인을 제작할 수 있을 겁니다. 자동차 분야에서는 새로운 디자인 아이디어를 제안하고 디자인을 자동으로 변경도 해주겠죠. 영화 분야에서는 틀을 깨는 특수 효과와 애니메이션을 제작하고 전체 장면이나 스토리라인의 대사를 생성할 겁니다.

또한 제약 분야에서는 신약 화합물을 생성하고, 새로운 치료법 개발에 도움을 줄 겁니다. 작문을 비롯한 창작 분야에서는 시, 소설, 뉴스 기사 같은 콘텐츠를 생성하겠죠. 게임 분야에서는 새로운 게임 레벨과 콘텐츠를 디자인할 겁니다. 디자인 분야에서는 디지털 아트, 애니메이션, 사용자 인터페이스와 웹 디자인까지 창의적인 분야 전반에 걸쳐 혁신을 가져올 것으로 기대됩니다.

무엇보다 이 책을 집필하면서 저 역시 LLM의 도움을 많이 받았습니다. 초고를 작성한 뒤 "문장을 자연스럽게 다듬어줘."라는 프롬프트를 통해 문장을 보다 매끄럽게 수정했고, 마음에 들지 않는 문장이 나오면 다시 다른 표현을 찾는 과정을 반복했습니다. 또한 "전체 맥락에서 벗어난 문장이 있다면 찾아내어 적절하게 다듬어줘."라는 프롬프트를 통해 문장들이 맥락에 잘 어울리도록 조정했습니다. 문장이 정확한 사실에 기반하는지 체크하기 위해 "이 문장의 내용이 정확한지 출처와 함께 팩트 체크를 해줘."라는 프롬프트로 출처를 일일이 확인하고 내용을 점검했죠.

이 과정에서 챗GPT뿐만 아니라 퍼플렉시티, 앤트로픽의 클로드, 구글의 제미나이 등 여러 LLM을 모두 유료로 결제해 비교하며 활용했습니다. 풍부한 표현이 필요할 때는 주로 클로드의 결과를, 논리적인 전개가 중요할 때는 주로 챗GPT의 결과를, 정확한 표현이 필요한 부분에는 주로 제미나이의 결과를 활용했죠. 누구보다 LLM을 잘 활용했고 이를 통해 책 집필에 많은 도움을 받았습니다. 아마 LLM이 없었다면 책을 이렇게 완성도 있게 마무리하지 못했을 겁니다. 하지만 챗GPT가 집필에 많은 도움을 줬을지라도 이 책의 저자는 엄연히 저입니다. 챗GPT는 그저 제가 시키는 대로 문장을 제안하고, 다듬고, 팩트에 맞는지 체크하는 과정에 도움을 줬을 뿐입니다. 명령을 내리고 이 모든 걸 다시 한번 검토하고 최종 결정을 한 사람은 엄연히 저이기 때문입니다. 챗GPT는 그저 저의 지시를 따르는 도구였을 뿐입니다.

기술을 거부하던 러다이트 운동

러다이트 운동

과거 영국에서는 섬유 산업에 종사하던 노동자들이 기계화로 인해 자신들의 일자리가 위협받는다며 이에 반발해 기계와 공장을 파괴하고 불태우던 사건이 있었습니다. 바로 그 유명한 러다이트Luddite 운동입니다. 최근에도 이런 주장을 하는 단체가 많기 때문에 고작해야 몇십 년 전에 일어난 일이라 생각할 수 있겠지만 러다이트 운동은 놀랍게도 19세기 초에 일어난 일입니다. 무려 200여 년 전인 1810년대에 영국에서 일어난 일이죠. 하지만 당시 사건의 충격이 얼마나 컸

던지 지금도 산업화나 신기술에 반대하는 움직임을 러다이트 운동으로 부릅니다.

그렇다면 러다이트 운동을 지금은 어떻게 평가할 수 있을까요? 만약 그때 모두가 합심하여 기계를 거부하고 기술 발전을 멈추었다면 세상은 과연 더 좋게 변했을까요? 무엇보다 정말로 러다이트 운동이 우려했던 것처럼 산업혁명 때문에 일자리가 줄어들었을까요?

200여 년이 지난 지금, 우리 모두는 결과를 잘 알고 있습니다. 러다이트 운동은 산업혁명으로 노동자들이 일자리를 잃을지도 모른다는 공포였습니다. 하지만 결과는 완전히 반대였죠. 당시 노동자들은 자신의 일자리가 사라질지 모른다며 저항했지만, 지금은 그때와는 비교할 수 없을 정도로 훨씬 더 많은 새로운 일자리가 생겨났습니다. 그것도 훨씬 더 대우가 좋은 양질의 일자리로 말이죠.

20세기 초에는 뉴욕에 자동차가 등장하면서 마부가 사라졌습니다. 그전까지 주 교통수단이던 마차와 이를 운행하던 마부가 모두 사라졌죠. 대신 자동차 운전사, 정비사와 같은 새로운 직업군이 생겨났습니다. 그뿐만 아니라 자동차 산업이 발전하면서 도시화와 함께 도로 건설, 주유소 같은 새로운 인프라 건설이 필요해지면서 훨씬 더 많은 고용 효과를 창출해냈습니다. 마차가 다니던 시절과는 비교도 할 수 없을 정도죠.

얼마 전에 읽었던 《알고리즘 리더》란 책에는 저자가 20대 시절 변호사 사무실에서 인턴으로 일하던 이야기가 나옵니다.[5] 당시 그가 담당했던 업무는 철자가 틀렸는지 확인하는 단순한 일이었다고 합니다. 이미 컴퓨터가 있었고, 그런 작업은 당시에도 충분히 자동으로 처리할 수 있었습니다. 그럼에도 기초적인 기술조차 사용하지 못하는 법조계를 보며 곧 변호사들이 모두 소프트웨어로 대체되는 처지가 될 것이라 짐작했죠. 하지만 20여 년이 흐른 후에도 법조계는 기술로 대체되지 않았습니다. 오히려 미국에는 역사상 그 어느 때보다 많은 변호사가 활동하고 있죠. 기술 발달로 변호사라는 직업이 사라질 거라 예상했지만, 오히려 변호사의 일이 자동화되면서 법률 서비스에 대한 접근성이 더 높아졌고, 이에 따라 변호사를 찾는 수요도 더 늘어났죠.

이처럼 기술은 끊임없이 발전하지만 오히려 이로 인해 더욱 많은 새로운 일자리를 창출해냅니다. 러다이트 운동처럼 일자리가 사라질 걱정을 할 필요는 전혀 없죠.

반면 이제 끊임없이 공부해야 하는 시대가 찾아왔습니다. 컴맹 탈출을 위해 컴퓨터를 공부해야 했고, 스마트폰에 적응하기 위해 사용법을 익혀야 했듯이 인공지능 시대에는 새로운 기술에 반드시 적응해야겠죠. 이에 따라 일자리의 정의도 점점 바뀌고 교육의 개념도 달라질 겁니다. 더 이상 20대 초반에 배운 지식으로 평생을 활용하는 그런 일자리는 존재하지 않을 거예요.

이른바 평생 교육이 당연한 일이 될 겁니다. 제가 어릴 때만 해도 따로 공부하고 싶어도 영상은커녕 책조차 구하기 힘들던 시절이었습니다. 오로지 해외 원서로만 정보를 구할 수 있었는데 이 또한 책을 구할 길이 없어서(아직 아마존이 세상에 나오기 전이었습니다.) 공부할 수 없었죠. 책이 없어 공부할 수 없는 게 당연하던 시절이었습니다.

하지만 지금은 더 이상 그런 시절이 아닙니다. 원서는 물론 번역서도 잘 나와 있고 요즘은 세계 최고의 논문도 모두 무료로 공개되어 있어 마음만 먹으면 누구나 다운로드할 수 있습니다. 유튜브에는 하버드대학과 MIT, 스탠퍼드대학 같은 세계 최고의 대학들이 무료로 강의 영상을 공개하고 있습니다. 세계 최고 대학의 강의와 수많은 현인들의 지혜를 담은 강의가 모두 영상으로 남아 있어 언제든 해당 주제를 검색하면 관련 강의를 즉시 찾아볼 수 있죠. 유튜브 외에도 평생 교육을 위한 다양한 플랫폼이 존재합니다. 2001년에 MIT에서 처음으로 MOOCMassive Open Online Course라는 대규모 온라인 공개 강좌 개념을 소개한 이후 코세라Coursera, 유데미Udemy, 유다시티Udacity 같은 전문 온라인 교육 플랫폼이 속속 등장해 평생 교육을 이끌고 있죠.

저 또한 지금도 책과 MOOC 등으로 배움을 계속 이어가고 있습니다. 매일 공부하고 있지만 아마 평생을 공부해도 다 끝내진 못하겠죠. 누군가는 평생 공부를 해야 하니 정말 힘들겠다고 생각할 수 있습니다. 하지만 바꿔 생각해보면 평생 공부할 수 있어서 너무 즐겁습니다. 예전에는 학교를 졸업하면 더 이상 공부를 하고 싶어도 할 방법이 없었습니다. 그런데 지금은 어떤가요? 마음만 먹으면 언제 어디서든 공부할 수 있는 세상입니다. 이보다 더 즐거운 일이 어디 있을까요?

공부가 즐겁다니 무슨 뚱딴지 같은 소리냐고 할 수 있겠지만 우리의 학창 시절을 돌이켜 봅시다. 점수를 올려야 하고, 친구들과 경쟁해야 하고, 국영수만 공부해야 하고, 재미없는 과목도 외우다시피 공부해야 하는 게 힘들었을 뿐 공부 자체는 분명 재미있었습니다. 실제로 학창 시절에도 하고 싶은 공부만 하던 친구들이 있었는데 그런 친구들은 비록 학교 성적은 떨어질지언정 나이가 들어 성공하는 경우가 많았습니다. 중요한 것은 공부하는 그 자체였던 것이죠.

무엇보다 스스로 필요해서 하는 공부는 재미있습니다. 레스토랑을 창업하기 위해 요리를 배우는 것, 해외여행을 가기 위해 그 나라 언어를 익히는 것, 인생의 깊이를 느끼기 위해 온라인 철학 강좌를 듣는 것, 소설가가 되고 싶어 글쓰기를 훈련하는 것, 악기를 연주하기 위해 바이올린을 배우는 것. 이 모든 게 다 필요로 해서 하는 재미있는 공부입니다. 그리고 이런 재교육 과정을 통해 우리는 새로운 일자리에도 빠르게 적응할 것입니다.

훨씬 더 좋은 조건으로 말이죠.

천재란 어떤 사람인가? 창의성이란 무엇인가?

이쯤에서 "천재Genius란 과연 어떤 사람인가?"라는 질문을 해보고 싶습니다. 여러분은 '천재'라는 말을 들으면 어떤 기분이 드나요? 먼저 천재의 정의부터 찾아봅시다. 천재에 대해 과학적으로 규명된 명확한 정의는 없지만, 대략 어떤 영역에서 우월한 능력을 갖추고 있는 사람을 일컫습니다. 어떤 방식으로 우월해야 하는지는 정의되어 있지 않은데, 그렇다면 두 가지 중 하나겠네요. 머리가 좋아서 천재 같거나 또는 꾸준히 노력해서 천재 같거나. 과연 천재는 이 두 가지 방식 중 어떤 방식으로 우월함을 획득한 사람을 뜻할까요?

저는 운 좋게도 국내 최고의 기업들에서 직장 생활을 했고 그곳에서 수많은 천재들을 만났습니다. 그런데 제가 회사에서 만난 천재들은 모두 후자였습니다. 기가 막힌 결과를 보여주던 친구는 전날에 보면 누구보다 집중하여 밤새도록 관련 내용을 다듬고 있었죠. 모두가 그랬습니다. 그저 머리가 좋다고 갑자기 짧은 시간에 좋은 결과를 만들어낸 경우는 한 번도 보질 못했습니다.

영국의 수학자 아이작 뉴턴Isaac Newton, 1643~1727은 인류 역사에 길이 남을 수많은 업적을 남겼습니다. 천재라고 할 수 있죠. 그런 뉴턴조차도 어느 날 갑자기 수학 원리를 떠올린 게 아닙니다. 뉴턴이 고안한 미분의 개념은 그가 평생에 걸쳐 연구한 결과였죠. 만약 뉴턴의

미분을 모르는 누군가가 갑자기 미분의 개념을 알아낸다면 그는 뉴턴에 필적하는 천재일 수 있습니다. 하지만 그조차도 고등학교 2학년보다 미분에 대해 더 모를 겁니다. 왜냐하면 우리가 고등학교 수학 시간에 배우는 미분의 개념은 뉴턴을 넘어 그 이후 세대의 천재들이 고안해낸 원리까지 모두 압축해 한꺼번에 배우는 과정이니까요. 이 모든 걸 공부하지 않고 알아내는 건 그 어떤 천재도 불가능합니다.

현대 사회에 천재라는 개념은 인류가 수천 년간 이룩한 문명과 지식을 잘 흡수해서 적재적소에 활용하는 능력을 말합니다. 어느 날 갑자기 미분의 개념을 알아내는 게 천재가 아니라는 거죠. 그렇게 미분을 알아내봐야 이미 고등학교 수학 시간에 다 배우는 내용일 뿐입니다.

그렇다면 이쯤에서 "창의성이란 과연 무엇인가?"도 한번 고민해볼 필요가 있습니다. 우리는 지금까지 창의성에 대해 어느 날 불현듯 새롭고 가치 있는 무언가를 갑자기 떠올리는 능력으로 알고 있었습니다. 노력한다고 좋아지는 것도 아니며 그저 머리가 좋아야만 할 수 있는 일이라고 알고 있었죠.

카카오 대표를 역임한 바 있는 조수용 대표가 어느 날 방송에서 한 얘기가 있습니다. 참고로 그는 네이버의 유명한 초록색 검색창을 디자인한 사람입니다. 이후에는 자신의 디자인 회사를 설립하기도 했고, 카카오의 대표도 역임했습니다. 적어도 우리나라에서는 가장 창의적인 사람 중 한 명이라고 할 수 있습니다. 어느 날 그가 방송에서 창의성에 관한 질문을 받습니다. 과연 그가 정의한 창의성이란 어떤 것이었을까요?

방송에서 그는 "100억을 받고 볼펜을 디자인한다면?"이라는 질문

을 받습니다. 그리고 두 가지 유형을 제시하죠. 1번 유형은 산속에 들어가 스케치 1,000장을 그려옵니다. 그렇게 해서 완전히 새로운 볼펜 디자인을 만들어내죠. 2번 유형은 정반대입니다. 전 세계 모든 볼펜을 수집합니다. 그렇게 볼펜의 모든 것을 공부하고 고객이 원하는 볼펜 디자인을 만들어내죠. 그렇다면 조수용은 어떻게 디자인을 해야 한다고 말했을까요?

그는 2번을 택합니다. 전 세계 모든 볼펜을 수집하는 게 당연하다는 거죠. 볼펜의 모든 것을 공부해야 원하는 디자인을 만들어낼 수 있다고 말합니다. 그리고 그게 바로 우리가 얘기하는 창의성이라는 거죠. 산속에 들어가서 1,000장이 아니라 1억 장을 그려온다고 해도 이미 몇 년 전에 나온 볼펜일 확률이 100%일 거라고 그는 확신합니다. 창의성의 시작은 아는 것부터 공부하는 것이고 공부가 끝나야 비로소 감각이 생긴다고 말합니다. 아무것도 모르는데 어느 날 갑자기 떠오르는 게 결코 창의성이 아니라는 거죠. 조수용 대표는 창의성의 원천은 '보고 외우는 것'이라고 자신 있게 강조합니다.

'보고 외우는 것'이라니, 뭔가 떠오르는 게 있지 않나요? 맞습니다.

우리가 지금까지 공부해온 LLM의 동작 원리와 무척 닮아 있죠. LLM은 엄청나게 많은 데이터로 학습을 진행한 모델입니다. 많이 보고 많이 외운 경우라 할 수 있죠. 그렇다면 많이 보고 많이 외운 LLM은 과연 창의적인가요?

지금까지 우리는 창의성이란 인간의 고유 영역이라 믿었습니다. 아무리 좋은 인공지능이 등장해도 창의성이 필요한 일은 제대로 해내지 못할 거라 예상했죠. 하지만 LLM이 등장하면서 오히려 정반대의 일이 일어납니다. LLM은 소설을 쓰고, 시를 쓰고, 노래 가사를 씁니다. 묘하게 논리적이지만 예상하지 못했던 독특한 표현으로 말이죠. 그림도 그립니다. 마찬가지로 그럴듯하지만 독창적인 그림을 그려내죠. 작곡도 합니다. 세상에 존재하지 않지만 그럴듯한 음악을 만들어냅니다.

창의적인 작업은 마지막까지 인간의 영역으로 남을 거라 생각했습니다. 그런데 막상 뚜껑을 열어보니 오히려 정반대인 상황입니다. 창의적인 분야가 가장 먼저 인공지능에 의해 대체될지도 모르는 아이러니한 상황에 직면했죠. 그렇다고 LLM에 특별히 창의성을 학습시킨 적은 없습니다. 단지 LLM은 많이 보고 많이 외웠을 뿐이죠. 조수용이 말한 전 세계 모든 볼펜을 수집한 경우가 바로 LLM인 셈입니다.

LLM은 창의적인 결과를 보여줍니다. 조수용이 말한 기준에 정확히 부합합니다. 그가 방송에서 이 얘기를 한 게 2013년입니다. 챗GPT가 등장하기 한참 전이죠. 그도 나중에 챗GPT가 등장할 줄은 몰랐을 겁니다. 하지만 10여 년이 흐른 지금, 묘하게도 그의 주장은 챗GPT의 동작 원리와 정확히 맞닿아 있습니다.

배움에 대한 내용을 다룬 《학습의 재발견》이라는 책에서도 창의성을 '전문 지식의 확장'으로 정의했습니다.[6] 이에 대한 근거로 유명 작곡가를 조사한 결과 대표작 500곡 중 경력 10년 차 이전에 만든 작품은 단 세 개뿐이었다고 얘기합니다. 화가도 마찬가지였습니다. 명작으로 인정받는 작품이 나오기까지는 최소 6년이 필요했고, 6년이 지난 후에야 명작의 개수가 점점 늘어났다는 거죠. 한마디로 창의적 성공에서 가장 중요한 요소는 '축적된 지식'이라고 강조합니다.

이처럼 천재란 것도, 창의성이란 것도 결국 축적된 지식의 발현입니다. 지식이 쌓이면 자연스럽게 지혜가 생기는 것처럼 말이죠. 지금 챗GPT의 대답을 보면 충분히 지혜롭다고 할 수 있지 않나요? 지혜를 따로 공부한 적도 없는데 말이죠.

LLM의 미래는 어떻게 될까?

자, 이제 앞으로 LLM은 어떻게 발전할까요?

굳이 수치를 언급하지 않더라도 인공지능 산업 자체가 엄청나게 성장할 것이라는 데는 누구도 의의를 제기하지 못할 겁니다. LLM 시대를 열어젖힌 오픈AI의 2024년 예상 매출액은 40억 달러에 달합니다. 그 이전 해인 2023년에는 전체 매출이 16억 달러 정도였고, 더 이전 해인 2022년에는 고작 2억 달러에 불과했죠. 2023년에 8배 더 성장했고, 2024년에는 2.5배 가까이 성장하는 엄청난 성장률을 보였습니다.

많은 이가 인공지능이 과연 돈이 될 수 있느냐며 의심하고 있지만

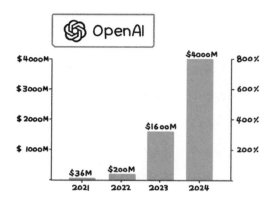

챗GPT는 벌써 1년에 우리 돈 6조 원 가까이 버는 비즈니스로 성장
했습니다. 물론 아직은 그만큼 쓰는 돈도 많기 때문에 여전히 엄청난
적자에 빠져 있지만, 적어도 돈을 못 버는 비즈니스는 아니죠. 업계
선두인 오픈AI만 그런 것도 아닙니다. 경쟁사인 앤트로픽도 만만찮
은 수익을 내고 있습니다.

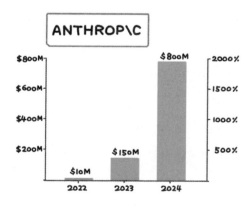

앤트로픽의 2024년 예상 매출액은 8억 달러에 달합니다. 아직은

오픈AI의 5분의 1 수준에 불과하지만, 성장률을 보면 여기도 만만치 않죠. 그 이전 해인 2023년과 비교해보면 무려 5배가 넘게 상승한 수치입니다. 2022년과 비교하면 더 놀랍습니다. 2023년에 무려 15배 가까이 상승했기 때문이죠. 이처럼 한 해에 5배씩 성장하는 비즈니스는 세상에 흔치 않습니다. 그것도 우리 돈으로 조 단위 매출을 내면서 그렇게 성장하는 비즈니스는 아마 LLM, 좀 더 넓게 보면 인공지능 분야가 사실상 유일할 겁니다. 여전히 엄청난 적자를 내고 있지만 세상의 모든 관심이 인공지능에 쏠려 있는 이유죠.

이처럼 엄청난 성장세를 보이고 있으며 앞으로 성장할 가능성은 더욱 높습니다. 앞으로 에이전트 기반의 서비스가 다양하게 출시될 것이며, 이와 함께 LLM의 성능은 더욱 고도화될 겁니다. 오픈AI의 o1처럼 추론 단계에 생각하는 과정을 도입해 훨씬 더 좋은 답변을 내는 모델도 늘어나겠죠. 이미 구글의 제미나이는 생각 과정을 도입한 모델을 추가로 공개했습니다. 한마디로 LLM이 훨씬 더 똑똑해질 거라는 점에 대해 그 누구도 의문을 품지 않습니다. 이미 우리는 챗GPT가 등장한 지 불과 2년 만에 엄청나게 똑똑해진 LLM을 목도했기 때문이죠.

스케일링 법칙, 이른바 규모의 법칙으로 모델의 크기는 점점 더 커지고 있습니다. 하지만 이를 효율적으로 처리하는 기술도 다양하게 등장할 겁니다. 학습 효율을 높이면서도 전기를 훨씬 더 적게 먹는 최적화된 반도체도 등장하겠죠. 추론에도 다양한 최적화 칩이 등장해 엔비디아의 아성에 도전할 겁니다.

기업용 **소형 언어 모델**Small Language Model, SLM도 많이 등장할 겁니다.

특히 챗GPT 같은 공개 서비스를 사용하기 어려운 기업 외에도 군사, 의료, 정보기관 같은 보안이 필요한 특수한 분야에서는 소형 언어 모델을 기반으로 다양한 온디바이스 AI가 점점 대중화될 겁니다. 또한 앞으로 스마트폰이 더욱 강력해지면서 스마트폰에서 직접 다양한 소형 언어 모델을 구동해 개인정보 유출 걱정 없이 LLM을 활용할 수 있게 될 겁니다. 틈새를 노린 장비도 등장할 겁니다. 클라우드의 강력함과 스마트폰의 개인정보 보호를 결합한 중간 단계의 솔루션으로, 강력한 성능을 내면서도 개인정보를 보호할 수 있는 LLM 처리 전용 장비가 등장할 겁니다.

또한 이 책에서는 주로 텍스트에 한정해 이야기를 풀어나갔지만 이미 챗GPT나 클로드 모두 이미지나 음성도 잘 처리하고 있습니다. 이를 **멀티모달**Multimodal이라고 하는데요, 여러 가지 방식Mode이나 유형을 동시에 활용하는 것을 뜻하죠. 기존에 텍스트만 이해하던 것은 유니모달Unimodal이라고 합니다. 하지만 한 가지 방식만 이해하는 유니모달은 모든 걸 텍스트로만 설명해야 하기 때문에 한계가 분명하죠. 반면 멀티모달은 텍스트로 설명할 수 없는 사진이나 영상까지도 동시에 처리할 수 있어 활용 범위가 크게 확장됩니다. 특히 에이전트 구현에 멀티모달은 필수적이죠. 이제 LLM은 컴퓨터의 바탕화면만 보고서도 사용자가 무엇을 원하는지 알아채고 그에 맞는 행동을 취할 수 있습니다. 예를 들어 사용자가 바탕화면에 있는 이미지 파일을 클릭했을 때, 멀티모달 LLM은 그 이미지를 분석해 사진의 내용에 따라 관련 작업을 제안하거나 사용자가 이미지에 대해 어떤 질문을 할지 예측할 수 있습니다. 단순히 텍스트로 명령어를 입력하는 것보다 훨씬 직관적이고 자연스러운 사용자 경험을 제공할 수 있죠.

멀티모달 기술의 발전과 함께 LLM은 에이전트와 결합하여 의료나 교육 같은 전문 분야에도 활용될 겁니다. 이미 의료 분야에는 예전부터 LLM을 활용한 다양한 시도가 이어져왔고 관련해서 논문도 계속해서 나오고 있죠. 교육 분야도 마찬가지입니다. 개인화된 학습이나 외국어 교육에 LLM이 활용되면서 완전히 새로운 서비스가 등장해 학습 효율을 월등히 높여줄 겁니다. 이외에도 기초 과학 연구, 데이터 분석 그리고 비즈니스 의사 결정 시스템에서도 LLM이 조언을 하는 역할로 유용하게 쓰일 겁니다.

얼마 전 애플은 **애플 인텔리전스** Apple Intelligence 를 발표하며 LLM의 스마트폰 통합을 본격화했습니다. 인공지능이 한층 더 다양해진 기능과 함께 스마트폰에 자연스럽게 녹아들었죠. 애플 인텔리전스는 글쓰기가 가능한 거의 모든 인터페이스에서 사용자가 쓰고 싶은 말을 정확히 표현하도록 도와줍니다. 단 몇 초 만에 강의 내용을 요약하기도 합니다. 그룹 대화가 길게 이어질 때는 내용을 간략히 요약해서 확인시켜주고, 지능적으로 최우선 알림만 뜨도록 해 불필요한 방

해 요소를 최소화해주기도 합니다. 노트를 작성할 때는 대강 그린 스케치도 내용과 어울리는 이미지로 자동으로 바꿔줘 메모의 완성도를 한층 더 높일 수 있습니다. 입력한 설명을 기반으로 맞춤으로 추억 동영상도 생성해주죠. 시리도 더욱 똑똑해집니다. 스마트폰에 저장된 개인정보를 기반으로 맥락에 맞게 이해하고, 복잡한 지시사항도 찰떡같이 알아듣죠. 여러 앱을 넘나들며 각종 동작을 수행하여 사용자가 더욱 편리하게 스마트폰을 활용할 수 있도록 돕습니다. 예전에 알던 시리와는 차원이 다른 강력한 기능을 제공하죠.

애플 인텔리전스 같은 에이전트의 등장으로 앞으로 LLM은 인간의 보조 도구로서 더욱 중요한 역할을 맡게 될 겁니다. 특정 분야에서는 인간의 역량을 크게 강화하는 도구가 될 것입니다. 하지만 이들의 목적은 인간을 완전히 대체하기보다는 보완하는 데 있습니다.

마지막까지 잊지 말아야 할 것은 최종 결정은 항상 인간이 내린다는 점입니다. 우리는 인공지능을 도구로 활용해야지, 인공지능에 모든 것을 의존해서는 안 됩니다. 번역을 잘하는 인공지능이 있다고 아예 영어 공부를 내려놓고 번역기만 이용하는 것은 인공지능을 제대로 활용하는 자세가 아닙니다. 번역을 잘하는 인공지능을 최대한 활용해 내 영어 실력을 높이는 것이 올바른 활용법입니다.

우리가 인공지능을 대하는 태도는 분명해야 합니다. 기술이 아무리 발전하더라도 인공지능은 결국 우리의 도구일 뿐이라는 사실을 잊지 말아야 합니다. 기술에 무조건 의존할 필요는 없지만, 그렇다고 기술에 공포를 느낄 필요도 없습니다. 기술이 우리 삶을 변화시키는 것은 분명하지만, 그 변화를 어떤 방향으로 설계하고 통제할지는 결국 인간의 몫입니다. 놀라운 기술 뒤에는 언제나 인간의 그림자가 함께한다는 사실을 잊지 않았으면 합니다.

마지막으로 다시 한번 이 얘기를 꺼내면서 마무리해야겠네요.

인공지능은 당신을 대체하지 않습니다.
인공지능을 이해하고 활용하는 사람이 당신을 대체할 뿐입니다.

제1장. 인간을 능가하는 GPT-4

- **초거대 언어 모델**Large Language Model, LLM
  매개변수가 큰 모델에 매우 많은 양의 데이터를 학습한 인공지능 언어 모델을 의미합니다. 줄여서 LLM이라고 부릅니다.

- **범용 인공지능**Artificial General Intelligence, AGI
  특정 작업에 특화된 좁은 인공지능이 아닌, 인간과 같은 수준의 종합적인 사고 능력을 갖춘 인공지능을 의미합니다.

- **GPT**Generative Pre-trained Transformer
  2017년 구글 연구팀이 발표한 트랜스포머 모델을 기반으로 2018년 오픈AI에서 사전 학습한 생성형 인공지능 모델입니다. 나중에 챗GPT의 기반 모델이 됩니다.

- **언어 모델**Language Model
  자연어(사람들이 일상적으로 사용하는 자연스럽고 직관적인 언어)의 확률적 모델을 말합니다. 언어의 구조와 패턴을 학습해 이해하고 생성할 수 있도록 설계된 모델입니다.

- **지도 학습**Supervised Learning
  정답이 있는 데이터를 이용해 모델을 학습하는 방식입니다. 학습 데이터를 구축하는 데 사람의 도움이 필수적입니다.

- **라벨링**Labeling
  데이터를 판별하여 정답을 부여하는 과정입니다.

- **비지도 학습**Unsupervised Learning
  정답이 필요 없는 데이터를 이용해 모델을 학습하는 방식입니다. 학습 데이터를 구축하는 데 더 이상 사람의 도움이 필요하지 않습니다.

- **할루시네이션**Hallucination
  모델이 사실과 다르거나 존재하지 않는 무언가를 존재하는 것처럼 얘기하는 환각 현상을 말합니다.

- **전문가 혼합**Mixture of Experts, MoE
  여러 개의 전문가 모델을 만들어두고 필요한 모델만 선택하여 계산하는 구조를 말합니다. 필요한 모델만 선별적으로 계산에 투입하여 불필요한 계산을 줄일 수 있을 뿐만 아니라 더 정확한 답변을 얻을 수 있습니다.

제2장. 기계번역을 정복한 인공지능

- **기계번역**Machine Translation
  컴퓨터를 통해 인간이 사용하는 언어를 다른 언어로 번역해내는 것을 말합니다.

- **벡터**Vector
  물리학과 달리 컴퓨터 과학에서 벡터란 [0.5, −1.2, 3.7, …]와 같이 여러 숫자를 순서대로 나열한 숫자 배열 형태를 말합니다.

- **인코더**Encoder
  기계번역에서 문장의 의미를 압축하는 과정입니다.

- **디코더**Decoder
  기계번역에서 압축을 풀어 번역문을 만드는 과정입니다.

- **순환 신경망**Recurrent Neural Network, RNN
  시간의 흐름에 따라 순서대로 구성되는 시계열 형식을, 계속해서 이전 데이터를 참조하면서 학습할 수 있는 신경망 구조입니다.

- **어텐션**Attention
  문장을 번역할 때 중요한 단어에 별도로 강조했던 기법입니다.

- **트랜스포머**Transformer
  어텐션이 좋은 성과를 내면서 아예 어텐션만으로 인공 신경망을 구성한 모델입니다.

- **버트**BERT
  트랜스포머 모델의 인코더 구조를 기반으로 하는 언어 이해 모델입니다. 2018년 구글에서 공개했으며, 이후 모든 분야에서 다른 모델을 압도하며 자연어 처리 전 분야의 성능을 월등히 높입니다.

제3장. 챗GPT를 완성한 비밀 레시피

- **강화학습**Reinforcement Learning
  기계가 스스로 학습하며 성능을 향상시키는 방식을 말합니다. 알파고가 실력을 높이기 위해 알파고끼리 끊임없이 대국을 치르면서 강화학습을 한 것으로 유명합니다.

- **매개변수**Parameter
  모델의 학습 과정에서 조정되는 숫자로 된 가중치 값으로, 모델의 동작 방식을 결정하는 핵심 요소입니다.

- **임베딩**Embedding
  단어나 문장의 의미, 문맥, 관계 등의 정보를 숫자 벡터로 표현하는 과정입니다.

- **토큰**Token
  LLM이 학습하는 최소 단위를 말합니다.

- **토크나이징**Tokenizing
  토큰으로 만드는 과정입니다.

- **토크나이저**Tokenizer
  토크나이징하는 도구를 말합니다.

- **쿼리**Query, **키**Key, **값**Value
  트랜스포머 모델에서 어텐션은 입력값을 검색 시스템에 빗대어 처리합니다. 이때 찾고자 하는 주제는 쿼리, 제목이나 저자 정보와 같은 데이터는 키, 실제 내용은 값으로 구분하여 처리합니다.

- **셀프 어텐션**Self Attention
  동일한 문장 내에서 단어들 간의 관계를 파악하여 문맥을 이해하는 어텐션 과정을 말합니다.

- **어텐션맵**Attention Map
  각 토큰 간의 관계 강도를 색의 강도로 나타낸 히트맵으로, 모델이 문맥에서 어떤 부분에 집중하는지를 보여줍니다.

- **마스킹**Masking
  어텐션을 계산할 때 뒤에 나오는 토큰은 참조하지 않도록 가리는 과정을 말합니다.

- **마스크드 셀프 어텐션**Masked Self Attention
  마스킹을 반영한 셀프 어텐션 과정입니다.

- **멀티 헤드 어텐션**Multi-Head Attention
  여러 어텐션을 동시에 진행하는 과정입니다.

- **마스크드 멀티 헤드 셀프 어텐션**Masked Multi-Head Self Attention
  마스크드 셀프 어텐션을 동시에 진행하는 과정입니다.

- **손실**Loss
  모델의 예측과 실제 정답 사이의 오차를 나타내는 수치로, 낮을수록 모델의 정확도가 높음을 의미합니다.

- **클라이버 법칙**Kleiber's Law
  몸집이 클수록 단위 체중당 대사율이 낮아진다는 자연계의 보편적 법칙입니다.

- **신경망 스케일링 법칙**Neural Scaling Law

  모델 크기, 데이터 양, 학습 비용(계산량)이 증가할수록 딥러닝 모델의 성능도 이에 비례하여 향상된다는 경험적 법칙입니다.

- **사전 학습**Pre-Training

  라벨링되지 않은 대량의 텍스트 데이터를 활용해 언어 모델이 다음 토큰을 예측하도록 학습하는 과정으로, 손실값을 최소화하며 언어 패턴과 구조를 익히는 기초 단계입니다.

- **사전 학습 모델**Pre-trained Language Model, PLM

  사전 학습 과정을 통해 만든 언어 모델입니다.

- **지시 모델**Instruct Model

  사전 학습 모델에 인간의 지시를 따르도록 추가 학습한 모델입니다.

- **미세 조정**Fine Tuning

  사전 학습 모델을 특정 작업이나 도메인에 맞춰 추가로 학습시켜 최적화하는 과정입니다. 챗GPT 같은 지시 모델도 미세 조정을 거쳐 만들어냅니다.

- **지도 미세 조정**Supervised Fine-Tuning, SFT

  사전 학습한 모델에 인간이 정제한 데이터셋을 활용하여 특정 작업이나 도메인에 맞게 추가 학습시키는 과정을 말합니다.

- **인간 피드백을 이용한 강화학습**Reinforcement Learning from Human Feedback, RLHF

  모델이 생성한 응답에 대해 인간이 구축한 피드백을 제공하고 이를 보상으로 활용해 모델의 성능을 개선하는 강화학습 기법입니다.

- **보상 모델**Reward Model, RM

  인간이 제공한 선호도 데이터를 학습해 만든 모델입니다.

- **근접 정책 최적화**Proximal Policy Optimization, PPO

  오픈AI가 2017년, 게임에 적용하기 위해 개발한 알고리즘입니다. 강화학습에서 정책 네트워크를 안정적으로 업데이트하기 위해 보상 신호를 반영하면서도 급격한 변화 없이 성능을 점진적으로 향상시키는 최적화 알고리즘입니다.

- **사후 학습**Post-Training
  사전 학습한 모델이 사용자 프롬프트를 잘 따르고 보다 유용한 응답을 생성할 수 있도록
  지도 미세 조정과 강화학습 등의 기법을 활용해 추가로 학습하는 과정입니다.

제4장. 초거대 모델 최적화 기술

- **텐서 병렬화**Tensor Parallelism
  LLM을 여러 GPU에서 동시에 연산할 수 있도록 모델을 식빵 자르듯이 필요한 만큼 쪼개
  어 분할하는 방식을 말합니다.

- **파이프라인 병렬화**Pipeline Parallelism
  LLM을 여러 GPU에 걸쳐 순서대로 연산할 수 있도록 처리되는 순서를 분할하는 방식을
  말합니다.

- **부동소수점**Floating Point
  복잡한 실수를 효율적으로 표현하는 방식으로, 가수와 지수를 이용해 숫자를 표현합니다.

- **가수**Mantissa
  부동소수점 표현에서 유효숫자를 나타내는 부분입니다.

- **지수**Exponent
  부동소수점 표현에서 표현범위를 나타내는 부분입니다.

- **float32**
  32비트(4바이트)로 실수를 표현하는 부동소수점 형식으로, 1비트는 부호 비트, 8비트는
  지수, 23비트는 가수로 구성되어 있으며 실수를 표현하는 가장 기본적인 방식입니다.

- **반정밀도**Half-Precision
  16비트(2바이트)로 실수를 표현하는 부동소수점 형식입니다. 정밀도를 반으로 낮췄다고
  하여 반정밀도라 부릅니다.

- **float16**
  반정밀도는 16비트를 사용하기 때문에 float16이라고도 합니다.

- **bfloat16**
  구글 브레인이 개발한 16비트 부동소수점 형식으로, 지수를 float32와 동일한 8비트로 구성하여 넓은 표현 범위를 유지해 딥러닝 연산에 최적화한 자료형입니다.

- **양자화**Quantization
  부동소수점 연산을 그보다 효율적인 정수 연산으로 변환하여 메모리 사용량을 줄이고 연산 속도를 향상시키는 최적화 과정을 말합니다.

- **플래시 어텐션**Flash Attention
  어텐션 계산 시 메모리 사용을 줄이고 중간 결괏값을 효율적으로 처리하는 알고리즘으로, 어텐션 계산 속도를 획기적으로 향상시킨 기술입니다.

- **SRAM**Static Random Access Memory
  GPU 내부에 내장된 초고속 메모리로, 속도가 매우 빠르지만 구조가 복잡하고 용량이 작으며 가격이 비쌉니다.

- **KV캐시**KV Cache
  이미 계산한 어텐션의 키와 값을 저장해뒀다가 재사용하여 반복적인 계산을 줄이고 생성 속도를 높이는 기법입니다.

- **확률적 앵무새**Stochastic Parrot
  LLM이 의미를 진정으로 이해하지 못하고, 단지 방대한 데이터를 바탕으로 통계적 패턴에 따라 그럴듯한 텍스트를 생성한다고 비판할 때 사용하는 비유적 표현입니다.

- **Top K**
  다음 토큰을 선택할 때 확률이 가장 높은 K개의 후보만 고려하는 방식입니다.

- **Top P**
  다음 토큰을 선택할 때 확률이 높은 토큰부터 누적하여 합이 일정 비율(P)에 도달할 때까지의 후보만 고려하는 방식입니다.

- **온도**Temperature
  다음 토큰을 선택할 때 온도를 높이면 좀 더 다양한 답변을 하고, 온도를 낮추면 좀 더 일정하게 답변합니다.

- **추론**Inference
  LLM이 입력받은 문맥을 바탕으로 다음에 올 적절한 토큰을 생성하여 문장을 만들어내는 과정입니다.

- **학습**Training
  LLM이 대규모 데이터를 바탕으로 언어의 패턴과 규칙을 학습하여, 입력된 문맥을 이해하고 적절한 출력을 생성할 수 있도록 모델의 매개변수를 최적화하는 과정입니다.

- **DPO**Direct Preference Optimization
  보상 모델과 강화학습을 사용하지 않고, 사람이 평가한 선호도 데이터를 바탕으로 직접 LLM을 미세 조정하는 간단하고 효과적인 학습 기법입니다.

- **퍼플렉시티**Perplexity
  LLM이 텍스트를 얼마나 확신 있게 예측하는지를 나타내는 지표로, 값이 낮을수록 모델의 예측이 정확하고 성능이 뛰어남을 의미합니다.

제5장. 프롬프트 엔지니어링의 마법

- **프롬프트 엔지니어링**Prompt Engineering
  LLM이 원하는 답변을 생성하도록 질문이나 지시문(프롬프트)을 최적화하고 정교하게 설계하는 기술입니다.

- **맥락**Context
  LLM이 질문이나 지시에 더욱 적합한 응답을 생성할 수 있도록 추가적으로 제공하는 관련 정보나 배경을 의미합니다.

- **제로샷**Zero-Shot
  LLM이 별도의 예시나 사전 지침 없이 기존에 학습된 지식만으로 답변하도록 하는 방식을 말합니다.

- **원샷**One-Shot
  LLM에 하나의 예시를 제공하여, 이를 참고해 비슷한 방식으로 답변을 생성하도록 유도하는 프롬프트 방식입니다.

- **퓨샷**Few-Shot
  LLM에 여러 개의 예시를 제공하여, 이를 참고해 비슷한 방식으로 답변을 생성하도록 유
  도하는 프롬프트 방식입니다.

- **생각의 사슬**Chain Of Thought, CoT
  LLM이 복잡한 문제를 해결할 때 중간 단계의 사고 과정을 순차적으로 드러내어 추론 능
  력과 답변의 정확성을 높이는 방법입니다.

- **제로샷 CoT**
  별도의 예시 없이 "자 단계별로 천천히 생각해봅시다."라는 간단한 지시문만으로 LLM이
  스스로 추론 과정을 드러내도록 유도해 정확성을 높이는 기법입니다.

- **RAG**Retrieval-Augmented Generation
  LLM이 외부 지식이나 검색 결과의 도움을 받아 더 정확하고 신뢰도 높은 답변을 생성하
  는 기법입니다.

- **랭체인**LangChain
  LLM을 외부 데이터 소스, API 등과 쉽게 연동해 RAG를 마치 레고 블록처럼 조립하고 개
  발할 수 있도록 지원하는 오픈소스 프레임워크입니다.

- **벡터 데이터베이스**Vector Database
  단어나 문서를 숫자 형태의 벡터로 변환(임베딩)하여 저장한 뒤, 이를 관리하고 유사한 값
  을 빠르게 검색하는 시스템입니다.

- **테스트 타임 스케일링**Test-Time Scaling
  LLM이 추론 과정에 더 많은 시간과 자원을 투자하여 답변의 품질과 정확성을 높이는 기
  법입니다.

제6장. 1,000조 시장을 향한 글로벌 기업들의 경쟁

- **클로드**Claude
  앤트로픽이 개발한 LLM 서비스이며 자연스러운 구어체 표현과 친절하고 상세한 답변으
  로 유명합니다.

- **제미나이**Gemini
  구글이 기존의 바드를 기반으로 더욱 고도화하여 개발한 LLM 서비스입니다.

- **젬마**Gemma
  구글이 제미나이와 함께 발표한 오픈소스 LLM으로, 구조와 가중치를 모두 공개하여 누구나 자유롭게 활용하고 연구할 수 있게 한 모델입니다.

- **라마**Llama
  메타가 개발한 오픈소스 LLM으로, 누구나 자유롭게 활용하고 연구할 수 있도록 공개하여 LLM 업계에 많은 지각 변동을 불러일으켰습니다.

- **파이토치**PyTorch
  페이스북에서 오픈소스로 공개한 딥러닝 프로그램으로, 현재 가장 점유율이 높은 딥러닝 프로그램입니다. 특히 간단하고 직관적인 방식으로 복잡한 모델도 이해하기가 쉬워서 연구자들이 논문을 쓸 때 가장 많이 활용하는 프로그램입니다.

- **리눅스**Linux
  리누스 토발즈가 개발한 운영체제로 오픈소스의 대표적인 성공사례입니다.

- **믹스트랄**Mixtral
  미스트랄 AI가 개발한 오픈소스 LLM이며, 여러 개의 전문가 모델을 결합하여 효율적으로 성능과 속도를 높인 MoE 방식의 모델입니다.

- **팔콘 LLM**Falcon LLM
  아랍에미리트의 기술 혁신 연구소가 개발한 오픈소스 LLM으로, 중동의 기술적 혁신과 문화적 정체성을 상징하는 의미를 지닌 이름입니다.

- **큐원**Qwen
  알리바바가 개발한 오픈소스 LLM으로, 수많은 질문을 통해 진실과 지식을 찾고자 하는 의미를 지닌 이름입니다.

- **딥시크**DeepSeek
  최고 수준의 성능을 갖춘 LLM을 오픈소스로 공개하며 오픈AI의 제품과 동등하거나 일부 평가에서는 더 뛰어난 성능을 보인, 2025년에 급부상한 중국의 인공지능 기업입니다.

- **소버린 AI**Sovereign AI
국가나 지역의 고유한 언어와 문화, 법률, 가치관을 충실히 반영하면서 데이터 주권과 보안을 지키기 위해 자체적으로 구축하고 운영하는 인공지능을 의미합니다.

- **퍼플렉시티**Perplexity
검색의 도움을 받아 최신 정보를 참조함으로써 할루시네이션을 줄이고 정확한 응답을 제공하는 대표적인 RAG 기반의 서비스입니다.

- **허깅페이스**Hugging Face
다양한 LLM을 손쉽게 사용할 수 있도록 오픈소스로 제공하는 가장 인기 있는 플랫폼이자 회사명입니다.

제7장. 엔비디아와 반도체 전쟁

- **엔비디아**NVIDIA
게임 그래픽 카드 회사로 출발해 지금은 인공지능에 필수적인 GPU를 만드는 대표적인 회사로 2025년 초에 전 세계 시가 총액 1위를 달성한 바 있습니다.

- **GPU**Graphics Processing Unit
수천 개의 저렴한 코어를 활용해 병렬 연산을 가능하게 하는 장치입니다. 게임 그래픽 용도로 시작했으나 지금은 CUDA 플랫폼을 통해 인공지능 개발에 필요한 가장 중요한 핵심 장비로 자리 잡았습니다.

- **CUDA**Compute Unified Device Architecture
GPU의 병렬연산을 게임 그래픽이 아닌 일반 용도로 활용할 수 있게 해주는 엔비디아의 독점 플랫폼입니다.

- **GPGPU**General Purpose Graphics Processing Unit
게임 그래픽 용도의 GPU를 과학 계산과 딥러닝 등 범용 연산에 활용하는 기술입니다.

- **HBM**High Bandwidth Memory
칩을 수직으로 쌓아 기존 메모리 대비 훨씬 높은 대역폭을 제공하는 고성능 메모리이며, 엔비디아의 최상급 GPU에 납품되는 핵심 장비입니다.

- **인공지능 가속기**AI Accelerator
  LLM의 학습 및 추론 속도를 높이는 특화된 전용 하드웨어를 말합니다.

- **TPU**Tensor Processing Unit
  구글이 딥러닝을 고속으로 처리하기 위해 개발한 인공지능 가속기입니다.

- **원API**oneAPI
  CPU, GPU, FPGA 등 다양한 하드웨어에서 공통된 프로그래밍 환경을 제공하기 위해 인텔이 개발한 통합 소프트웨어 플랫폼입니다.

- **NPU**Neural Processing Unit
  인공 신경망 연산에 특화된 전용 장치를 의미합니다.

- **모바일 AP**Application Processor
  스마트폰, 태블릿 등 휴대 기기에 CPU, GPU, NPU 등의 기능을 하나의 칩으로 통합해 구동하는 핵심 프로세서입니다.

- **시스템 온 칩**System on Chip, SoC
  여러 기능을 하나의 칩에 통합한 모바일 AP 등을 시스템 온 칩이라고도 합니다.

- **엣지AI**Edge AI
  클라우드 대신 기기(엣지) 자체에서 인공지능 연산을 수행해 속도를 높이고 보안을 강화하는 기술입니다.

- **온디바이스AI**On-Device AI
  엣지AI를 기기 내부On Device라는 의미로 온디바이스AI로도 부릅니다.

- **TSMC**Taiwan Semiconductor Manufacturing Company
  반도체 생산을 위탁받아 최첨단 공정 기술로 칩을 제조하는, 대만에 위치한 세계 최고의 반도체 기업입니다.

- **팹리스**Fabless
  반도체를 직접 제조하지 않고 설계만 전문으로 하며 생산을 외부(파운드리)에 위탁하는 반도체 기업입니다.

- **파운드리**Foundry
  반도체 설계 전문 회사(팹리스)에서 반도체 설계도를 받아 제품을 위탁 생산하는 반도체 제조 전문 기업으로, TSMC가 대표적인 파운드리 기업입니다.

- **집적 회로**Integrated Circuit
  트랜지스터와 같은 수많은 반도체 소자를 하나의 작은 실리콘 칩 위에 모아놓은 전자 부품으로 오늘날의 정보기술 혁명을 가져온 1등 공신입니다.

제8장. 인공지능의 미래와 인류의 도전

- **디지털 리터러시**Digital Literacy
  디지털 기술과 도구를 능숙하게 사용하고, 이를 통해 얻은 정보를 비판적으로 판단하며 효과적으로 활용할 수 있는 역량을 말합니다.

- **설명 가능성 연구**eXplainable AI, XAI
  인공지능 시스템이 특정 결정을 내린 이유와 과정을 사람이 이해할 수 있도록 명확하게 설명하는 기술과 방법을 연구하는 분야를 말합니다.

- **소형 언어 모델**Small Language Model, SLM
  상대적으로 규모가 작아 가볍고 빠르게 실행 가능하며, 특정 작업이나 개인 기기 등 한정된 환경에서 효율적으로 사용할 수 있도록 설계된 LLM입니다. 국내에서는 sLLM이라는 용어도 널리 쓰입니다.

- **멀티모달**Multimodal
  텍스트, 이미지, 영상, 음성 등 여러 형태의 서로 다른 데이터 유형을 동시에 처리하고 이해할 수 있는 기술을 말합니다.

- **애플 인텔리전스**Apple Intelligence
  애플이 개발한 인공지능 기술로, 아이폰 등의 기기에서 사용자의 맥락을 파악하고 다양한 작업을 효율적으로 지원하는 인공지능 기반의 개인화된 에이전트입니다.

제1장. 인간을 능가하는 GPT-4

1   Namkee Oh et al., "ChatGPT goes to the operating room: evaluating GPT-4 performance and its potential in surgical education and training in the era of large language models", 2023.
2   Mark Zuckerberg, "Open Source AI is the Path Forward", Meta, 2024.
3   Ted Chiang, "ChatGPT Is a Blurry JPEG of the Web", The New Yorker, 2023.

제2장. 기계번역을 정복한 인공지능

1   "단어 우월 효과", 위키백과.
2   박지호, "Week 20 – 구글 번역기는 처음에 어떻게 만들어진 걸까?", 2020.
3   "ELIZA effect", Wikipedia.

제3장. 챗GPT를 완성한 비밀 레시피

1   Nitasha Tiku, "The Google engineer who thinks the company's AI has come to life", The Washington Post, 2022.
2   Banko, Michele and Brill, Eric, "Scaling to Very Very Large Corpora for Natural Language Disambiguation", Proceedings of the 39th Annual Meeting of the Association for Computational Linguistics, 2001.

3   Jared Kaplan et al., "Scaling Laws for Neural Language Models", 2020.

4   Jordan Hoffmann et al., "Training Compute-Optimal Large Language Models", 2022.

5   Long Ouyang et al., "Training language models to follow instructions with human feedback", 2022.

제4장. 초거대 모델 최적화 기술

1   "IEEE 754", Wikipedia.

2   Tri Dao et al., "FlashAttention: Fast and Memory-Efficient Exact Attention with IO-Awareness", 2022.

3   https://platform.openai.com/docs/api-reference/responses/create#responses-create-temperature

4   "Perplexity", Wikipedia.

제5장. 프롬프트 엔지니어링의 마법

1   "Introducing ChatGPT search", OpenAI, 2024.

2   https://www.dnotitia.com/en/products/seahorse

3   DeepSeek-AI, "DeepSeek-R1: Incentivizing Reasoning Capability in LLMs via Reinforcement Learning", 2025.

제6장. 1,000조 시장을 향한 글로벌 기업들의 경쟁

1   월터 아이작슨 지음, 안진환 옮김,《일론 머스크》, 21세기북스, 2023, 287쪽.

2   https://huggingface.co/dnotitia/Llama-DNA-1.0-8B-Instruct

3   https://x.com/matteopelleg/status/1823854444624404836

4   https://youtu.be/AUAJ82H12qs

5   Dahyun Kim et al., "SOLAR 10.7B: Scaling Large Language Models with Simple yet Effective Depth Up-Scaling", 2023.

6   https://huggingface.co/collections/Presidentlin/deepseek-papers-674c5

제7장. 엔비디아와 반도체 전쟁

1   BABBAGE, "The Arm Story Part 1 : From Acorns", The Chip Letter, 2023.
2   Andrew Pollack, "INTEL POSTS LOSS; ENDS RAM LINE", The New York Times, 1985.
3   "Is Furiosa's chip architecture actually innovative? Or just a fancy systolic array?", FuriosaAI, 2024.
4   Leslie Berlin, 《The Man Behind the Microchip》, Oxford University Press, 2006, p.94.
5   "Light and lasers", ASML.
6   Chris Zeoli, "ASML: The $360B EUV Lithography Equipment Giant", Data Gravity, 2024.
7   권석준 지음, 《반도체 삼국지》, 뿌리와이파리, 2022, 115쪽.

제8장. 인공지능의 미래와 인류의 도전

1   OpenAI, "GPT-4 Technical Report", 2023.
2   Hugh Zhang, "OpenAI: Please Open Source Your Language Model", The Gradient, 2019.
3   "Partnership with Axel Springer to deepen beneficial use of AI in journalism", OpenAI, 2023.
4   "Mapping the Mind of a Large Language Model", Anthropic, 2024.
5   마이크 월시 지음, 방영호 옮김, 《알고리즘 리더》, 알파미디어, 2024, 34쪽.
6   스콧 영 지음, 정지현 옮김, 《학습의 재발견》, 비즈니스북스, 2024, 194쪽.